"十三五"全国高等院校民航服务专业规划教材

空乘餐饮服务实务

主 编 ◎ 兰 琳　陈 卓
副主编 ◎ 杨志慧　苏雅靓
　　　　　邹 莎　杨 玮

Air Catering Service

清华大学出版社
北京

内 容 简 介

本教材在教学内容组织上，基于机上餐饮服务工作情境进行了教学化分析，以具体、典型的餐饮服务工作任务为教学载体，依岗位工作标准和空乘人员职业资格标准制定课程学习要求。在教学内容的选取上，本教材针对培养"空乘餐饮服务"这一核心业务技能，选取空乘餐饮服务概述、中国的饮食文化、主要客源国的饮食习俗、菜点知识、食品营养与卫生、常见客舱餐食、客舱餐饮服务标准及服务技巧、客舱餐饮服务沟通技巧等八个学习单元作为主要教学内容，在编写过程中充分注重实用性和实训性。

本书专门针对空中乘务员工作岗位进行机上餐饮服务的知识与技能进行开发与设计，既可以作为高职和中职学校空中乘务及相关专业教材，也可作为空乘人员餐饮服务培训教程。

本书封面贴有清华大学出版社防伪标签，无标签者不得销售。
版权所有，侵权必究。举报：010-62782989，beiqinquan@tup.tsinghua.edu.cn。

图书在版编目（CIP）数据

空乘餐饮服务实务 / 兰琳，陈卓主编. —北京：清华大学出版社，2019.12（2025.1重印）
"十三五"全国高等院校民航服务专业规划教材
ISBN 978-7-302-54370-1

Ⅰ. ①空… Ⅱ. ①兰… ②陈… Ⅲ. ①民用航空-旅客运输-商业服务-高等学校-教材 Ⅳ. ①F560.9

中国版本图书馆 CIP 数据核字（2019）第 263714 号

责任编辑：杜春杰
封面设计：刘　超
版式设计：文森时代
责任校对：马军令
责任印制：刘海龙

出版发行：清华大学出版社
　　网　　址：https://www.tup.com.cn, https://www.wqxuetang.com
　　地　　址：北京清华大学学研大厦A座　　邮　　编：100084
　　社　总　机：010-83470000　　邮　　购：010-62786544
　　投稿与读者服务：010-62776969, c-service@tup.tsinghua.edu.cn
　　质量反馈：010-62772015, zhiliang@tup.tsinghua.edu.cn
印　装　者：北京鑫海金澳胶印有限公司
经　　销：全国新华书店
开　　本：185mm×260mm　　印　张：16.5　　字　数：380千字
版　　次：2019年12月第1版　　印　次：2025年1月第7次印刷
定　　价：58.00元

产品编号：081170-01

"十三五"全国高等院校民航服务专业规划教材丛书主编及专家指导委员会

丛 书 总 主 编　　刘　永（北京中航未来科技集团有限公司董事长兼总裁）
丛 书 副 总 主 编　马晓伟（北京中航未来科技集团有限公司常务副总裁）
丛 书 副 总 主 编　郑大地（北京中航未来科技集团有限公司教学副总裁）
丛 书 总 主 审　　朱益民（原海南航空公司总裁、原中国货运航空公司总裁、原上海航空公司总裁）
丛 书 英 语 总 主 审　王　朔（美国雪城大学、纽约市立大学巴鲁克学院双硕士）
丛 书 总 顾 问　　沈泽江（原中国民用航空华东管理局局长）
丛 书 总 执 行 主 编　王益友[江苏民航职业技术学院（筹）院长、教授]
丛 书 艺 术 总 顾 问　万峻池（美术评论家、著名美术品收藏家）
丛 书 总 航 空 法 律 顾 问　程　颖（荷兰莱顿大学国际法研究生、全国高职高专"十二五"规划教材《航空法规》主审、中国东方航空股份有限公司法律顾问）

丛书专家指导委员会主任

关云飞（长沙航空职业技术学院教授）

张树生（国务院津贴获得者，山东交通学院教授）

刘岩松（沈阳航空航天大学教授）

宋兆宽（河北传媒学院教授）

姚　宝（上海外国语大学教授）

李剑峰（山东大学教授）

孙福万（国家开放大学教授）

张　威（沈阳师范大学教授）

成积春（曲阜师范大学教授）

"十三五"全国高等院校民航服务专业规划教材编委会

主　任　　高　宏（沈阳航空航天大学教授）　　杨　静（中原工学院教授）
　　　　　　李　勤（南昌航空大学教授）　　　　　李广春（郑州航空工业管理学院教授）
　　　　　　安　萍（沈阳师范大学）　　　　　　　彭圣文（长沙航空职业技术学院）
　　　　　　陈文华（上海民航职业技术学院）

副主任　　兰　琳（长沙航空职业技术学院）　　庞庆国（中国成人教育协会航空服务教育培训专业委员会）
　　　　　　郑　越（长沙航空职业技术学院）　　郑大莉（中原工学院信息商务学院）
　　　　　　徐爱梅（山东大学）　　　　　　　　黄　敏（南昌航空大学）
　　　　　　韩　黎［江苏民航职业技术学院（筹）］　曹娅丽（南京旅游职业学院）
　　　　　　胡明良（江南影视艺术职业学院）　　李楠楠（江南影视艺术职业学院）
　　　　　　王昌沛（曲阜师范大学）　　　　　　何蔓莉（湖南艺术职业学院）
　　　　　　孙东海（江苏新东方艺先锋传媒学校）　戴春华（原同济大学）
　　　　　　施　进（盐城航空服务职业学校）　　孙　梅（上海建桥学院）
　　　　　　张号全（武汉商贸职业学院）　　　　周孟华（上海东海学院）

委　员（排名不分先后）
　　　　　　于海亮（沈阳师范大学）　　　　　　于晓风（山东大学）
　　　　　　王丽蓉（南昌航空大学）　　　　　　王玉娟（南昌航空大学）
　　　　　　王　莹（沈阳师范大学）　　　　　　王建惠（陕西职业技术学院）
　　　　　　王　姝（北京外航服务公司）　　　　王　晶（沈阳航空航天大学）
　　　　　　邓丽君（西安航空职业技术学院）　　车树国（沈阳师范大学）
　　　　　　龙美华（岳阳市湘北女子职业学校）　石　慧（南昌航空大学）
　　　　　　付砚然（湖北襄阳汽车职业技术学院，原海南航空公司乘务员）
　　　　　　朱茫茫（潍坊职业学院）　　　　　　田　宇（沈阳航空航天大学）
　　　　　　刘　洋（濮阳工学院）　　　　　　　刘　超（华侨大学）
　　　　　　许　赟（南京旅游职业学院）　　　　刘　舒（江西青年职业学院）
　　　　　　杨志慧（长沙航空职业技术学院）　　吴立杰（沈阳航空航天大学）
　　　　　　李长亮（张家界航空工业职业技术学院）　杨　莲（马鞍山职业技术学院）
　　　　　　李雯艳（沈阳师范大学）　　　　　　李芙蓉（长沙航空职业技术学院）
　　　　　　李　仟（天津中德应用技术大学，原中国南方航空公司乘务员）
　　　　　　李霏雨（原中国国际航空公司乘务员）　李　姝（沈阳师范大学）
　　　　　　邹　昊（南昌航空大学）　　　　　　狄　娟（上海民航职业技术学院）
　　　　　　宋晓宇（湖南艺术职业学院）　　　　邹　莎（湖南信息学院）
　　　　　　张　进（三峡旅游职业技术学院）　　张　驰（沈阳航空航天大学）
　　　　　　张　琳（北京中航未来科技集团有限公司）　张　利（北京中航未来科技集团有限公司）
　　　　　　张媛媛（山东信息职业技术学院）　　张程垚（湖南民族职业学院）
　　　　　　陈烜华（上海民航职业技术学院）　　陈　卓（长沙航空职业技术学院）
　　　　　　周佳楠（上海应用技术大学）　　　　金　恒（西安航空职业技术学院）
　　　　　　郑菲菲（南京旅游职业学院）　　　　周茗慧（山东外事翻译职业学院）
　　　　　　胥佳明（大连海事大学）　　　　　　赵红倩（上饶职业技术学院）
　　　　　　柳　武（湖南流通创软科技有限公司）　胡　妮（南昌航空大学）
　　　　　　柴　郁（江西航空职业技术学院）　　钟　科（长沙航空职业技术学院）
　　　　　　唐　珉（桂林航天工业学院）　　　　倪欣雨（斯里兰卡航空公司空中翻译，原印度尼西亚鹰航乘务员）
　　　　　　高　青（山西旅游职业学院）　　　　高　熔（原沈阳航空航天大学继续教育学院）
　　　　　　郭雅萌（江西青年职业学院）　　　　高　琳（济宁职业技术学院）
　　　　　　黄　晨（天津交通职业学院）　　　　黄春新（沈阳航空航天大学）
　　　　　　黄紫葳（抚州职业技术学院）　　　　黄婵芸（原中国东方航空公司乘务员）
　　　　　　崔祥建（沈阳航空航天大学）　　　　曹璐璐（中原工学院）
　　　　　　梁向兵（上海民航职业技术学院）　　崔　媛（张家界航空工业职业技术学院）
　　　　　　彭志雄（湖南艺术职业学院）　　　　梁　燕（郴州技师学院）
　　　　　　操小霞（重庆财经职业学院）　　　　蒋焕新（长沙航空职业技术学院）
　　　　　　庞　敏（上海民航职业技术学院）　　李艳伟（沈阳航空航天大学）
　　　　　　史秋实（中国成人教育协会航空服务教育培训专业委员会）

出 版 说 明

随着经济的稳步发展，我国已经进入经济新常态的阶段，特别是十九大指出：中国社会主要矛盾已经转化为人民日益增长的美好生活需要和不平衡不充分的发展之间的矛盾，这客观上要求社会服务系统要完善升级。作为公共交通运输的主要组成部分，民航运输在满足人们对美好生活的追求和促进国民经济发展中扮演着重要的角色，具有广阔的发展空间。特别是"十三五"期间，国家高度重视民航业的发展，将民航业作为推动我国经济社会发展的重要战略产业，预示着我国民航业将会有更好、更快的发展。从国产化飞机C919的试飞，到宽体飞机规划的出台，以及民航发展战略的实施，标志着我国民航业已经步入崭新的发展阶段，这一阶段的特点是以人才为核心，而这一发展模式必将进一步对民航人才质量提出更高的要求。面对民航业发展对人才培养提出的挑战，培养服务于民航业发展的高质量人才，不仅需要转变人才培养观念，创新教育模式，更需要加强人才培养过程中基本环节的建设，而教材建设就是其首要的任务。

我国民航服务专业的学历教育，经过18年的探索与发展，其办学水平、办学结构、办学规模、办学条件和师资队伍等方面都发生了巨大的变化，专业建设水平稳步提高，适应民航发展的人才培养体系初步形成。但我们应该清醒地看到，目前我国民航服务类专业的人才培养仍存在着诸多问题，特别是专业人才培养质量仍不能适应民航发展对人才的需求，人才培养的规模与高质量人才短缺的矛盾仍很突出。而目前相关专业教材的开发还处于探索阶段，缺乏系统性与规范性。已出版的民航服务类专业教材，在吸收民航服务类专业研究成果方面做出了有益的尝试，涌现出不同层次的系列教材，推动了民航服务的专业建设与人才培养，但从总体看，民航服务类教材的建设仍落后于民航业对专业人才培养的实践要求，教材建设已成为相关人才培养的瓶颈。这就需要以引领和服务专业发展为宗旨，系统总结民航服务实践经验与教学研究成果，开发全面反映民航服务职业特点、符合人才培养规律和满足教学需要的系统性专业教材，积极有效地推进民航服务专业人才的培养工作。

基于上述思考，编委会经过两年多的实际调研与反复论证，在广泛征询民航业内专家的意见与建议、总结我国民航服务类专业教育的研究成果后，结合我国民航服务业的发展趋势，致力于编写出一套系统的、具有一定权威性和实用性的民航服务类系列教材，为推进我国民航服务人才的培养尽微薄之力。

本系列教材由沈阳航空航天大学、南昌航空大学、郑州航空工业管理学院、上海民航职业技术学院、长沙航空职业技术学院、西安航空职业技术学院、中原工学院、上海外国语大学、山东大学、大连外国语大学、沈阳师范大学、曲阜师范大学、湖南艺术职业学院、陕西师范大学、兰州大学、云南大学、四川大学、湖南民族职业学院、江西青年职业学院、天津交通职业学院、潍坊职业学院、南京旅游职业学院等多所高校的众多资深专家和学者共同打造，还邀请了多名原中国东方航空公司、原中国南方航空公司、原中国国际航空公司和原海南航空公司中从事多年乘务工作的乘务长和乘务员参与教材的编写。

目前，我国民航服务类的专业教育呈现着多元化、多层次的办学格局，各类学校的办学模式也呈现出个性化的特点，在人才培养体系、课程设置以及课程内容等方面，各学校之间存在着一定的差异，对教材也有不同的需求。为了能够更好地满足不同办学层次、教学模式对教材的需要，本套教材主要突出以下特点。

第一，兼顾本、专科不同培养层次的教学需要。鉴于近些年我国本科层次民航服务专业办学规模的不断扩大，在教材需求方面显得十分迫切，同时，专科层面的办学已经到了规模化的阶段，完善与更新教材体系和内容迫在眉睫，本套教材充分考虑了各类办学层次的需要，本着"求同存异、个性单列、内容升级"的原则，通过教材体系的科学架构和教材内容的层次化，以达到兼顾民航服务类本、专科不同层次教学之需要。

第二，将最新实践经验和专业研究成果融入教材。服务类人才培养是系统性问题，具有很强的内在规定性，民航服务的实践经验和专业建设成果是教材的基础，本套教材以丰富理论、培养技能为主，力求夯实服务基础、培养服务职业素质，将实践层面行之有效的经验与民航服务类人才培养规律的研究成果有效融合，以提高教材对人才培养的有效性。

第三，落实素质教育理念，注重服务人才培养。习近平总书记在党的十九大报告中强调，"要全面贯彻党的教育方针，落实立德树人根本任务，发展素质教育，推进教育公平，培养德智体美全面发展的社会主义建设者和接班人"，人才以德为先，以社会主义价值观铸就人的灵魂，才能使人才担当重任，也是高校人才培养的基本任务。教育实践表明，素质是人才培养的基础，也是人才职业发展的基石，人才的能力与技能以精神与灵魂为附着，但在传统的民航服务教材体系中，包含素质教育板块的教材较为少见。根据党的教育方针，本套教材的编写考虑到素质教育与专业能力培养的关系，以及素质对职业生涯的潜在影响，首次在我国民航服务专业教学中提出专业教育与人文素质并重、素质决定能力的培养理念，以独特的视野，精心打造素质教育教材板块，使教材体系更加系统，强化了教材特色。

第四，必要的服务理论与专业能力培养并重。调研分析表明，忽视服务理论与人文素质所培养出的人才很难有宽阔的职业胸怀与职业精神，其未来的职业生涯发展就会乏力。因此，教材不应仅是对单纯技能的阐述与训练指导，更应该是不淡化专业能力培养的同时，强化行业知识、职业情感、服务机理、职业道德等关系到职业发展潜力的要素的培养，以期培养出高层次和高质量的民航服务人才。

第五，架构适合未来发展需要的课程体系与内容。民航服务具有很强的国际化特点，而我国民航服务的思想、模式与方法也正处于不断创新的阶段，紧紧把握未来民航服务的发展趋势，提出面向未来的解决问题的方案，是本套教材的基本出发点和应该承担的责任。我们力图将未来民航服务的发展趋势、服务思想、服务模式创新、服务理论体系以及服务管理等内容进行重新架构，以期能对我国民航服务人才培养，乃至整个民航服务业的发展起到引领作用。

第六，扩大教材的种类，使教材的选择更加宽泛。鉴于我国目前尚缺乏民航服务专业更高层次办学模式的规范，各学校的人才培养方案各具特点，差异明显，为了使教材更适合于办学的需要，本套教材打破了传统教材的格局，通过课程分割、内容优化和课外外延化等方式，增加了教材体系的课程覆盖面，使不同办学层次、关联专业，可以通过教材合理组合获得完整的专业教材选择机会。

本套教材规划出版品种大约为四十种，分为：① 人文素养类教材，包括《大学语文》《应用文写作》《艺术素养》《跨文化沟通》《民航职业修养》《中国传统文化》等。② 语言类教材，包括《民航客舱服务英语教程》《民航客舱实用英语口语教程》《民航实用英语听力教程》《民航播音训练》《机上广播英语》《民航服务沟通技巧》等。③ 专业类教材，包括《民航概论》《民航服务概论》《中国民航常飞客源国概况》《民航危险品运输》《客舱安全管理与应急处置》《民航安全检查技术》《民航服务心理学》《航空运输地理》《民航服务法律实务与案例教程》等。④ 职业形象类教材，包括《空乘人员形体与仪态》《空乘人员职业形象设计与化妆》《民航体能训练》等。⑤ 专业特色类教材，包括《民航服务手语训练》《空乘服务专业导论》《空乘人员求职应聘面试指南》《民航面试英语教程》等。

为了开发职业能力，编者联合有关 VR 开发公司开发了一些与教材配套的手机移动端 VR 互动资源，学生可以利用这些资源体验真实场景。

本套教材是迄今为止民航服务类专业较为完整的教材系列之一，希望能借此为我国民航服务人才的培养，乃至我国民航服务水平的提高贡献力量。民航发展方兴未艾，民航教育任重道远，为民航服务事业发展培养高质量的人才是各类人才培养部门的共同责任，相信集民航教育的业内学者、专家之共同智慧，凝聚有识之士心血的这套教材的出版，对加速我国民航服务专业建设、完善人才培养模式、优化课程体系、丰富教学内容，以及加强师资队伍建设能起到一定的推动作用。在教材使用的过程中，我们真诚地希望听到业内专家、学者批评的声音，收到广大师生的反馈意见，以利于进一步提高教材的水平。

丛 书 序

《礼记·学记》曰："古之王者，建国君民，教学为先。"教育是兴国安邦之本，决定着人类的今天，也决定着人类的未来，企业发展也大同小异，重视人才是企业的成功之道，别无二选。航空经济是现代经济发展的新趋势，是当今世界经济发展的新引擎，民航是经济全球化的主流形态和主导模式，是区域经济发展和产业升级的驱动力。作为发展中的中国民航业，有巨大的发展潜力，其民航发展战略的实施必将成为我国未来经济发展的增长点。

"十三五"期间正值实现我国民航强国战略构想的关键时期，"一带一路"倡议方兴未艾，"空中丝路"越来越宽阔。面对高速发展的民航运输，需要推动持续的创新与变革；同时，基于民航运输的安全性和规范性的特点，其对人才有着近乎苛刻的要求，只有人才培养先行，夯实人才基础，才能抓住国家战略转型与产业升级的巨大机遇，实现民航运输发展的战略目标。经历多年民航服务人才发展的积累，我国建立了较为完善的民航服务人才培养体系，培养了大量服务民航发展的各类人才，保证了我国民航运输业的高速持续发展。与此同时，我国民航人才培养正面临新的挑战，既要通过教育创新，提升人才品质，又需要在人才培养过程中精细化，把人才培养目标落实到人才培养的过程中，而教材作为专业人才培养的基础，需要先行，从而发挥引领作用。教材建设发挥的作用并不局限于专业教育本身，其对行业发展的引领，专业人才的培养方向，人才素质、知识、能力结构的塑造以及职业发展潜力的培养具有不可替代的作用。

我国民航运输发展的实践表明，人才培养决定着民航发展的水平，而民航人才的培养需要社会各方面的共同努力。我们惊喜地看到，清华大学出版社秉承"自强不息，厚德载物"的人文精神，发挥强势的品牌优势，投身到民航服务专业系列教材的开发行列，改变了民航服务教材研发的格局，体现了其对社会责任的担当。

本套教材体系组织严谨，精心策划，高屋建瓴，深入浅出，具有突出的特色。第一，从民航服务人才培养的全局出发，关注了民航服务产业的未来发展趋势，架构了以培养目标为导向的教材体系与内容结构，比较全面地反映了服务人才培养趋势，具有良好的统领性；第二，很好地回归了教材的本质——适用性，体现在每本教材均有独特的视角和编写立意，既有高度的提升、理论的升华，也注重教育要素在课程体系中的细化，具有较强的可用性；第三，引入了职业素质教育的理念，补齐了服务人才素质教育缺少教材的短板，可谓是对传统服务人才培养理念的一次冲击；第四，教材编写人员参与面非常广泛。这反映出本套教材充分体现了当今民航服务专业教育的教学成果和编写者的思考，形成了相互交流的良性机制，势必对全国民航服务类专业的发展起到推动作用。

教材建设是专业人才培养的基础，与其服务的行业的发展交互作用，共同实现人才培养—社会检验的良性循环是助推民航服务人才的动力。希望这套教材能够在民航服务类专业人才培养的实践中，发挥更广泛的积极作用。相信通过不断总结与完善，这套教材一定会成为具有自身特色的、适应我国民航业发展要求的，以及深受读者喜欢的规范教材。

此为序。

原海南航空公司总裁、原中国货运航空公司总裁、原上海航空公司总裁

朱益民

2017 年 9 月

前　言

运输业是国民经济的支柱性产业，随着我国国民经济的快速发展及人民收入的增加，民航运输业取得了巨大的发展，同时也面临着激烈的行业竞争。民航业的竞争归根结底是服务的竞争，毋庸置疑，优质的服务才能获得旅客的认可。

2018 年，民航局出台了《关于进一步提升民航服务质量的指导意见》，提出了关于民航服务质量的总体要求、主要任务、保障措施，为当前和今后一个时期进一步提升民航服务质量指明了方向，明确了 21 世纪中叶，要形成高效、便捷、舒适、绿色、和谐的民航服务供给体系。中国民航的服务产品、服务标准、服务理念得到国际普遍认可，中国民航服务水平全面进入国际前列。该指导意见明确了提升民航服务质量的六大任务：一是健全法规标准体系，重点完善民航服务质量法规体系和民航服务质量标准体系；二是加强航班正常管理，持续抓好航班正常工作，着力健全航班正常管理体系；三是规范基础服务工作，重点规范票务服务，提高行李运输服务质量，优化航班延误服务，提升旅客投诉处理能力；四是大力推进服务创新，提升个性化服务能力，提升航空餐饮服务水平，优化旅客服务体验；五是完善企业内控机制，提升企业服务全面质量管理能力，着力打造民航企业"中国服务"品牌；六是强化服务监督管理，加强政府服务监管，强化行业服务自律，加强服务信用体系建设。

民航服务要全方位满足人民日益增长的航空服务需求。随着乘客对于服务本身需求的提高以及远程航线的普及，机上餐饮变得越来越重要，机上餐饮服务的规范性和创新性必须同步提升。改革开放以来，我国航空食品业取得了显著成就，较好地保证了航空食品安全，保证了航空运输的持续快速发展，在改革开放中创造了经验，有些领域走在了前面。目前，我国已拥有超过 130 家航食企业及配餐企业，以及数以千计的供应商，在为外航飞内地的 135 家、港澳飞内地的 8 家、国内 40 多家航空公司提供航空餐饮服务，2017 年航空食品的总体配餐量已达 5.25 亿份。作为空中乘务员，为了向乘客提供更优质的服务，必须提升服务意识和综合素质，包括机上餐饮服务能力。本书根据空中乘务员关于餐饮服务的素质要求进行讲解，注重机上餐饮服务的理论知识和服务技能有机结合，注重知识性与实用性有机结合，是典型的工学结合教材。

本书第一章由兰琳编写，第二章由杨志慧、陈卓编写，第三章由杨志慧编写，第四章由邹莎编写，第五章由兰琳编写，第七章由苏雅靓编写，第八章由杨玮编写。

在编写过程中，我们参考了大量的文献资料和企业案例。在此，我们向参考过的文献的作者和相关民航企业专家表示诚挚的谢意。由于编写时间仓促，编者水平有限，书中疏漏与不当之处在所难免，敬请广大读者批评指正。

编　者

CONTENTS 目录

第一章　空乘餐饮服务概述 1

第一节　我国航空餐饮发展概况 6
第二节　我国航空餐饮的服务理念和发展趋势 12
第三节　空中餐饮服务对乘务员的素质要求 16

第二章　航空餐与中国饮食文化 21

第一节　中国饮食民俗 24
第二节　中国茶文化 39
第三节　中国酒文化 54

第三章　主要客源国的饮食民俗 64

第一节　亚洲主要客源国的饮食民俗 67
第二节　欧洲主要客源国的饮食民俗 74
第三节　美洲主要客源国的饮食民俗 81
第四节　非洲主要客源国的饮食民俗 87
第五节　大洋洲主要客源国的饮食民俗 88

第四章　菜点知识 93

第一节　中式菜点知识 95
第二节　西餐菜点知识 99
第三节　常见航空餐食的搭配 103

第五章 食品营养与卫生 ……………………………………………………… 112

第一节 营养与营养素 …………………………………………………… 114
第二节 常见客舱食品的营养价值 ……………………………………… 120
第三节 膳食指南和平衡膳食宝塔 ……………………………………… 147
第四节 营养食谱 ………………………………………………………… 159
第五节 食品卫生与安全常识 …………………………………………… 170
第六节 航空配餐的卫生与安全 ………………………………………… 181

第六章 客舱餐食 …………………………………………………………… 186

第一节 常见客舱餐食 …………………………………………………… 187
第二节 特殊客舱餐食 …………………………………………………… 191
第三节 客舱饮料 ………………………………………………………… 197

第七章 客舱餐饮服务及标准 ……………………………………………… 203

第一节 客舱旅客餐饮服务标准 ………………………………………… 206
第二节 机供品管理 ……………………………………………………… 208
第三节 客舱供餐服务流程 ……………………………………………… 210
第四节 客舱供餐服务技巧 ……………………………………………… 221

第八章 客舱餐饮服务沟通技巧 …………………………………………… 232

第一节 客舱餐饮服务日常用语 ………………………………………… 233
第二节 客舱餐饮服务投诉处理 ………………………………………… 234
第三节 客舱餐饮服务常用英语 ………………………………………… 238

参考文献 ……………………………………………………………………… 247

第一章

空乘餐饮服务概述

随着大众对于餐饮行业服务质量要求的提升，越来越多的乘客把"餐食"列为影响空中服务满意度的关键因素。随着乘客对于服务本身需求的提高以及远程航线的普及等因素，机上餐饮服务变得越来越重要，航空公司也在不断推陈出新，努力为乘客提供满意的餐食服务。作为空中乘务员，为更好地向乘客提供服务，必须了解和熟悉国内外航空餐饮发展的历史、现状、趋势和服务理念，以及航空餐饮产品与服务存在的问题，并能够根据航空餐饮服务对乘务员的素质要求，掌握相应的服务技能，提高自身的服务水平。

 学习目标

- 了解我国航空餐饮的发展历史、现状和发展趋势；
- 了解我国航空餐饮产品与服务存在的问题，熟悉航空餐饮的服务理念；
- 根据空中餐饮服务对乘务员的素质要求，使学生掌握相应的服务技能，提高服务水平。

 导引案例

南方航空机上美食服务

珍馐美食，大快朵颐。东方美食质朴，西方美食纯粹，在万米高空，您可以二者兼得。在您菜单上以小木棉花图案标示的记号，是南航为您精选的特色佳肴。特色美食如图1-1所示。

图1-1 澳洲大龙虾

网上订餐服务

想品味万米高空上的饕餮美食？想知道您乘坐的航班上有哪些"感动"舌尖的美味？只需登录南航官网便可轻松享受您的机上私人定制美食！

预订条件：暂时只在南航实际承运的部分国际航班上提供本服务。

时限：广州始发航班计划起飞时间前24小时；国际回程航班计划起飞时间前48小时。

数量：每位旅客限订1份正餐主菜。

精选美食

南航大碗面——独创金牌产品（见图 1-2）：精心熬制的浓郁牛骨汤，劲道十足的手工拉面，加上精选的内蒙古牛腩、牛筋，配以芫荽碎、辣椒圈和炸花生米，满满的幸福口感！

图 1-2　南航大碗面

腊味煲仔饭——岭南特色产品（见图 1-3）：精选的香米配以香味浓郁的腊味，香米吸取了腊味精华，米饭松软醇香，腊味肥而不腻，色泽鲜明，美味可口，暖暖在心头！

图 1-3　腊味煲仔饭

上汤河粉——岭南特色产品（见图 1-4）：上汤味鲜清香，粉薄白透的河粉在吸收了汤汁后，口感软滑、细腻清淡。现有三款特色河粉在航班轮流供应，分别是潮州鱼蛋河粉、牛筋卤蛋河粉和牛筋牛腩河粉，总有一款满足您！

图 1-4　上汤河粉

空中酒窖

南航为您精心打造了古老而时尚的"空中酒窖",准备了来自法国、美国、澳大利亚、智利等国家知名酒庄葡萄酒,以及世界知名品牌的白兰地、威士忌、利口酒等美酒,由拥有葡萄酒侍酒专业资格证书的魅力"侍酒师"为您服务,让您在浪漫优雅的氛围中品味专业地道的葡萄酒文化(见图1-5)。

图1-5 酒水服务

空中茶苑

由获得国家茶艺师资格证的精英乘务员,在空中为您展示中国传统的茶文化和茶礼仪。百年老字号茶庄提供的高级香茗与美丽的空中茶艺师相得益彰,展现出中国茶道"天人合一,有道无仪"的悠远与魅力,您在旅途中可细味茶道之精髓,慢品悠远之茗香(见图1-6)。

*以上服务仅限部分机型、航线提供,实际餐食以机上服务为准。

图1-6 空中茶苑

航线美食

广州-奥克兰航线

广州-奥克兰航线的航程时间约为13.5小时,南航此次邀请新西兰知名"御厨"艾尔布朗先生为奥克兰航线定制空中餐食。此次奥克兰航线餐谱,均带有浓厚的奥克兰风味,比如：新西兰较为出名的是当地的奶制品、牛羊肉以及海鲜，这些餐食元素都充分地体现在此次的餐食设计中。同时，为充分考虑到东方人的饮食习惯，在餐食中还融合了亚洲的烹饪元素，如五香姜味鸭腿佐奶油番薯及菠萝酱、八角姜味牛腩佐番薯泥，都使用了东方惯用的草本香料。特色美食如图 1-7、图 1-8 所示。

图 1-7　龙井虾仁　　　　　　　　　图 1-8　酱香肘子

广州-伦敦航线

广州-伦敦航线的航程时间约 12.5 小时，南航此次设计的餐食结构为"2.5 餐"，即早午餐和晚餐，中间还有中式茶点的服务。

早午餐特点为运用早餐元素为主体，主食部分设计为午餐的热食，包含了中式和西式的选择，包括牛排、海鲜、下午茶点和荷包叶银鳕鱼等。其中在早餐主食中南航的主厨们选用了培根片、火腿片搭配芝士的西式冷早餐，同时专门加入了英国皇家下午茶品种，满足旅客的喜好。

主厨特别推荐苏格兰菲力牛排、爱尔兰羊排等地道英国美食。苏格兰菲力牛排这道主菜特别之处选用苏格兰自由放养肉牛，再佐以中式芝麻酱，配上松露马铃薯、鲜芦笋，酱汁香浓，时蔬鲜嫩。扒爱尔兰羊排，选用当地爱尔兰小羊排，鲜嫩多汁，配以经典法式烩杂菜及意大利玉米饼，是目前欧洲流行饮食。另外，参考英国皇家下午茶搭配的欧陆皇室茶点也是南航"两舱"旅客不容错过的选择。

特殊餐食服务

（1）对于因宗教信仰或医疗原因提出特殊餐食需求的乘客，南航将竭力满足您的需求。旅客可在航班起飞前至少 24 小时（含）致电南航客服热线 95539 咨询及预订特殊餐食。

（2）犹太餐的订餐目前仅限广州始发至悉尼、墨尔本、珀斯、布里斯班、奥克兰、巴黎、阿姆斯特丹、伦敦、洛杉矶、温哥华、莫斯科、迪拜航班以及北京始发至阿姆斯特丹航线，旅客可在航班起飞前至少 48 小时（含）通过同样方式预订。

（3）杭州始发航班暂无法提供穆斯林餐，敬请谅解。

（4）订餐服务仅限正餐、点心、轻正餐，且每位旅客在一个航段上只能申请一人份特殊餐食（第二份是婴儿餐除外）。

（5）航班延误、取消或航班调配，预订的餐食可能会受到影响，敬请谅解。

（6）如旅客因健康或其他特殊原因，提出特殊餐食说明之外的特殊餐食需求时，请向客服人员准确、详细、清晰地表述，客服人员将在查询后及时回复预订情况。

材料来源：搜狐网．https://www.sohu.com/a/65453353_395941

第一节　我国航空餐饮发展概况

一、我国航空餐饮发展的历史

在万米高空，航空食品越来越受到人们的重视。由于乘坐飞机的时间往往需要持续数小时，乘坐国际航班的时间会更长，因此，航空公司会根据飞行时长与飞行时段为乘客提供餐饮服务。一份精心准备的航空食品，不仅会让人余味无穷，而且会让旅客对航空公司的好感倍增。如今，这一服务成了航空企业提供真情服务的重要途径，成为旅客评判航空公司服务水平的一项重要标准。

1919 年，荷兰皇家航空公司开始在飞机上为乘客提供预先包装好的食品；1946 年，第一家专业航空食品公司在美国创建成立；20 世纪 90 年代至今，航空公司依靠专业航空食品公司为其提供从原材料的采购供应到餐食生产再到配送装机等全方位的航空食品服务，一些航空公司也雇用优秀的厨师来设计菜单和主理餐食。

我国的航空餐饮从最初的餐食匮乏、品种单一，到数量繁多、种类丰富，再到如今的品质优良、营养均衡，经历了三个阶段的发展变迁。

（一）航空食品从无到有

1949 年 10 月 1 日中华人民共和国成立，我国民航业的发展也从此拉开了序幕。1949 年 11 月 9 日，香港原中国航空公司和中央航空公司的员工驾驶 12 架飞机飞回祖国大陆，为我国民航事业的起步奠定了物质基础。

在 20 世纪五六十年代，我国主要将"运五"（一种国产机型，有 12 个客座）和"伊尔-14"（一种苏联产机型，有 32 个客座）作为民用飞机。这两种飞机没有空调，舱内的温度有时会达到摄氏 50 多度。20 世纪 70 年代初期，涡轮螺旋桨式的"安-24"飞机（一种苏联产机型，有 50 个客座）一度成为民用飞机的主流机型，其飞行高度一般在 5 000 米以下，在飞行中颠簸得比较厉害。这几种类型的民用飞机的特点是载客量小，飞行速度慢，乘坐环境不舒适，再加上我国航空食品生产技术的空白，在这个阶段，乘务员往往只会给乘客发扇子、香烟和水果糖。

到了 20 世纪 70 年代中后期，我国开始普遍使用英国制造的三叉戟飞机。三叉戟飞机载客量达到 150 人左右，所能达到的高度是 1.2 万米，时速可达 900 多千米。飞行速度的提升以及乘坐环境的改善为在飞机上用餐提供了基础。这个阶段，乘务员开始给乘客配送冷饮、餐食。但当时的热食并不像现在的餐食有独立包装，而是装在一个大的容器里，由乘务员用勺子分给乘客，饮料则是兑了水的浓缩橘子水。

改革开放以来，航空食品业取得了显著成就，总体保持了提升，较好保证了安全。面对新时代，航空餐饮业肩负时代使命，树立新的理念，确保配餐安全，不断创新品种，转变经营发展方式，积极开展非航业务，努力实现航空食品业的高质量发展，助力民航强国建设。

（二）航空食品从有到多

过去，我国的航空食品多效仿西方做法，以西餐模式为主。经过多年的发展，逐步形成了以中餐为主的中国航空食品服务特色。如今，我国的航空食品呈现出品种丰富、口味多样、国际合作增加等特色，光特别餐食种类就超过了 20 种。根据不同航空公司、不同航程、不同旅客的需求，超过 1 000 种餐食被送进客舱。

1978 年，邓小平访美并签订了中美通航协议，开通由旧金山直飞北京的航线。为保证直航用餐的需求，1980 年与香港美心集团合资成立了北京航空食品有限公司，被人们形象地称为"天字第一号"，拉开了航空食品产业改革创新的字幕。

根据中央 1984 年《关于改革经济体制的决定》，从 1987 年开始，民航实施了以政企分开，管理局、航空公司、机场分设为主要内容的改革提要，将原民航各级管理机构从事的围绕航空主业的服务保障性业务分离出来，组建专业性企事业单位。宽松的政策为我国航空食品的发展源源不断地注入活力。美心集团在与北京航空食品有限公司成功合作后又与广州、深圳等十多家配餐企业合作，成立航空食品公司，而餐食研发、冷链生产、质检化验等先进技术的实施，极大地提高了我国航空食品的生产水平，丰富了航空食品种类。此后，德国汉莎天厨也在我国多个地区成立了航空食品企业，将德国人严谨、周密的作风带入行业之中。在不断引进外资的同时，我国各航空公司和地方机场也积极运作，相继成立各自的航空食品公司。

经过多年的改革，我国航空食品的种类已经发展到热食、冷荤、凉菜、水果、色拉、甜品、面包等 10 多个大项，110 多个小项。一些地方美食如烤鸭、肉夹馍、凉皮、粤式点心等也被送上蓝天。除了种类得到极大丰富外，配餐数量也显著增加。

民以食为天，食以安为先。面对航空食品数量的日益剧增，我国对航空食品的卫生质量监管工作并没有到位。如"米饭时软时硬""肉片没有煮烂""出现过期面包"等问题浮出水面。为规范航空食品生产操作，提高卫生质量，拉近与国际先进水平的距离，我国不断完善航空食品行业法规建设，形成了完善的管理和监督体系，有效抓好"舌尖上的安全"。2017 年 12 月 23 日，由中国航空运输协会（以下简称中国航协）起草的《航空食品卫生规范》正式实施。该规范作为航空食品行业首部强制性规范，使企业生产有遵循，政府监管有依据，对航空食品领域加强法制建设，促进航空食品企业规范生产具有重要意义。

（三）航空食品从多到优

中国民航自 2004 年完成了"航空运输企业联合重组、机场属地化管理"为主要内容的重大改革后，我国民航业进入了快速发展时期。据统计，2017 年，我国航空食品的总体配餐量达到了 5.25 亿份。在万米高空，航空食品越来越受到人们的重视。一份精心准备的航空食品，不仅会让人余味无穷，而且会让旅客对航空公司的好感倍增。如今，航空餐饮服务成了航空企业提供真情服务的重要途径，成为旅客评判航空公司服务水平的一项重要标准。随着我国加入世界贸易组织，以及成功举办奥运会、世博会、亚运会、大运会等国际性盛会，我国加大了同国外先进航空食品企业交流学习的机会。通过学习总结，各航空食品企业逐渐认识到与国际领先水平的差距，一场航空食品行业的质量竞赛开始了。

如今的航空食品早已不是吃饱的概念，而是要吃好，讲究粗细搭配、营养均衡。从川菜、粤菜、鲁菜到各种特色小吃，从法国面包、意大利比萨、日本料理、韩式拌饭到各种西式大餐，丰富的饮食着实让乘客大饱口福。

各航空食品企业除了不断进行食品卫生体系认证外，还积极参与到奥运会、世博会、亚运会、大运会等国际性赛事的配餐工作中，通过大赛检验餐食质量，提高配餐水平。在"2008年北京奥运会"举办期间，北京空港配餐有限公司负责提供工人体育场、工人体育馆、沙滩排球场、北京工业大学体育馆、公路自行车赛场这五个奥运比赛场馆工作人员、运动员、志愿者的用餐及茶点。为了保证餐食质量，企业内部购置了控制卫生质量的硬件设施，如进口红外线测温仪、针式测温仪，用以测量食品表面及中心温度；更换消毒水品牌及购买自动分配器，使消毒水浓度符合参数要求；为生产场地配置温度报警器，将室温控制在体系要求的22℃等。除了硬件保证外，餐食的生产配送过程中的清洗消毒、速冻冷藏、冷链生产、留样化验、电子签封、GPS导航配送等技术参数的设定和要求都达到甚至超越了当今国际先进水平。随后的亚运会，广州白云国际机场汉莎航空食品有限公司也为广州、东莞、佛山三地9个运动场馆的运动员、技术员提供清真快餐、茶点等。

二、我国航空餐饮业的发展现状与问题

（一）我国航空餐饮业的发展现状

目前，全球航空配餐业有700多家企业或集团，市场规模总产值达65亿美元，其中美国约占20亿美元，欧洲占25~28亿美元，我国只占4亿多美元的产值。据有关统计和预测，未来20年民航客运周转量年均将会增长9.3%。目前我国国内航空餐主要来源于以下三种配餐公司：航空公司旗下的配餐公司、机场旗下的配餐公司和不依托航空公司和机场而独立存在的餐饮公司。一般国内各个航空公司的航空餐去程由自己公司配餐，回程订购降落站提供的航空餐。在这种背景下，我国航空餐饮业在现阶段存在以下几个特点。

1. 市场发展快，竞争激烈

近几年，全球航空配餐市场增速为2%~3%，我国航空食品市场增速为5%~6%。我国航空食品业迅速发展的同时引发了航空配餐行业的激烈竞争，整个市场的航空食品竞争呈现竞争集团化、竞争全国化和竞争国际化的新格局。

2. 餐食发放没有硬性规定

民航部门对航空公司配餐标准没有硬性要求。2007年起实施的《公共航空运输服务质量》，对机上餐食有较简略的规定，但没有提及具体的配餐标准，如何经营是航空公司的市场化行为。一般来说，航空餐由航空公司客舱服务部根据舱位、航程和飞行时段来设计食谱。按照行业惯例，配餐标准大概为：飞行时间在一小时内的航空餐为干点餐，有面包、热狗或汉堡；飞行时间在两小时以上，又正值饭点，航空餐为正餐；若航程和飞行时

段约两小时，又正值饭点或在饭点之间，乘客也有可能获得轻正餐（热便餐）。

3. 航空餐食逐渐多样化

航空餐食随着时间的演变渐渐向着多样化趋势发展。早期的航空餐食通常以西式为主，而如今的航空餐食中，除常规餐之外，还有具有地域特色的特殊餐食等，以适应不同乘客的需求。

（二）我国航空餐饮产品与服务存在的问题

近几年，亚洲航空市场蓬勃发展，尤其是我国，已拥有亚洲增长最快的航空市场，许多国际航空服务公司（如德国汉莎天厨等）已将战略重点从欧美逐渐向中国和印度转移。虽然近年我国民航配餐行业保持良好的增长趋势，然而仍然存在以下问题。

1. 航空餐浪费严重

航空运输将安全放在第一位，对航空食品的安全性要求非常高。依据航空食品卫生要求，不管是冷餐还是热餐，航空食品保质期只有一到两天。而且飞机上吃的食物不能有硬物，肉食中不能有骨头，做鱼肉时，常常只能取鱼肚和背上的小部分肉，其余只能扔掉，有的头等舱餐食食材是每斤上百元的银鳕鱼，浪费比较大。另外，由于削果皮非常耗费时间和人力，所以航食果盘里的水果主要取自水果中间的果肉，往往一个西瓜只有一半能做成航食水果。正因如此，许多原来只做航食配餐的公司谋划或者已经开始向地面配餐方面拓展，以提高食材的利用率和公司的利润率。

航空餐的浪费现象比较普遍，但也有针对这一问题的解决办法，可以考虑在选择食品原材料时，选择那些在加工后易保存的食品，避免浪费。还可以为乘客提供菜单，将主食、点心、水果等能够提供的餐食写在菜单上，让乘客自主选择喜欢的餐食，以避免造成加工原料的浪费。

2. 航空餐成本较高

从成本结构上看，和地面餐一样，航空餐的成本主要是原材料成本、人工成本和固定设施折旧。其中，包括食材和一次性餐具在内的原材料成本占比接近50%，人工成本约占30%，剩下20%的成本包括租金、水电煤气支出、固定设施折旧以及冷藏、运输等过程的费用。制作、存储、运输方式比地面餐更为复杂，也是航空餐成本高的原因。航空餐生产间都要进行紫外线杀菌，温度控制在18℃以下，配制好的成品必须在半小时内推入2～5℃的保鲜库中存放，配送时则通过冷藏食品车直接运到飞机上。在巨大的成本压力下，"成本优化"几乎成了航企的共同口号，而成本控制项目中比较容易实现的包括优化餐食和机供品。

3. 国内航空餐满意度较低

相对于航空燃油这种刚性成本，航空餐成本的可把控空间相对较大。根据中国国航、东方航空和南方航空的2019年半年报显示，这三家航空公司的航空餐食费用占总成本的比例分别为3.52%、3.49%和3.08%，占比较2018年同期均有提升，但是占比仍然不到

4%，在航空公司成本项目里排序倒数第三。现在不少航空公司已经开始通过合理设计配餐率、精简航餐、调整不同时段的餐食结构等方式来适当控制航空餐成本，比如将正餐调整为轻正餐，取消快餐或点心，将成本较高的牛肉替换成相对便宜的鸡肉和鸭肉等。近年来物价指数和人工成本不断攀升，而各航空公司在航空餐成本上却没有太大变化，这就是旅客普遍感觉航空餐质量不如意的主要原因所在。

 阅读材料

45元一份的飞机餐却是霉变餐食！机上餐食安全卫生问题，该谁负责

最近祥鹏航空是非颇多，先是首开售的"一人多座"的"占座票"备受质疑以外，飞机餐食也被爆出安全问题。经查阅，近年来，飞机餐食安全问题频发，有分析指出，这其中或与"免费飞机餐"成本控制有关，但此外，航空餐食企业的监督管理也是一大难点。据封面新闻报道：7月28日，包先生一行8人乘坐祥鹏航空8L9719航班，从绵阳飞往三亚。飞行途中，在空乘人员的推销下，包先生一行购买了7份航空餐食，每份为45元，共计315元。

对于历来吐槽指数偏高的飞机餐，美味程度自然不抱太高期望，但令包先生没有想到的是，此次购买的飞机餐直接安全指数暴跌。包先生拆开飞机餐后发现购买的7盒中有一盒米饭出现霉变，立即叫同行人员停止食用。在与空乘人员交涉中，空乘人员答应更换其中霉变盒饭，其他6份因已食用拒绝更换。而后他与一名孙姓乘务长进行交涉，被告知事后解决。考虑到航班上同一批次食品的安全问题，包先生拒绝了更换霉变盒饭的处理。

针对此事，封面记者联系到的一名祥鹏航空售后工作人员表示，该航班航空餐出现霉变事情属实，目前双方正在协商解决此事。"出现类似情况，我们都是有规定的，按照食品安全法等要求，我们提出了两个解决方案。"该负责人表示，一种是出现霉变的食物赔偿原价的10倍，另外6份原价赔偿；第二种是针对其中出现霉变的航空餐赔偿购买价的20倍价格。

包先生认为该事件已经涉及了飞机上食品安全卫生问题，因此他拒绝退款，要求必须由航空公司对消费者做出相应的解释和赔偿，并"提出精神损失费和其他损失，8个人总共赔偿10万元"。

对此，祥鹏航空相关负责人表示，包先生要求赔偿的金额太大，公司不能接受，目前还在协商中。航空公司将会给包先生一个最终答复，如仍不能达成一致，将按照流程处理此事。

材料来源：搜狐新闻网．http://www.sohu.com/a/246222125_251503

实验表明，人在高空飞行时，对甜味和咸味的感知度下降多达30%，而对酸味、苦味和辣味的感知度则几乎没有受到影响，这样就容易感觉飞机上的餐食不好吃。如果再加上乘客个人身体不适等原因，这一比率还将上升。

为了安全，所有航空配餐必须进行严格的检测检验。因此，航空餐要提前一天做好，冷却后送到飞机上，在客人用餐前用烤炉进行二次加热，这样一来味道肯定会大打折扣。

由于飞机上各种客观因素的限制，没有条件让所有乘客都各取所需。在众口难调和航空公司保证安全的前提条件下，航空餐只能先考虑营养，选择的范围自然比较小。

如果有乘客觉得餐食分量不够，可以询问乘务员能否多要几份，一般航班的配餐都有10%的备份。

当然，随着航空公司的不断发展，乘客需求的不断变化，各个航空公司都在努力研发新的航食产品，在口味、分量、花色品种、营养搭配等方面不断改进。也有一些颇具特色的食品已经出现在了国内的航班上，获得了乘客的赞赏。事实证明，航空餐饮企业要步入良性发展行列，就必须树立中国航空食品服务理念，践行和落实民航真情服务要求，真正体现人民航空为人民的宗旨，力争引领航空餐食企业继续弘扬中华美食传统，展现地域特色、民族特色以及航空公司服务特色，继续倡导绿色、环保、健康节能的生产方式，引领餐饮行业时尚，打造独具特色的航空食品服务品牌。

4. 国内航空餐服务水平与国际相比差距较大

近年来，航空餐饮服务已经踏上新征程，我国航空餐饮业的前景一片光明。我国航空公司的餐食服务与国外航空公司的餐食服务相比还存在一定差距（见表1-1）。随着近年来我国各个航空公司对餐饮产品及服务的不断改进，相信这些差距也将会逐渐缩小。下一步，我国航空餐饮业需要加大管理体系建设标准，保障航空食品安全；深化企业成本管控，提高管理水平；打造具有中国特色的航空食品品牌，讲好航食故事；拓展非航业务和业务分解外包；重视信息化管理和大数据建设等措施，将成为航空餐食企业谋求进一步发展和改进的途径。

表1-1 我国航空公司与国外航空公司餐食与服务比较

	国外航空公司	国内航空公司
食品	航空餐品种多，例如法航仅经济餐的正餐就有熏鱼、海鲜派、意式通心面、五香培根肉、炒饭等可供选择	多以一冷一热的正餐和一两份零食及饮料为"标配"，而且冷冻味十足，味道不鲜美
酒水	航班上有多种酒类提供，例如红葡萄酒、白葡萄酒、香槟等	主要以果汁、汽水为主，比较单调
厨师	基本都是名店名厨主理，聘请的基本都是世界知名厨师	开始请国内较知名的厨师主理飞机餐，但并不普遍
菜单	每个航班基本都会有清晰的菜单分派给乘客，菜单中不仅列明每个餐时可以选择的菜式，还写明乘客可以享用的酒类和饮品	没有印发菜单的做法
成本	欧美一些大型航空公司航食成本占公司总收入的10%	目前中国民航航食成本约占总收入的6%，国内航空公司在不断增加的成本压力下，仍然把"大刀"向航食头上砍

第二节　我国航空餐饮的服务理念和发展趋势

一、我国航空餐饮的服务理念

航空公司的餐饮服务一方面是乘客重点关注的内容之一，特别是对高端乘客而言，航空公司餐饮服务的水平间接体现乘客的自身品位和个人价值；另一方面，航空公司的餐饮服务品质也是专业机构衡量航空公司服务水平的重要参数之一，是评价航空公司综合实力和整体服务品质的硬件标准之一。所以航空公司的餐饮服务应体现人性化理念、细微化理念、个性化理念和文化理念。

（一）人性化的服务理念

人性化的基础是研究消费者的需求。从航空餐饮业这个角度来讲，就是要求企业除在餐食的色、香、味、形上下功夫，提高餐食质量、服务质量，树立良好的企业形象，融洽与顾客的关系外，还应重视消费者愿意付出的成本、选择食品所用的精力和时间，并以此为依据，采取切实可行的措施，努力使产品购买成本降低至顾客愿意付出的成本以下。

人性化的服务理念主要体现在以下几个方面。

（1）保证航空食品的安全、卫生，并让乘客了解航空食品的制作、生产过程。虽然航空食品是在经过多道加工工序和严格的检验之后才能送到乘客手中，但大部分的乘客并不清楚食品生产的整个过程，航空公司可以尝试通过机上杂志、视频等方式来介绍食品的加工过程，使乘客可以更加放心地食用。

（2）机上餐食应以家常化、大众化为目标。研究表明，目前我国大部分航空乘客仍属于中低端市场层次，针对这部分乘客，航空餐食应尽量简化形式，减少辅助配置，把节省下来的资金用到乘客喜欢的餐食上。

（3）为了迎合不同乘客地域、种族、习惯上的差异，各航空公司的餐食一般有常规餐和特殊餐，特殊餐包括了素食餐、宗教餐、儿童餐和保健餐等。

（4）航空餐食应根据人体所需，合理搭配，保证人体蛋白质、维生素和微量元素的摄入平衡。例如，可以推出时下备受青睐的粗粮食品，既营养健康，又经济实惠；再如，飞机内部比较干燥，可以为女性客人推出补充水分的美容套餐等。

人性化服务是在规范化、程序化服务基础上的升华。例如，在卡塔尔的班机上，有的乘客在飞机上想要休息，又怕错过用餐时间，卡塔尔航空公司就为乘客准备了张贴纸，只要将那格画有"刀叉"（意为"发放餐食时请叫醒我"）的贴纸撕下来贴上，就不会错过他们的阿拉伯美食了；英国维珍大西洋航空公司豪华商务舱更为乘客提供了人性化的点餐服务，在这里，没有固定的送餐时间，乘客可以随时点餐，随时享用美食。

总之，了解乘客需要，加强服务意识，为乘客提供尽可能多的方便就是人性化服务理念的体现。

（二）细微化的服务理念

尽管乘客在餐饮方面的需求是各不相同的，但是对于服务的要求都希望是无微不至的。仅仅茶杯上未洗净的一点茶渍、酒杯上遗留的少许口红、端给乘客一杯没有泡沫的啤酒、乘务员眼神里流露的一丝冷漠，都会给乘客带来极大的不快，甚至导致乘客下次不会再购买该航空公司的机票。社会越进步，经济越发达，客人的层次越高，对服务的细节就会越挑剔。因此，对细微化服务重视与否反映了航空公司的服务理念和管理水平，让乘客满意，航空公司就必须关注服务中的细节，做到细心、细致、细微地为乘客服务。

细微化服务体现在餐饮服务方面，首先，要求航空公司转换服务观念，设计服务细节，细化服务标准，通过每一个服务环节、服务接触点来满足乘客需求，创造惊喜服务。例如，在飞机上用餐时，多数乘客会遇到这样的情况：端着热饭盒烫手，放在托盘上吃又有点使不上劲儿，感觉不舒服。而大韩航空公司提供的飞机餐，在热饭盒下有一个配套的小瓷盘，乘客尽可以把饭盒端在手上而无烫手之感，这就是细节之美。

其次，需要航空公司定期对服务人员进行培训，让他们了解行业的最新发展动态，更好地为乘客提供服务。例如，阿联酋航空公司在 2011 年 8 月对约 5 000 名空中乘务员完成了餐饮方面的集中培训，使乘务员全面、深入地了解因客舱服务升级而出现的全新餐饮产品和服务理念。

最后，需要调动乘务员的主动性和积极性。在为乘客提供餐饮服务之前，各项准备工作一定要做到位，服务时每个环节都不能忽视。例如，乘务员为乘客提供餐饮时，应注意乘客有无对饮料、餐食过敏的情况；在为儿童乘客提供热饮时往往只倒半杯，以防止其烫伤，并时常关注儿童乘客的活动状态等。

（三）个性化的服务理念

服务的个性化源于标准化，又高于标准化，它强调服务的灵活性和有的放矢，因人而异、因时而宜，根据乘客的年龄、性别、职业、爱好、饮食习惯、消费特点、乘机次数、乘机时间等为他们提供有针对性的餐饮服务。许多航空公司也逐步建立起乘客食谱档案，尤其是高端乘客的食谱档案，旨在为乘客提供超越其预期的餐饮服务。而阿联酋的阿提哈德航空公司更是在飞机上专门设立了独一无二的"餐饮管家"这一新职位，以帮助乘客更好地享受空中美食和美酒。

个性化的服务理念主要体现在以下几个方面。

（1）可以根据乘客的年龄、性别、职业等为他们提供不同的餐食和餐饮服务。例如，中国南方航空公司针对不同的人群，提出了六大个性化餐谱供商务舱和头等舱的乘客选择。

（2）可以根据乘客的爱好、饮食习惯、消费特点等为他们提供不同的餐食和餐饮服务。例如，目前很多航空公司都推出了提前订餐的服务，使乘客可以有多样化的选择，并针对不同的航线推出个性化的餐饮产品与服务，如地方特色美食品尝、茶艺服务等。

（3）可以根据乘客的乘机次数、乘机时间等为他们提供不同的餐食和餐饮服务。例如，恰逢某位乘客的生日，乘务员为他送上生日的祝福和生日蛋糕。又如，某位乘客是航空公司的 VIP，可以享受美食升级服务。再如，根据不同的节日为乘客送上不同的餐食：春节期间为乘客送上年糕、饺子，端午节为乘客送上粽子，中秋节为乘客送上月饼等。

（4）当乘客提出超出正常服务范围的特别要求时，服务人员应不怕麻烦，在"不违背原则"和"条件允许"的前提下努力去满足乘客的需求。例如，某位乘客需要一份素食餐，但又没有提前预订，这时乘务员就可以根据情况，灵活处理，比如将几份水果拼成一份"水果素食餐"提供给这位乘客。

机上餐饮服务是提供个性化服务的好时机，航空公司应该创造条件、形成制度、鼓励员工抓住这些机会为乘客提供恰到好处的个性化服务。

（四）文化理念

航空餐饮服务不仅仅是给乘客吃什么、喝什么，更重要的是创造一种文化，通过营造出的文化氛围，使乘客对航空公司乃至对其文化产生认同。从这方面来讲，对于中国的航空配餐业，餐饮服务选择中餐有其一定的优势。调查研究表明，国内航班以及在以我国为辐射点的国际航班上，每 100 名乘客中就会有 80 名乘客愿意选择中餐口味，或者选择以中餐为主。乘客在吃完热食之后，将剩下的面包、黄油、西式冷点等作为垃圾扔掉的现象十分常见，浪费十分惊人。因此，我国的各个航空公司应在总结和吸取世界知名航空公司的先进经验的基础上，顺应国际化航空餐饮潮流和发展趋势，发展具有中国特色和自身特点的餐饮文化。

中式菜肴以选料严谨、制作精细、风味多变而享誉世界，它融会了中华民族的灿烂文化，吸取了各民族的烹饪技艺精华，形成了显著的风格特色。发挥中餐饮食文化的优势特点，弘扬中国博大悠久的餐饮文化，可以根据不同的航线推出地域特色鲜明的美食，如"广东老火靓汤""北京烤鸭"等；可以根据时令季节、营养搭配等推出不同的美食套餐，如按照春、夏、秋、冬四季，辅以当下季节时令水果、蔬菜等新鲜食材，推出将猪、牛、鱼、鸡、海鲜、素菜等进行搭配的套餐；可以将餐谱每半个月轮换一次，将米饭等主食进行科学定量，使乘客用餐后免去了减肥之忧；可以通过不同颜色、不同形状、不同装饰的餐具来起到"锦上添花"的作用。

就舒适用餐体验而言，每位乘客可能都有自己的衡量标准。航空公司在餐饮产品及餐饮服务方面不断推陈出新，除了让乘客满意外，更重要的是超越乘客的期望值。未来的几年是我国航空餐饮业机遇与挑战并存的几年，在面对国外同行的竞争时，国内航空配餐企业只有推行集团化规模优势，从降低成本入手，以提高质量为根本，以具有特色的中餐为卖点，以人性化服务为向导，建立自身的竞争优势，才能在未来激烈的市场竞争中立于不败之地。

二、我国航空餐饮业的发展趋势

（一）航空餐食种类多样化趋势

随着社会经济发展和人民生活水平的不断提高，乘客对航空食品口味要求也不断提升,希望航空餐食在保证质量的同时,能够在口味特色、营养健康、餐食文化等方面下功夫。不少航空公司经过实践已经成功地将一些特色餐食送上飞机,如烤鸭、肉夹馍和粤式点心等。有些乘客出于宗教信仰、饮食习惯、身体健康等方面的原因,对航空餐食有特殊的要求,航空公司也能根据他们的要求配置相应的餐食,如清真餐、素食餐、低糖餐等。北京奥运会、上海世博会、广州亚运会、深圳大运会的举办使西餐的供应量大大提升,国际航班一般也会根据外国乘客的口味配餐,提供中餐、西餐、中西结合餐等特色餐。

在各家航空公司的努力之下,各种不同特色的餐食开始在飞机上推广,这些餐食在满足了乘客不同需求的同时,也使航空公司在乘客心目中留下了深刻的印象。

(二)航空餐食健康化、营养化趋势

食品安全问题越来越受到人们的关注。同样,乘客也将更加关注机上餐饮的安全,如食品及各种调味品是否符合国家卫生标准、有无污染、是否变质、有无独立包装、食品是否在保鲜期内等,这就要求对航空食品的检测更加严格。另外,随着工作生活节奏的加快以及人们营养知识的丰富,越来越多的人开始注重保养身体,因此,机上餐食的营养搭配已经变得越来越重要,这就要求各航空公司在追求餐食美味的同时更要追求餐食的营养搭配。例如,中国国际航空公司以安全、健康、低碳、养生、持续发展为理念,强调部分食品原材料包括水果和蔬菜的时令和进补功能,在季节性的基础上,每月都有菜品的更新。相信今后精心搭配的营养套餐以及更贴近乘客的个性化点餐将会越来越多地运用于各大航空公司,成为未来航空食品发展的方向。

(三)航空餐饮服务个性化趋势

航空餐饮服务的个性化趋势表现在很多方面,例如,越来越多的航空公司推出了个性化网上订餐服务,各种特色菜式和主餐均可由乘客订单时预订;根据不同人群的饮食偏好和不同年龄段乘客的营养需求推出不同的个性化套餐;根据不同的餐食帮助乘客选择搭配酒水;为乘客提供现场调酒及茶艺表演与服务等。各个航空公司期望通过精细的、个性化的服务给乘客留下深刻的印象,从而打造航空公司的品牌与形象。

(四)航空餐饮两极化趋势

未来几年,航空乘客运输将出现两极分化趋势,即低成本与高品质航空运输并存。低成本意味着航空公司在各个方面都要降低成本,而取消免费的餐饮服务就是降低成本的做法之一。据调查,多数乘客在降低票价和增加服务两者中会选择前者。但从提供免费的餐饮服务到收费的餐饮服务需要一个过程,航空公司可以根据航段、时间、季节、票价等多种因素进行调整。高品质则意味着航空公司的服务质量在各个方面都要提升,尤其是提升餐饮服务品质。在餐饮服务方面,表现为产品的种类更多、更具特色、服务更加多样化等,在为经济舱的乘客提供质量上乘的餐饮产品和满意服务的同时,更积极地满足头等

舱、商务舱等高端客户享受飞行乐趣、品味美食的要求。例如，机上厨师和调酒师为两舱的乘客提供点菜和酒水服务等。

（五）航空餐食企业规模化趋势

航空食品是近代兴起的行业，经过多年的探索和实践，正在逐步走向成熟。由于航空食品的特殊性，航空食品原材料要经过严格筛选，在恒温的环境保存，从生产到配送都要冷链操作。因此，各航空餐食企业开始从"作坊式"生产向"工厂化"生产转变，各大航空公司、机场都拥有一定规模的现代化配餐基地，并已经开始实施一体化运作。

（六）航空食品客户多元化趋势

经过多年的发展，航空餐食企业的发展策略也有了新的变化，从以往的单一依靠航空公司生存逐渐发展为依托航空公司，但不依赖航空公司。各航空餐食企业开始把目光放在更为广阔的地面市场和外航业务上，并努力开拓第三方业务。目前我国一些航空餐食企业利用自身的人员和设备优势，在未来考虑与高铁、学校、超市、酒店、快餐店合作中，发挥空中餐食品牌优势，加强上下游产业链的产品合作和开发，形成航班配餐与地面业务相结合的经营模式。

第三节 空中餐饮服务对乘务员的素质要求

在激烈的市场竞争中，服务质量的高低是决定企业是否能够生存的核心条件，航空公司要想在市场竞争中赢得乘客，就必须提升服务品质。在很多乘客看来，承担一线服务工作的乘务员代表了航空公司，代表了航空公司的服务品质。随着航空餐饮业的不断发展，对空中乘务员的素质要求也越来越高，看似简单的空中餐饮服务背后其实蕴藏着许多知识与技能，需要乘务员用心掌握。

一、空中餐饮服务需要乘务员掌握相关的菜点酒水知识

近年来各个航空公司都在"航空餐"上使出了浑身解数，有的航空公司不惜重金聘请著名大厨担任餐饮顾问，就是希望通过抓住乘客的"胃"来抓住他们的"心"。而随着社会和经济的不断发展，人们更加关注吃得营养、健康，社会的多元化又使得每个人的口味极具个性化，这些传统与现代的元素交织在一起就促进了航空配餐的多样化——中式、西式、地方特色美食、小吃、丰富的饮料与酒水。这就需要乘务员掌握相关的菜点酒水知识、饮食文化知识，在为乘客服务的过程中，能够向乘客推荐各种不同的菜点酒水，介绍相应的菜点酒水知识，回答乘客有可能提出的问题，为乘客提供更优质的餐饮服务。如果服务员对餐饮方面的知识掌握得不够，就会造成餐饮服务的简单、生硬、程序化、模式

化，使乘客没有良好的服务体验。

二、空中餐饮服务需要乘务员掌握相关的服务技能

要为乘客提供让他们满意的餐饮服务，乘务员还必须掌握相关的服务技能。首先，必须掌握基本的客舱餐饮服务技能，包括熟悉客舱餐饮服务用品，熟练掌握客舱内各种餐饮设备的使用，如微波炉、烤箱等的使用方法，餐车的使用方法，餐食的发放方式与发放顺序，各种酒水饮料的斟倒方法与斟倒量等。其次，随着航空公司服务品质的不断提升，为商务舱、头等舱的乘客服务时，需要乘务员掌握更多的服务技能，从铺桌布的姿势到收餐具的手势，从放饮料的位置到送水果的方式，无不要求体现出对乘客的尊重与空乘人员的优雅。最后，随着航空公司的不断发展，机型的不断更新，商务舱和头等舱的空间也越来越大，许多航空公司开始为两舱的乘客提供更丰富的餐饮服务，如鸡尾酒和茶艺服务，这就要求乘务员掌握鸡尾酒的调制和茶艺服务与表演方面的技能。

三、空中餐饮服务需要乘务员了解食品卫生与安全知识

乘客对机上餐食的要求已从单纯注重口味、品种，上升到关注餐食安全和卫生等更高层次的需求。虽然航空餐饮大多采用"冷链加工"方式，送到乘客手中要经历十道工序，但仍然可能会由于处理不当，在放置过程中变质。另外，由于乘客自身体质对某种食物过敏等原因，出现食品安全问题。这就需要乘务员了解食品卫生与安全知识，了解航空配餐生产加工的必要流程，掌握机上餐食管理知识和异常情况处理知识。

四、空中餐饮服务需要乘务员掌握食品营养知识

机上餐食的营养搭配已经变得越来越重要，这就要求各航空公司在注重美味的同时更要注重营养搭配。学习食品营养知识，关注菜品的时令特点与营养均衡，有助于乘务员为乘客提供有针对性的餐饮服务，不仅带给乘客味觉上的享受与健康时尚的饮食方式，更能传递一种高品质的生活理念。

空中餐饮服务需要乘务员了解乘客的饮食习惯与饮食禁忌。乘坐飞机的客人来自世界各地，由于国情、民族、宗教信仰、地理环境、气候条件、物产条件、风俗习惯、生活条件等诸多因素的影响，形成了不尽相同的饮食习惯与饮食禁忌，为乘客提供餐饮服务时，乘务员必须掌握不同国家和地区、信仰不同宗教、不同民族的乘客的饮食禁忌，了解乘客的饮食习惯，才能够为他们提供更好的服务。

复杂的程序是服务硬件的体现，优雅的姿态是对服务质量的要求，广播的知识是对服务内涵的展示，乘务员只有具备上述餐饮服务和知识经验，才能更好地通过空中餐饮服务向乘客传递热情与关爱，以此获得乘客的友善与信任，为航空公司争取更多客源。

课后阅读

多家航空公司取消免费餐食　未来还会有免费飞机餐食吗（节选）

近日，天津航空宣布，"从2018年10月28日（含）起，除尊享经济舱外，其他经济舱旅客将不再享受免费餐食"，再一次将飞机餐话题推到公众面前。记者发现，目前飞机餐食的定位可概括为"食之无味，弃之可惜"。而早在天津航空之前，祥鹏航空、中国联合航空、春秋航空、西部航空等航空公司的经济舱均已不再提供免费餐食，南方航空、海南航空等以长途航线为主的全服务航空公司，未来还将在长时间内提供飞机免费餐食。

可以预见，在未来的民航业，航空公司将根据自身定位，在飞机餐食等衍生服务方面产生较大差异化，为旅客出行需求提供定制化服务。

上周五下午6时，一架从北京飞往长沙的航班即将抵达长沙黄花机场，旅客王先生把飞机餐原封不动地退还给空姐。他告诉记者，"一是飞机餐相对比较难吃，二是飞行时间是在中饭后、晚饭前，这个时候给你一份二次加热的米饭或面，不少人都吃不下。"

记者发现，在中国刚刚引入航空公司服务时，飞机餐曾是一个非常高端的产品。但随着经济的不断发展，特别是特价机票的出现，飞机餐成了一个可有可无的配备。

"飞机餐的味道实在不敢恭维，再加上分量又少，对于一个男性同胞来说，吃飞机餐往往会感觉吃不饱。"经常乘飞机出差的市民李俊说，大多数人虽然不会拒绝飞机餐配发，但真正吃时往往都会有不同程度的丢弃，造成了餐食的极大浪费。

记者发现，虽然航空公司免费提供飞机餐，但其费用已包含在了机票价格中。因为行业惯例，目前大多数国内航企仍在飞机上免费提供餐食。根据民航旅客服务评测报告统计，餐食在旅客评测中的满意度长期处于较低水平，其中餐食口味、餐食丰富度是旅客最不满意的。

那么，飞机餐的存在为何如此尴尬？记者发现，一方面是受飞行条件特殊等原因影响，飞机餐在发给旅客前要经过多道程序，很难保持较好的口感。另一方面，因无法准确获知旅客需求，飞机餐提供也存在浪费现象。

记者在湖南空港实业股份有限公司航空食品服务分公司配餐部看到，一份飞机餐的诞生，至少要经历采购、验收、粗加工、精加工、烹饪、速冻冷却、摆盘、转入冷库、配送上机、机上二次加热等十道工序，通过层层近乎苛刻的安全监测，才能送到旅客面前。

"与平时做饭相比，烹饪飞机餐有所不同。食物要在飞机上的烤箱进行二次加热，所以第一次烹饪时，菜只烧到七八成熟，还有汁水要多，以防二次加热时烤干食品或烤不热。"工作人员告诉记者，"飞机餐制作完成后不能直接装盒，先要将其冷却下来，然后再进行配制。餐食自然冷却易产生细菌，所以需要用特定的冷却冰柜进行快速冷却，让其在2小时内降至5℃以内。"

另一方面，因无法准确获知旅客需求，航空公司主要以航线长短、执飞时段来考量航班是否配备餐食。例如，飞行时间在2小时以上（含）的航班一般会提供免费餐食，但有可能执飞时段是在中饭或晚饭后，这样就导致旅客在刚吃完饭不久需要撑着肚子再吃一顿，必然会造成飞机餐的浪费。

针对飞机餐食的尴尬境地，天津航空宣布除尊享经济舱外，其他经济舱旅客将不再享受免费餐食，取而代之的是付费餐食。天津航空官网显示，台式卤肉饭、宫保鸡丁饭、香辣牛柳饭等八种餐食价格均为37元，而菜品相对丰富的川府印象、齐鲁经典、粤味膳房、健康素食四种套餐的价格是99元。

记者发现，在天津航空之前，春秋航空、祥鹏航空、中国联合航空、西部航空、九元航空等航空公司就已取消了免费餐食，让旅客根据个人意愿单独购买付费餐食。

以主打低价机票的九元航空为例，除了"商务优选"档位，其提供的"精打细算""灵动实惠"两档机票均不免费提供餐食，对于需要在飞机上用餐的旅客，可在飞机起飞前12小时通过官方渠道订购，官网价格为早餐19元/份，午餐、晚餐29元/份。

而南方航空、海南航空等全服务航空公司，也开始尝试推出网上订餐服务，提供更丰富的餐食种类。2018年年初，南方航空开始在长沙、广州等城市始发的航班上，为明珠经济舱及经济舱只提供辣椒酱；在长沙、广州、上海等城市始发的直飞航班上，提供免费在线预订特殊餐食服务（所有舱位均可免费预订），包括儿童餐、海鲜餐、穆斯林餐、水果餐等。海南航空方面，旅客可在航班起飞前24小时登录官方网站，提前预订包括牛排、三文鱼、烤鸡排、烤肉拼盘及3种酒水在内的飞机餐食。

记者发现，虽然飞机餐食是免费提供，但费用其实已包含在机票价格内。因为剥离了飞机餐食、行李托运等附加服务，低成本航空公司在票价上才更具吸引力，其机票价格比市场同类、同时段机票价格低20%~40%。以2018年10月31日长沙飞海口为例，九元航空"精打细算"档位票面价格为359元，南方航空、海南航空则在600元左右。

那么，取消飞机免费餐食会不会是未来民航业的趋势？对此，南方航空一名不愿具名的工作人员告诉记者，从目前来看，取消免费餐食的航空公司主要以短途航线为主，短途航线的旅客主要追求低廉的价格，附加服务对旅客吸引力不大。而南方航空、国际航空等全服务航空公司主要以长途航线为主，这类旅客更看重服务，包括免费餐食、行李托运等，因此未来可能不会考虑取消免费餐食。

"随着消费水平的提高，旅客个性化需求越来越多，是否提供免费餐食应根据市场细分。"记者昨日采访了一名业内人士，他告诉记者，包括免费餐食、行李托运、机上娱乐等服务都是基于运输需求衍生而来，但如今旅客的需求不仅限于安全到达目的地，空间封闭的机舱给航空企业发展增值服务提供了更大的潜力。

对于以短途航线为主的航空公司来说，取消免费餐食等增值服务将能降低成本，以更低的票价拉动航班上座率，给企业带来盈利，在竞争激烈的短途航线上分得一杯羹。但对于全服务航空公司来说，其服务对象更多的是需要长距离飞行的旅客，免费飞机餐食、行李托运、机场WiFi等全方位服务将比票价的波动更具吸引力。

根据《纽约时报》2017年的报道，此前美国部分低成本航空公司又将本已取消的免费餐食搬回了客舱。因此，免费餐食的保留与否，主要还是看乘坐该航空公司或者该航线的消费者是否愿意埋单，而客流量变化、收益变化就是最好的说明。

从本质来看，飞机餐食、行李托运等不仅仅是一种增值服务，还改变了空中服务的模式。在高铁冲击和业内激烈竞争的背景下，未来哪个航空公司能提供更多满足旅客需求的增值服务，提供包含吃、住、行、游、购、娱等一整条产业链的产品，给旅客的出行及购物带来更好的体验，才能在获取更多市场份额上抢占先机。

材料来源：红网．http://news.rednet.cn/c/2018/10/23/4756800.htm

【本章小结】

本章主要讲述了我国航空餐饮的发展概况。包括航空餐饮发展历史、现代服务理念和发展趋势以及存在的问题等，也对空中乘务员在为乘客提供餐饮服务时需要具备的知识与技能做了简单介绍。

【思考练习】

1. 我国航空餐饮的发展经历了哪几个阶段？
2. 我国航空餐饮产品与服务存在哪些问题？
3. 我国航空餐饮的服务理念是什么？
4. 我国航空餐饮的发展趋势有哪些？
5. 空中餐饮服务要求乘务员具备哪些知识和技能？

第二章
航空餐与中国饮食文化

航空餐食服务是空乘服务中的一个重要环节，但因其餐食制作的特殊性、局限性，长期存在品种单一、口味不佳等问题，被旅客诟病。目前不少航空公司都在进行航空饮食服务创新，将中国地域特色菜品、经典菜肴、民间地方小吃进行创新和改良，将中华传统美食文化、地域文化、企业文化以及广大民众对食物的情感、精神需求融入餐食中，并充分考虑各区域、各民族饮食方面的禁忌，形成独具特色的餐食味道。这样既立足现代航空餐食特色，又融入中国传统饮食文化。

 学习目标

- 熟悉我国的年节食俗，掌握部分少数民族的饮食特点与饮食禁忌；
- 熟悉各种茶的制作特点，掌握泡茶技艺及品饮方法；
- 熟悉各种酒水的类型与特点，掌握正确的品饮方法。

 导引案例

味道川航　川航味道
——四川航空公司机上餐食服务创新活动案例

一、活动背景

为践行中国民航真情服务，聚焦和关切旅客需求，打破航空餐传统搭配和设计，满足旅客口味多元化的需求，提升空中服务体验，让旅客从味觉、情感和精神上得到满足，四川航空公司（以下简称川航）客舱服务部于2016年年底启动了"味道川航，川航味道"餐食打造专项工作。

该项工作是川航客舱部大力践行当代民航精神，积极响应四川省委宣传四川文化的号召，深入贯彻四川航空餐食品牌思路，持续推进川航"中国元素、四川味道"餐食品牌升级工作，让南来北往的客人在川航航班上享受到四川及各地的特色美食，并通过"味道川航，川航味道"产品改变对航空餐食的认识，对四川文化、四川味道、川航味道产生共鸣！

四川航空公司确定了"体系管理创新、产品创新及服务方式创新"三位一体的打造思路并开展专项课题研究，反复分析试验，多次调研，最终确定可行。

二、活动举措与亮点

（一）活动举措

举措一：体系管理创新，升级航空餐食管理体系，稳定并提升餐食质量。

举措二：菜品创新，立足传统，融入文化。将中国地域特色菜品、经典川菜、民间地方小吃进行创新和改良，将中华传统美食文化、巴蜀文化、川航企业文化以及广大民众对食物的情感和精神需求融入餐食中，打造多套系列餐食及菜品，形成以四川味道、家乡味道、爱的味道、思念味道为代表的独具特色的川航味道。

举措三：服务方式创新。独具特色的餐前广播增强和激发旅客用餐时的隆重感、仪式感以及体现服务中的人文关怀。

（二）活动亮点

（1）年味系列。

（2）以亲情为核心的川航味道系列。

（3）"一带一路"美食之旅系列。

（4）"熊猫之路"系列的熊猫特色餐点。

（5）"四川味道"系列，以火锅冒菜为主的经典菜品。

（6）"回味民间小吃"系列。

（7）"健康伴您行"系列，如健康粗粮。

（8）独特的"川航味道"系列，如来一勺辣椒酱、热腾腾小土豆、两荤一素特色双拼米饭。

三、活动详情

（一）升级航空餐安全质量管理体系，解决了机上餐食质量不稳定的问题

四川航空公司结合《民用航空运营食品安全管理办法》升级了原有的航空餐食品安全质量管理体系，体系化地梳理了餐食质量管理的要素和运行轨迹，罗列了餐食质量管理清单，在"安全、卫生、健康、口味"的基础上升级了"色、香、味、形"等25项评价指标，将对餐食材料新鲜度、油脂热量摄入、搭配营养性和科学性等管理理念贯穿到餐食质量全系列、全链条的品质控制之中。

通过日常监察、现场审计、持续抽查等工作的日常化、体系化运行，做到对关键点和关键环节的把控，从而通过数据分析和利用，达到对餐品品质的保证和对质量偏离的立即识别、立即纠正、迅速改进。

四川航空公司坚持并确保每月现场选餐，菜品每月轮换；在正式推广菜品前确定菜品备选清单，通过实地品尝与细节打造的方式最终确定菜品品种；同时逐一确认各航食公司的执行情况。

（二）突破限制、持续创新，解决了机上餐食品种单一、口味匮乏的问题

四川航空公司突破了航空餐食无非是鸡肉饭、牛肉饭，从而被广大旅客长期诟病的限制，通过反复实验，对材料、口味和呈现细节的不断调整和把控，把以往大众认为不可能在空中吃到的特色美食，如火锅冒菜、特色小吃等送上云端。在充分研究航空餐食特点的基础上，把握重点，控制难点，突破创新，推出"两荤一素双拼米饭"等产品，获得极高的旅客美誉度。

（三）通过机上广播传播文化，激发共鸣

四川航空公司紧密结合地域特色、时代新特点，并探索旅客的心理和情感需求，将中华地域美食文化、巴蜀文化、川菜文化通过"一带一路"美食之旅融入餐食服务。

2017年，四川航空公司客舱部开始设计打造在"中国元素、四川味道"基础上的"一带一路"美食之旅，并在2017年7月至12月持续推出，通过机上广播传播各地传统文化和新时代特点。持续半年的"一带一路"美食之旅共推出特色菜品30道，新疆、海

南、广州、泉州等地方美食和四川特色菜、各地特色小吃都成为旅客心心念念的川航明星菜品。

四、活动效果

通过此次"味道川航,川航味道"机上餐食服务创新活动,收效明显,主要表现是航空公司社会美誉度不断提高,餐食品牌获得大众和行业认可。

行业认可:连续 6 个季度荣获"民航旅客测评"中"机上餐食"的第一名,机上餐食好评度数据不断提升,机上餐食在行业内的领先地位持续保持。

大众认可:据不完全统计,2017 年有超过 36 家媒体单位对四川航空公司的机上餐食进行报道或转载,使得川航飞机餐至少 3 次登上微博热搜榜,超过 1 100 万网友对该话题进行阅读、讨论。

材料来源:民航资源网. http://news.carnoc.com/list/439/439827.html

第一节 中国饮食民俗

一、饮食民俗的形成

饮食是人类生活的重要组成部分,是一个人生存和改造身体素质的物质基础,也是人类社会发展不可缺少的物质力量。饮食民俗是指人们在筛选食物原料,加工、烹饪和食用食物的过程中,所积久形成并传承不息的风俗习惯,也称饮食风俗、食俗。由于中国幅员辽阔,民族众多,地区差异很大,饮食民俗便相应有许多不同。

(一)饮食民俗的形成

我国饮食民俗文化源远流长,是伴随着人类社会的产生而产生,伴随着经济文化的发展而发展,伴随着科学技术的进步而进步的。探究其形成原因,主要源于以下六个方面。

(1)地理环境。饮食民俗对自然环境有很强的选择性和适应性。地域和气候不同,农副产品的种类、品性不同,食性和食趣也不同。例如,东淡、西浓、南甜、北咸口味的区别,春酸、夏苦、秋辣、冬咸季节调味的变化。又如,西北迎宾多羊羹,东南待客重海鲜,朝鲜族爱吃苹果、梨、泡菜,壮族会做竹筒糯米饭,这些均与"就地取食""因时制菜"的生存习性相一致。这种饮食上的地域差异,正是各种菜系或乡土菜各种风味特征形成的主要外因。

(2)历史传统。就历史传统看,中国稳定、漫长的农业生活和中国人重历史、重家族和传统技艺(包括特殊的烹饪、酿造等方面的技术)的习性,使祖传的烹饪手艺得以留传,并不断赋予其新的内容与形式,使之精益求精。在中国,最享盛誉的"老字号""百年老店"都是经过众多"无名氏"世世代代的创造经验积累而成的。例如,北京的全聚德烤鸭店(见图 2-1)、东来顺饭庄、前门大栅栏内的张一元茶庄、都一处烧麦馆,天津的狗不理包子铺、耳朵眼炸糕店,上海的功德林饭庄,杭州的楼外楼,广州的陶陶居,苏州的松鹤楼等，都是其中的代表。而不分食的围炉共享合家欢的传统吃法，既有感情的交流，又有维系家族和家庭的重要作用。

图 2-1　全聚德烤鸭

（3）经济原因。饮食民俗虽然是一种文化现象，但其孕育和变异无疑会受到社会生产力发展程度和农业生产力布局的制约。有什么样的物质基础，就会产生相应的膳食结构和菜肴风格。例如，秦岭—淮河以南地区以种植水稻为主，自然以稻米为主食，以蔬菜、鱼、肉、禽、蛋为副食。而西北是我国主要的畜牧区，牧民的饮食也就以牛肉、羊肉为主食，喝马奶、马奶子酒等饮料。

（4）政治原因。饮食民俗还受到政治形势的影响，尤其是执政者的好恶和施政方针的影响。例如，唐王朝崇奉道教，视鲤鱼为神仙的坐骑，加上"李"为国姓，民间讲究避讳，故而唐人多不食鲤鱼，唐代也极少见鲤鱼菜谱。

（5）宗教信仰的原因。从宗教信仰来看，不少食俗是信仰崇拜或某些意识演变而来的。像蒙古族尚白，以马奶为贵；高山族造船后举行"抛船"盛典，宴请工匠和村民；水族供奉司雨的"霞神"，在仪式完毕后大伙才能分享祭品；回族不吃猪肉；佛教徒只吃素食等，皆源于此。

（6）文化交流的原因。从文化交流来看，民族间的文化交流也大大丰富和影响着我国的饮食民俗。如汉朝张骞通西域后，西域的核桃、蚕豆、黄瓜、香菜、胡萝卜、葡萄酒传入内地，为中原人所有。北方少数民族食用的茶叶、豆腐、麻花等也是长期文化交流的结果。

上述因素与饮食民俗有着相伴共生的关系，表面上似乎只是各类饮食习俗的影响因素，但实际上都从各个不同方面表现出了饮食民俗的主要特征：地区性、民族性、宗教性和融合性等。

（二）饮食民俗的发展

"民以食为天"，饮食在人类生活中占有十分重要的地位。我国饮食习俗的形成经过生食、熟食和烹饪三个发展阶段。

（1）生食。这是指原始人采集到任何果实以及捕到任何动物及鱼类等，均不用火做熟，将食材稍加处理就直接食用。如今，在许多地方还有古老的生食习俗的"遗留"，如"吃鱼生"。另外，有些地方还有腌制生鱼、生肉的习俗，这显然也是古老食俗的一种变异传承。

(2) 熟食。熟食分烤食和煮食（炒食）两类。当火发明之后，首先出现的是烤制食品，逐渐地生食习俗也就被取而代之了。但生食习俗并没有完全消失，它以另一种方式传承下来，如有些地方煮鸡蛋时，并不把鸡蛋完全煮熟。烤是古老的食俗，方法很多，如用烧红的石片、石块烤肉吃。又如，有的地方是这样烤鸡块的：先杀鸡，掏干内脏，后用泥封好埋入地下，再在地面上烧起火来，烤好后挖出，呈现在面前的就是香喷喷的烤鸡了。还有傣族的香竹饭，其制作方法是：砍断香竹，从有节的地方断开，盛入米和水，封口，放在火里烧，隔一段时间后破竹取食。

(3) 烹饪。这是在熟食的基础上发展起来的。随着生产力的发展，社会的进步，人类的食物来源扩大了，也丰富了，从而也就有了主食和副食的划分。稻米、小麦、玉米、高粱、小米等成为了人类社会的主要食物；蔬菜、禽蛋、肉类成为了副食。各种主食与副食的不同配制，形成了不同的风味和民族特色食品。

总之，饮食民俗的形成、发展和传承，在人类生活中占有重要的位置，研究它对于了解各民族的饮食习俗具有重要的意义。

二、年节食俗

年节指的是我国传统的节日，包括春节、元宵节、清明节、端午节、七夕节、中秋节、重阳节、冬至节等节日。不同节日其饮食民俗也有很大的区别，现分别介绍如下。

（一）春节食俗

春节是我国传统的节日，活动内容丰富多彩，与此相关的食俗也非常多，比如吃年夜饭、吃饺子、吃年糕、喝元宝茶、喝年酒等。

(1) 吃年夜饭。这是春节最重要的一项食俗。大年三十这天，也就是除夕之夜，家家户户都要吃年饭，又称年夜饭、宿岁饭、团圆饭。年饭与平时吃饭不一样，主要体现在以下三个方面：① 全家团聚，无论男女老少，都要参加家庭聚会。为此，除夕前几天，外出的人便纷纷赶回家过年，没有回来的人，在吃年夜饭时也要给他留一个位置，摆上碗筷，象征他也回家团聚了。这是中国家庭具有凝聚力和向心力的表现。② 传统上吃年夜饭的时间多选择在夜间（黎明或晚上），取一家人团聚不被打扰之意。③ 食品丰富、种类繁多，荤素菜肴齐备，席中一定要有酒有鱼，取喜庆吉祥、年年有余（鱼）之意。人们吃年饭不仅要吃饱，还要喝足，即使是平日不许沾酒的小孩，此时也可以品尝酒味。有些地区在除夕时，还多煮年饭，称之为隔年饭、隔陈饭、留岁饭、岁饭，多准备春节食品，吃年饭时有吃有剩，寓意年年有余，剩饭做来年的"饭根"，意为"富贵有根"。

(2) 吃饺子。一些地区还有在除夕吃饺子的习俗。俗话说："舒服不过倒着，好吃不过饺子"，饺子在中华美食中占有十分重要的地位。饺子是我国汉族人民十分喜爱的传统食品的代表，它的特点是皮薄馅嫩，味道鲜美，形状独特，百食不厌。

(3) 吃年糕。年糕（见图 2-2）谐音"年高"，寓意着年年要高升，寄予了人们美好的祝愿，因此有诗称颂年糕："年糕寓意稍云深，年岁盼高时时利，虔诚默祝望财临。"

图 2-2　年糕

年糕是江浙一带必备的新年食品，种类很多，有桂花糖年糕、水磨年糕、猪油年糕、八宝年糕等。江苏的年糕以苏州最为典型，是用糯米做的，主要是桂花糖年糕和猪油年糕。宁波的年糕在浙江最有名，主要是晚粳米做的水磨年糕。

北方的年糕以甜味为主，用黏高粱米加一些豆类蒸年糕是东北人的习惯。北京人喜欢用江米或黄米来制作红枣年糕、百果年糕和白年糕。山西北部、内蒙古等地习惯在过年时吃黄米粉油炸的年糕，有的还包上豆沙、枣泥等馅。河北人则喜欢在年糕中加入大枣、小红豆及绿豆等蒸食。

（4）喝年酒。这是拜年活动的重要组成部分。年酒的主要形式：第一类为普通客人走亲访友时，主人所设的酒宴，这类最普遍；第二类为专为"新婿""新客"以及其他特殊需要而专门设置的酒宴；第三类为"团拜酒"。拜年喝年酒的时间一般为正月初一至十五，多在正月初十以内，有的至正月底。年酒除了酒必不可少外，主人应当尽其所能制作美味佳肴。

（二）元宵节食俗

元宵节又称正月十五、上元节、元夕节、灯节。这一天为满月，即"望"日，象征团圆、美满，其主要食俗为吃元宵。

我国有元宵节吃元宵的风俗。"元宵"作为食品，在我国由来已久。元宵又名"汤圆"，是以白糖、玫瑰、芝麻、豆沙、黄桂、果仁、枣泥等为馅，用糯米粉包成圆形，可荤可素，风味各异。元宵可汤煮、油炸、蒸食，有团圆美满之意。吃元宵有象征团圆的意思，是因为它形状是圆形，又因为它漂在碗中，宛如一轮明月挂在星空。"天上月儿圆，碗里汤圆圆，家里人团圆。"

（三）清明节食俗

清明节又称鬼节、冥节、死人节、聪明节、踏青节。时间在农历三月间，与祭祀鬼神有关。清明节的主要食俗有吃清明馃，如图 2-3 所示。

图 2-3　清明粿

在江南一些地区，民间认为清明生子最佳，叫作"聪明儿"，并有抱婴儿向邻里乞讨清明粿的习俗，俗称"讨清明"。"清明"谐音"聪明"，意味孩子日后容易抚养，健康聪明。祭祖用清明粿，有孝顺之意。每逢清明，浙江一些地区的妇女孩童便纷纷采集野荠、青蓬等，回家浸泡在水中，再捞起挤去其汁，然后切碎和入粉中，揉成面团，以作青粿，故称清明粿。有的做成畚斗状，谓之"畚斗粿"，意为粮食丰收，有粮可装；有的做成犁头形，寓意耕作顺利；有的做成羊、狗形状，称为"清明羊""清明狗"。

（四）端午节食俗

端午节又名端五、端阳、重五、重午、五月五、蒲午、蒲节、天中节、诗人节、龙船节等。食俗有吃粽子、咸蛋，饮雄黄酒，菖蒲酒，吃蒜，挂蒜等。

（1）吃粽子。粽子作为端午节的节日食品，和新年吃饺子一样是传统习俗。粽子的历史可谓久远，自春秋时期已经在民间广为流传了，并且粽子的制作方法不断地被更新，不断变幻出新的花样。现今的粽子一般都用箬壳或芦苇叶包糯米，但花色则随着各地特色和风俗而不同，著名的有桂圆粽、水晶粽、莲蓉粽、板栗粽、蜜饯粽、辣粽、火腿粽、咸蛋粽等。端午节吃粽子的习俗据说与纪念屈原有关。但从相关资料分析来看，端午节吃粽子是一种附会，南北朝梁朝宗懔《荆楚岁时记》所记粽子只是一种夏令或夏至食品而已。当时的情况为"夏至节日，食粽。伏日，并作汤饼，名为'辟恶饼'"。将夏至吃粽子改为农历五月五日屈原投汨罗江的纪念日吃粽后，其习俗渐渐深入人心，并流传至今。

（2）饮雄黄酒。是将蒲根切细、晒干，拌少量雄黄，浸入白酒中，或单用雄黄浸酒制成。端午时，人们一般在正午时饮用少量雄黄酒，将剩下的酒涂抹在儿童的额头、耳朵、鼻头部位，并洒些在床底下，用来躲避毒邪。《白蛇传》里许仙以雄黄酒给白蛇吃，白蛇现出原形，把许仙吓坏，说明人们认为雄黄酒能驱毒避邪。端午节实际上是一个健身强体、抗病消灾节。古人以为农历五月是恶月，"阴阳争，血气散，易得病"，因而包括饮食在内的一些习俗均与抗病健身有关。

（五）中秋节食俗

中秋节又名仲秋节、秋节、团圆节、八月节、八月半。其食俗主要为吃月饼。

中秋佳节，人们品尝月饼，怀旧思乡，渴望团圆，这已成为中华民族的一种古老风俗。于是，月饼就有了丰富的文化内涵。

在中国，月饼品种繁多，按口味来分，有甜味月饼、咸味月饼、咸甜味月饼、麻辣味月饼；按产地来分，有京式月饼、苏式月饼、广式月饼、潮式月饼、宁式月饼、滇式月饼等；按月饼馅心分，有豆沙月饼、五仁月饼、芝麻月饼、冰糖月饼、火腿月饼等；按饼皮分，有混糖皮月饼、浆皮月饼、酥皮月饼等；按造型来分，有光面月饼、花边月饼和人物造型月饼等。

（六）重阳节

重阳节为每年的农历九月初九，是中华民族的传统节日，又名九月九、重九节、登高节、茱萸节、菊花节。重阳节在历史发展演变中杂糅多种民俗为一体，承载了丰富的文化与内涵。民俗观念中"九"在数字中是最大数，有长久长寿的含意，寄托着人们对老人健康长寿的祝福。1989 年，农历九月初九被定为中国的"敬老节"，倡导全社会树立尊老、敬老、爱老、助老的风气。2006 年 5 月 20 日，重阳节被国务院列入首批国家级非物质文化遗产名录。重阳节的主要食俗为吃糕。

重阳节以吃糕驰名。在华北、东北一些地区，过去还把重阳节称为"女儿节"，这一天母家要迎出嫁女，吃菊花糕。陕西临潼从农历九月初二起，娘家要给女儿、外孙送糕，糕用米制成，取谐音"高"，步步登高之意。后因当地缺米，便用面塑宝塔，上附蟾蜍、鸡、鱼、龙等形象。

（七）冬至节

冬至节又名冬节、交节、亚岁、贺冬节、小年。一般是在 12 月 22 日前后，农历十一月间。冬至节饮食习俗具有鲜明的冬令特点，内容丰富多彩。

（1）冬至进补。北方有"冬至饺子夏至面"之俗谚。人们认为冬天寒冷，耗热量多，应该多吃有营养的食品，饺子、馄饨是冬令佳品。朝鲜族在冬至日必须吃冬至粥。粥由大米、小豆制成，加入糯米面包（汤圆状）。一些地区在冬至节还喜欢吃羊肉等食物，认为温性肉类是冬补食品。福建还有冬至吃糯米丸的习俗。

（2）腌菜。北方地区喜欢在冬至前后腌制酸菜，供春节前后食用。南方地区有在冬至后腌鱼腌肉的习俗，清代叶调元《汉口竹枝词》云："仲冬天气肃风霜，腊肉腌鱼尽出缸。生怕咸潮收不尽，天天高挂晒台旁。"

从冬至节开始，我国进入一年中最冷的时期，此时腌制鸡鸭鱼肉，不仅不易变质，而且可以产生腌腊风味，所腌鱼肉可供春节及开春数月之用。

三、部分少数民族的饮食文化

我国自古以来就是一个多民族的国家，各兄弟民族之间不断交流，共同发展创造了包括饮食文明在内的光辉灿烂的中华文化。由于我国各民族所处的社会发展阶段不同，居住在不同的地区，形成了风格各异的饮食习俗。根据各民族的生产生活状况、食物来源及食物结构，可大致分为采集、渔猎型饮食文化，游牧、畜牧型饮食文化，农耕型饮食文化。

按区域划分,大致分为东北地区少数民族饮食文化,西北地区少数民族饮食文化,中南、东南地区少数民族饮食文化,西南地区少数民族饮食文化。现按区域分别加以介绍。

(一)东北地区少数民族饮食文化

1. 满族饮食民俗

满族饮食与汉族有许多相似之处,但仍有自己的特点,比如喜欢吃甜食,过节吃饺子,而且还保留了饽饽、酸汤子、萨其马、火锅、杀猪菜等有民族特色的食品。

(1)主食。满族人的主食以面食为主,习惯将高粱、谷子、麦子、荞麦、大豆、玉米磨成面制成饽,即糕点类食品。满族饽饽(见图2-4)历史悠久,清代就成为宫廷主食。其中最具代表性的是御膳"栗子面窝窝头",也称小窝头。较著名的有清东陵糕点、清东陵大饽饽、北京小吃墩饽饽、河北承德小吃酥油饽饽等。有的地区以玉米为主食,喜食以玉米面发酵做成"酸汤子"。东北大部分地区的满族人还有吃水饭的习惯,即在做好高粱米饭或玉米渣子饭后用清水过一遍,再放入清水中泡,吃时捞出,盛入碗中,清凉可口。这种吃法多在夏季。

图2-4 满族饽饽

(2)菜肴。满族人特别喜欢吃各种肉类和酸菜,其中肉类主要有猪肉和羊肉。烹饪方法有很多,有烧、烤、炖、蒸、煮、燎、炒、熏、炸等。肉类品种有全猪、烤乳猪、烧小猪、血肠等,还有烤羊肉、全羊席等,很多野味也是宴席上的珍馐。除山珍野味外,大白菜以及大白菜发酵成的酸菜是满族人最常吃的蔬菜。以酸菜、猪肉、粉条为主要原料的火锅是满族人最喜欢的菜肴之一。

(3)饮料。在满族饮料中,酒居首席。满族酿酒一般有白酒、黄酒和米儿酒。白酒中又以松苓酒最为出名。酿制时,在山中寻找一棵古松,伐其本根,将上好的白酒装在陶制的酒坛中,埋在树下,数年后取出,那时酒色如琥珀,故名"松苓酒"。满族故乡盛产名贵中药材,其中著名的人参酒、参茸酒等已畅销世界。

(4)饮食禁忌。满族人进餐习俗和饮食礼仪很多,如祭祀用过的神糕、神肉,路人可以分享,但一般不能带走,吃完后不许擦嘴;家中人就餐,长辈不动筷,晚辈绝不能动筷;过年杀年猪时,有把亲友、邻里请来同吃白肉血肠的习惯。满族忌杀狗,不准戴狗皮帽子。

2. 朝鲜族饮食民俗

(1) 主食。朝鲜族人多以大米、小米为主食，喜欢食米饭，故而擅做米饭，而各种用大米面做成的片糕、散状糕、发糕、打糕等也是朝鲜族人的日常主食。冷面是朝鲜族具有代表性的传统食品之一，朝鲜族人不仅在炎热的夏天爱吃冷面，即使在寒冬腊月里也喜欢坐在炕头吃冷面。冷面的主要原料是荞麦、小麦面和淀粉，也可以用玉米面、高粱面、榆树皮面和土豆淀粉制作。

(2) 菜肴。朝鲜族日常菜肴有"八珍菜"和"酱木儿"（大酱菜汤）等。"八珍菜"是用绿豆芽、黄豆芽、水豆腐、干豆腐、粉条、桔梗、蕨菜、蘑菇八种原料，经炖、拌、炒、煎制成的菜肴。大酱菜汤的主要原料是小白菜、秋白菜、大兴菜、海菜（带）等，以酱代盐，加水煮熟即可食用。泡菜是朝鲜族日常不可缺少的菜肴。泡菜做工精细，享有盛誉，是入冬以后至第二年春天的常备菜肴。朝鲜族吃泡菜有悠久的历史，有"男人可以没老婆，但不可以没泡菜"的俗谚。

(3) 饮料。除白酒外，朝鲜族还有民间酿造的米酒、浊酒、清酒等。逢年过节、红白喜事、亲朋好友相聚时都不能缺酒。饮酒时，大家往往即席唱歌或跳舞。浊酒是用粮食酿造，朝鲜语称"麻克里"，酿造简单，酒精度数不高，现在在乡村仍然流行，多为清凉饮料。

(4) 饮食禁忌。朝鲜族的餐桌上，匙箸、饭汤的摆法都有固定的位置。如匙箸应摆在用餐者的右侧，饭摆在桌面的左侧，汤碗摆在右侧，带汤的菜肴摆在近处，不带汤的菜肴摆在其次的位置上，调味品摆在中心等。

（二）西北地区少数民族饮食文化

1. 维吾尔族饮食民俗

(1) 主食。维吾尔族主食类有馕（见图2-5），馕是用面粉制成的大小厚薄不等的各种烤饼，有的还加入白糖、鸡蛋、奶油或肉，美味可口。其种类有大馕、薄馕、油馕、肉馕等，其他主食还有酥油喀食（带汤的擀面）、拉面、汤面、油塔子、抓饭、烤包子等。维吾尔族在待客、节日和喜庆的日子，一般都吃抓饭。

图2-5 维吾尔族的烤馕

（2）菜肴。维吾尔族人的菜里必须有肉，多为牛肉、羊肉和鸡肉，烹调方法常用烤、煮、焖，习惯用胡椒、辣椒面、孜然、洋葱等调料，还喜欢用黄油、蜂蜜、果酱、果汁、酸奶、马奶等以提味增香，常辅以胡萝卜配制。主要名菜有烤全羊、卡瓦甫（烤肉，包括整烤、串烤、锅烤、馅饼烤等）、烤疙瘩羊肉、羊肉丸子、羊肉羹、羊肉桃仁、手抓羊肉、手抓桃仁、烤南瓜等。

（3）饮料。维吾尔族传统的饮料主要有茶、奶子、酸奶，各种干果泡制的果汁、果子露、多嘎甫（冰酸奶，酸奶加冰块调匀制成，是维吾尔族人最喜欢的饮料）、葡萄水（从断裂的葡萄藤中流出的水，味酸，可做药引）、穆沙来斯等。维吾尔族人在日常生活中尤其喜欢喝茶，一日三餐都离不开茶，茶水也是维吾尔族用来待客的主要饮料。

（4）饮食禁忌。维吾尔族人在饮食方面，除了禁食猪肉外，还禁食狗、驴、骡等不反刍动物的肉，禁食凶猛禽兽和自死的牛、羊、驼等牲畜，禁食一切动物的血等。此外，部分维吾尔族还禁忌烟、酒。因此在客舱餐饮服务中如果遇到维吾尔族旅客，应禁止发放他们禁食的餐食（如猪肉面条），改发其他餐食或按照旅客要求提供替代餐食。两舱服务和贵宾服务更应该特别注意客人的饮食特点和禁忌，避免因为不当服务影响服务质量。

2. 回族饮食民俗

回族的饮食习惯具有鲜明的地域性，不同地区的饮食习惯具有较大的差异。比如，在沿海的回族人善于烹制海鲜鱼虾，而内陆的回族人则长于烹制鸡鸭牛羊等。回族人饮食习惯还受到伊斯兰教信仰的影响，总体上看，主张饮食以清洁卫生、防病保健为原则，提倡食用有益于身心健康的动物、植物等。

（1）主食。回族人一般以面为主食。面食的制作方法很多，常见的有蒸馍、花卷、烧锅、面条、烧麦、包子、烙饼及各种油炸面食。油香、馓子是各地回族人喜爱的特殊食品，是节日馈赠亲友不可缺少的。民间特色食品有酿皮、拉面、打卤面、肉炒面、豆腐脑、牛头杂碎、臊子面等，多数人家常年备有发酵面。肉食以牛肉、羊肉为主，食用各种有鳞鱼类，如北方产的青鱼、鲢鱼、鳇鱼等。

（2）菜肴。回族人擅长煎、炒、烩、炸、爆、烤等各种烹调技法，风味迥异的清真菜肴中，既有用发菜、枸杞、牛羊蹄筋、鸡鸭海鲜等为主要原料，做工精细考究，色香味俱佳的名贵品种，也有独具特色的家常菜和小吃。西北地区的回族民间还喜食腌菜。

（3）饮料。回族人普遍喜欢喝茶，由于回族分布于全国各地，其饮茶习俗也各有特色。如西安回族人喜欢"煮湖茶"，宁夏南部山区及甘肃、青海等地回族人聚居区喜欢喝"罐罐茶"，云南回族人喜欢"烤茶"，湖南回族人喜欢"擂茶"等。但最有特色的，当数西北地区的"盖碗茶"。所谓"盖碗茶"，由茶盖、茶碗和茶盘三件组成，俗称"三炮台"或"盅子"。"客人远至，盖碗先上。"西北回族家里来了客人，多用盖碗茶招待。一般是在茶碗里放好茶叶和冰糖、红枣、芝麻、桂圆、枸杞、葡萄干、核桃仁等佐料，注入开水，泡几分钟后，双手捧给客人。喝时，左手拿托盘，右手拿碗盖，刮一下，喝一口，所以又叫"刮碗子"。

3. 蒙古族饮食民俗

（1）主食。蒙古族人以肉食为主，主要是牛肉、绵羊肉，其次为山羊肉及少量的马肉，在狩猎季节也捕食黄羊肉。羊肉常见的传统食用方法就有全羊宴、嫩皮整羊宴，以及烤全羊、烤羊心、炒羊肚、羊脑烩菜等70多种，最具特色的是蒙古族的烤全羊（剥皮烤）、炉烤带皮整羊或称阿拉善烤全羊，肉香味美，鲜嫩异常。"全羊"也叫"羊背子"，是上等食品，做法和吃法都比较讲究。

在日常饮食中，炒米也占有重要位置。西部地区的蒙古族还有用炒米做"崩"的习俗。炒米是蒙古族人的主食，在日常生活中，牧民们不可一日无茶，也不可一日无米。现今，面粉制作的各种食品在蒙古族人日常饮食中也日渐增多，最常见的是面条和烙饼，并擅长用面粉加馅制成别具特色的蒙古包子、蒙古馅饼及蒙古糕点等。

（2）饮料。蒙古族人每天离不开茶，除饮红茶外，几乎都有饮奶茶的习惯，每天早上第一件事就是煮奶茶。煮奶茶最好用新打的净水，烧开后，冲入放有茶末的净壶或锅里，慢火煮2~3分钟，再将鲜奶和盐兑入，烧开即可。蒙古族的奶茶有时还要加黄油或奶皮子或炒米等，其味芳香，咸爽可口，是含有多种营养成分的滋补饮料。有蒙古人甚至认为，三天不吃饭菜可以，但一天不喝奶茶不行。

蒙古酒是蒙古族人的主要饮料之一，蒙古酒是从牛奶中提炼而成的，故称"牛奶酒"。蒙古酒绵厚醇香，无色透明，少饮延年健体，活血补气，男女老幼皆可饮之。蒙古族人制作"牛奶酒"历史悠久，每逢节日或客人朋友相聚，都有豪饮的习惯。

蒙古族富有特色的食品很多，例如烤羊、炉烤带皮整羊、手扒羊肉、大炸羊、烤羊腿、奶豆腐、蒙古包子、蒙古馅饼等。

4. 藏族饮食民俗

（1）主食。大部分藏族人日食三餐，但在农忙或劳动强度较大时有日食四餐、五餐、六餐的习惯。绝大部分藏族人以糌粑为主食，即把青稞炒熟磨成细粉，特别是在牧区，除糌粑外，很少食用其他粮食制品。食用糌粑时，要拌上浓茶或奶茶、酥油、奶渣、糖等一起食用。糌粑既便于储藏又便于携带，食用时也很方便。在藏族地区，随处可见身上带有羊皮糌粑口袋的人，饿了随时可以食用。

（2）副食。藏族人过去很少食用蔬菜，副食以牛肉、羊肉为主，猪肉次之。四川、云南等地的藏族人多将猪肉用来制成猪膘便于保存，肉类的储存多用风干法。一般在入冬后宰杀的牛肉、羊肉，一时食用不了，多切成条块，挂在通风之处，使其风干。冬季制作风干肉既可防腐，又可使肉中的血水冻附，能保持风干肉的新鲜色味。此外藏族人还习惯食用从牛奶、羊奶中提炼的酥油，除饭菜都用酥油外，还大量用于制作酥油茶。酸奶、奶酪、奶疙瘩和奶渣等也是经常制作的奶制品，作为小吃或其他食品搭配食用。

（3）饮料。在藏族民间，无论男女老幼，都把酥油茶当作必需的饮料，此外也饮奶和青稞酒。酥油茶和奶茶都用茯茶熬制。茯茶含有维生素和茶碱，可以补充由于食蔬菜少而引起的维生素不足，帮助消化。藏族人普遍喜欢饮用青稞制成的青稞酒，在节日或喜庆的日子尤甚。藏族人喝酥油茶，还有一套规矩。一般是边喝边添，不一口喝完，但对客人的茶杯总要添满；假如你不想喝，就不要动它；假如喝了一半，再喝不下了，主人把杯里的茶添满，客人就摆着，告辞时再一饮而尽，这是藏族的饮食习惯。

（三）中南、东南地区少数民族饮食文化

1. 壮族饮食民俗

（1）主食。多数地区的壮族人习惯日食三餐，有少数地区的壮族人吃四餐，即在中、晚餐之间加一小餐。壮族人的早、午餐比较简单，一般吃稀饭，晚餐为正餐，多吃干饭，菜肴也较为丰富。大米和玉米是壮族地区盛产的粮食，自然成为壮族人的主食。"五色糯米饭"是壮族地区的传统风味小吃，俗称五色饭，又称"乌饭"、青精饭或花米饭，因糯米饭呈黑、红、黄、紫、白五种颜色而得名（见图 2-6）。每年农历三月初三或清明节时节，壮族人普遍制作五色糯米饭，把它看作吉祥如意、五谷丰登的象征。

图 2-6 五色糯米饭

（2）菜肴。壮族人日常食用的蔬菜品种很多，制作方法以水煮最为常见。壮族人也有腌菜的习惯，通常是腌酸菜、酸笋、咸萝卜、大头菜等。壮族人习惯将新鲜的鸡、鸭、鱼肉和蔬菜制成七八成熟，菜在热锅中稍煸炒后即出锅，可以保持菜的鲜味。壮族人喜爱捕捉烹调野味和昆虫。壮族人还对三七的食疗颇有研究，利用三七的花、叶、根、须做菜很有特色。

（3）饮料。壮族人酿制米酒、红薯酒和木薯酒，度数都不太高，其中米酒是过节和待客的主要饮料（其中比较出名的米酒为宁明县那堪米酒），有的在米酒中配以鸡胆称为鸡胆酒，配以鸡杂称为鸡杂酒，配以猪肝称为猪肝酒。饮鸡杂酒和猪肝酒时要一饮而尽，留在嘴里的鸡杂、猪肝则慢慢咀嚼，既可解酒，又可当菜。

2. 瑶族饮食民俗

（1）主食。居住在山区的瑶族人有冷食的习惯，食品的制作都要考虑便于携带和储存，故主食、副食兼备的粽粑和竹筒饭都是瑶族人喜爱的食品。劳动时瑶族人均就地野餐，大家凑在一块，拿出带来的菜肴共同食用，而主食却各自食用自己所携带的食品。

（2）菜肴。瑶族人通常将蔬菜制成干菜或腌菜。云南的一些瑶族人喜欢将蔬菜做得十

分清淡,基本上是加盐的白水煮食。有的直接用白水煮过之后,蘸用盐和辣椒配制的蘸水,以保持各种不同蔬菜的原味;肉类也常要加工成腊肉。瑶族人喜欢吃虫蛹,常吃的有松树蛹、葛藤蛹、野蜂蛹、蜜蜂蛹等。瑶族人还喜欢利用山区特色自己加工制作蔗糖、红薯糖、蜂糖等。

(3)饮料。瑶族人大都喜欢喝酒,一般家中用大米、玉米、红薯等自酿,每天常喝二、三次。云南瑶族人喜用醪糟泡制水酒饮用,外出时,常用竹筒盛放,饮时兑水。广西地区的瑶族人还喜用桂皮、山姜等煎茶,认为这种茶有提神、清除疲劳的作用。很多地区的瑶族人喜欢打油茶,不仅自己天天饮用,而且用油茶招待宾客。

3. 黎族饮食民俗

(1)主食。黎族人的饮食习惯是"爱稀不爱干",这与当地天气炎热有一定关系。做米饭的方法:一是用陶锅或铁锅煮,与汉族焖饭的方法大体相同;另一种是颇有特色的野炊方法,即取下一节竹筒,装进适量的米和水,放在火堆里烤熟,用餐时剖开竹筒取出饭,这便是有名的"竹筒饭"。若把猎获的野味、瘦肉混以香糯米和少量盐,放进竹筒烧成香糯饭,更是异香扑鼻,是招待宾客的珍美食品。香糯米是黎族地区的特产,用香糯米焖饭有"一家香饭熟,百家闻香"的赞誉。

(2)菜肴。在菜肴方面其特点是利用自然条件,因地制宜,就地取材。蔬菜一般煮着吃,很少炒菜。黎族人腌制的泡酸菜"南沙"酸味浓烈,消暑开胃,是黎族人一年四季不可缺少的菜肴。黎族人多居山林,食鼠也是其风俗。无论是山鼠、田鼠、松鼠、家鼠均可捕食。食鼠时,先以篝火烧毛刮净,再除去内脏,或烤或煮,并用少许盐巴和辣椒调味即可。

(3)饮料。饮酒是黎族人的一大嗜好。吃晚饭时,家中男人先喝酒,然后才吃饭。每逢过节、红白喜事或举行各种宗教活动,男女老少聚众痛饮,每家都有自己酿制的山兰糯米酒、木薯酒。

4. 土家族饮食民俗

(1)主食。土家族人平时一日三餐,闲时一般吃两餐,春夏农忙、劳动强度较大时吃四餐。如在插秧季节,早晨要加一顿"过早","过早"大都是糯米做的汤圆或绿豆粉一类的小吃。据说"过早"餐吃汤圆有五谷丰登、吉祥如意之意。土家族人日常主食除米饭外,以包谷饭最为常见。包谷饭是以包谷面为主,适量地掺一些大米,用鼎罐煮,或用木甑蒸制而成。有时也吃豆饭,即将绿豆、豌豆等与大米合煮成饭食用。粑粑和团馓也是土家族人季节性的主食,有的甚至一直吃到栽秧时,过去红薯在许多地区一直被当成主食,现仍是一些地区入冬后的常备食品。

(2)菜肴。土家族菜肴以酸辣为其主要特点,民间家家都有酸菜缸,用以腌泡酸菜,几乎餐餐不离酸菜。土家族人将酸辣椒炒肉视为美味,辣椒不仅是一种菜肴,也是每餐不离的调味品。土家族人食用豆制品也很常见,如豆腐、豆豉、豆叶皮、豆腐乳等,尤其喜食合渣,即将黄豆磨细,浆渣不分,煮沸澄清,加菜叶煮熟即可食用。

(3)饮料。茶是土家族人生活必需品,并喜喝熬茶。茶用大瓦罐置火坑间熬煮,常年不离，是土家人火炕中的"不倒翁"。熬茶多用藤藤茶、老茶叶或茶果等，俗称长寿藤、神茶，学名茅岩莓。"住山靠山，靠山吃山。"这是土家族人生活经验之谈，也是土家人不成文的长寿秘诀。土家族人也喜好饮酒，特别是在节日或待客时，酒必不可少。其中常见的是用糯米、高粱酿制的甜酒和咂酒，度数不高，味道纯正。

5. 苗族饮食民俗

（1）主食。苗族饮食习俗自有其特点。黔东南、湘西、海南岛和广西融水的苗族人，主食为大米，也有玉米、红薯、小米等杂粮；黔西北、川南、滇东北的苗族人，则以玉米、土豆、荞麦、燕麦等为主食。

（2）菜肴。苗族人的菜肴种类很多，肉类有自家养的家畜、家禽和鱼类，蔬菜有豆类、菜类、瓜类，此外苗族人还采集野菜和从事渔猎等以作为补充。酸辣二味是苗族人生活中不可缺少之物。过去，由于山区缺少食盐，因此很多苗族人民终年淡食，只能以酸辣调味，日久形成习惯。苗族人尤其喜欢吃酸，几乎家家户户都自制酸汤、酸菜、酸辣椒和腌制鱼肉，苗家的酸汤鱼肉嫩汤鲜，清香可口，闻名遐迩。

（3）饮料。苗族人喜饮酒。平时劳作之余，喝一点酒，舒筋活血，消除疲劳；亲友来访，逢年过节，红白喜事，必以酒待客，久之形成了一套喝酒的传统习俗和礼仪，很多地方的苗族人宴饮和敬酒时，还有唱酒歌的习俗。湘、桂、黔交界地区的苗族人还流行喝油茶，它不仅是苗家待客时必备的饮食佳品，而且还是平时饭前饭后的一种特制饮料，有些地方甚至以油茶当中饭吃。湘西、黔东北和重庆南部的苗族人则将炒米茶作为过年节时饮用和招待亲友贵宾的高档饮料。

6. 高山族饮食民俗

（1）主食。高山族是中国台湾地区南岛语系各族群的一个统称。台湾高山族人的饮食以谷类和植物根茎为主，一般以粟、稻、薯、芋为常吃食物，配以杂粮、野菜和兽肉。居住在山区的高山族人以粟、旱稻为主粮，居住在平原的高山族人以水稻为主粮。除雅美人和布农人之外，其他几个族群都以稻米为日常主食，以薯类和杂粮为主食的补充。居住在兰屿的雅美人以芋头、小米和鱼为主食，布农人以小米、玉米和薯类（当地称地瓜）为主食。在主食的制作方法上，大部分高山族人都喜欢把稻米煮成饭，或将糯米、玉米面蒸成糕与糍粑。排湾人喜用香蕉叶子卷粘小米，掺花生和兽肉，蒸熟作为节日佳肴，外出狩猎时也可以带去，但作为狩猎带去的点心，馅里一般不加盐巴等咸味调料。排湾人喜欢将地瓜、木豆、芋头茎等掺和在一块，煮熟后当饭吃；布农人在制作主食时，将锅内小米饭打烂成糊食用；雅美人喜欢将饭或粥与芋头、红薯掺在一起煮熟作为主食，外出劳动或旅行时，还常以干芋或煮熟的红薯及类似粽子的糯米制品为干粮；泰雅人上山打猎时，喜欢用香蕉做馅裹上糯米，再用香蕉叶子包好，蒸熟后带去。昔日高山族人饮食皆蹲踞生食，现在在烹饪及享用上已十分考究。

（2）菜肴。高山族人食用的蔬菜来源比较广泛，大部分靠种植，少量依靠采集。常见的有南瓜、韭菜、萝卜、白菜、土豆、豆类、辣椒、姜和各种山笋野菜。高山族人普遍爱食用姜，有的直接用姜蘸盐当菜，有的用盐加辣椒腌制。典型食品有腌肉，是高山族泰雅人、阿美人储存肉类的方法，其中泰雅人腌猴肉与阿美人腌鹿肉和野猪肉别具一格。排湾人不吃狗、蛇、猫肉等，吃鱼的方法也很独特，一般都是在捞到鱼后，就地取一块石板烧热，把鱼放在石板上烤成八成熟，撒上盐即可食用。排湾人不许小孩吃鳗鱼，甚至也不让小孩吃各种鱼头，认为吃了鱼头不吉利。

（3）饮料。唾酒，是高山族排湾人、布农人土法酿制的一种米酒。泰雅人喜欢用生姜或辣椒泡的凉水作为饮料，据说此种饮料有治腹痛的功能。过去高山族人在上山狩猎时，还有饮兽血的习惯。高山族人不论男女都嗜酒，一般都是饮用自家酿制的酒，如粟酒、米酒和薯酒。

（四）西南地区少数民族饮食文化

1. 彝族饮食民俗

（1）主食。大多数彝族人习惯日食三餐，以杂粮面、米为主食。其中大部分是玉米，次为荞麦、大米、土豆、小麦和燕麦等。金沙江、安宁河、大渡河流域的彝族人早餐多为疙瘩饭，午餐以粑粑作为主食，备有酒菜。在所有粑粑中，以荞麦面做的粑粑最富有特色。据说荞面粑粑有消食、化积、止汗、消炎的功效，并可以久存不变质。贵州威宁荞酥已成为当地久负盛名的传统小吃。

（2）菜肴。彝族人吃蔬菜除鲜吃外，大部分都要做成酸菜，酸菜分干酸菜和泡酸菜两种。另一种名叫"多拉巴"的菜也是彝族民间最常见的菜肴。彝族人肉食以猪、羊、牛肉为主，主要是做成"坨坨肉"、牛汤锅、羊汤锅，或烤羊、烤小猪，狩猎所获取的鹿、熊、岩羊、野猪等也是日常肉类的补充。彝族人吃鸡也有一些讲究，一般吃清炖，用陶锅煮，不用刀切。煮熟后用手将鸡撕成条块，蘸辣椒、花椒汁食用。鸡头由老人吃，并要看卦（鸡脑的形状）。羊肉是其重要的肉食来源，吃羊时有一些特殊的习俗：羊肝、羊肚先用来祭祀祖先，然后烧食，也有的生食；羊脑给老人吃；处于生育期的妇女忌吃公羊；牧羊人不能食羊尾巴；羊血用萝卜丝拌后腌做咸菜，放在饭上蒸熟吃，味道特别鲜美。彝族人常吃的典型食品有：荞粑，彝族风味主食；面糊酸菜肉，彝族农家常菜；白水煮乳猪，云南彝族传统佳肴，将乳猪水煮后蘸食；锅巴油粉，云南彝族风味名小吃，用豌豆面制成。

（3）饮料。彝族人日常饮料有酒、茶，以酒待客，民间有"汉人贵茶，彝人贵酒"之说。酒为解决各类纠纷、结交朋友、婚丧嫁娶等各种场合中必不可少之物。彝族人喜欢喝酒，酒分甜、辣两种，过去都是在自己家中酿造。一般来说，甜酒用糯米、辣酒用高粱或玉米酿制，有"客人到家无酒不成敬意"的传统。饮酒有讲究，行酒的次序依据彝谚"耕地由下而上，端酒以上而下"。先上座而后下座，"酒是老年人的，肉是年轻人的"，端酒给贵宾后，要先给老年人或长辈，次给年轻人，人人有份。

2. 傣族饮食民俗

（1）主食。傣族人以大米和糯米为主食，大多日食两餐。德宏的傣族人主食粳米，西双版纳的傣族人则主食糯米。通常是现舂现吃。民间认为粳米和糯米只有现舂现吃，才不失其原有的色泽和香味，因而不食或很少食用隔夜米，习惯用手捏饭吃。

（2）菜肴。傣族人的菜肴以酸味为主，如酸笋、酸豌豆粉、酸肉及野生的酸果；还喜欢吃干酸菜，其制法是把青菜晒干，再用水煮，加入木瓜汁，使味变酸，然后晒干储藏，吃时放少许煮菜或放在汤内。烹鱼，多做成酸鱼或烤成香茅草鱼，此外还做成鱼冻、火烧鱼以及白汁黄鳝等。虫类也是深受傣家人喜爱的食品。傣族地区潮湿炎热，昆虫种类繁多，用昆虫为原料制作各种风味菜肴和小吃，是傣族食物构成的一个重要部分。傣族人经常食用的昆虫有蝉、竹虫、大蜘蛛、田鳖、蚂蚁蛋等。捕蝉是在夏季，每天傍晚，蝉群落在草丛中时，蝉翼被露水浸湿，不能飞起，妇女们就赶快把蝉拣入竹箩里，回去后入锅焙干制酱。蝉酱有清热解毒、去痛化肿的医疗作用。傣族人普遍喜食蚂蚁蛋，经常食用的是一种筑巢于树上的黄蚂蚁。取蚂蚁蛋时，先将蚂蚁驱走，然后取蛋，蚂蚁蛋大小不一，有的大如绿豆，有的小如米粒，洁白晶亮，洗净晒干，与鸡蛋一起炒食，其味鲜美，风味十足。

3. 白族饮食民俗

居住在不同地区的白族人其饮食习惯有一定的区别。平坝地区的白族人多以大米、小麦为主食；山区的白族人多以玉米、洋芋、荞麦为主食。主食的制作都以蒸制为主。因鲜菜常年不断，白族人每餐都喜食鲜菜和各种腌菜。白族妇女大都擅长做腌菜，腌的种类很多，除腌制鲜菜外，还做豆瓣酱、豆豉、面酱；剑川、鹤庆的白族人常采撷洱海的海菜花，加工烹制成各种风味菜。白族人肉食以猪肉为主，除用鲜猪肉做各种炒菜外，还喜欢腌制年猪，将猪肉加工成火腿、腊肠、香肠、猪肝、吹肝、饭肠等精美风味食品。冬天，白族人都喜欢大锅熬牛肉汤，食用时要加蔓箐、萝卜、葱等佐料一起食用。临河而居的白族人擅长烹调水鲜。

4. 侗族饮食民俗

（1）主食。侗族人大多日食四餐，两饭两茶。饭以米饭为主，平坝地区多吃粳米，山区多吃糯米。糯米种类很多，有红糯、黑糯、白糯、秃壳糯、旱地糯等，其中香禾糯最有名。侗族人将各种米制成白米饭、花米饭、光粥、花粥、粽子、糍粑等，吃时不用筷子，用手将饭捏成团食用，称为"吃抟饭"。

（2）菜肴。侗族人将蔬菜大多制成酸菜。制作酸菜有坛制和筒制两种，坛制是指将淘米水装入坛内，置于火塘边加温，使其发酵，制成酸汤，然后用酸汤煮鱼虾、蔬菜，作为日常最常见的菜肴。

侗族的鱼鲜包括鲤鱼、鲫鱼、草鱼、鳝鱼、泥鳅、小虾、螃蟹、螺蛳、蚌之类，可制成火烤稻花鲤、草鱼羹、鲜炒鲫鱼、吮棱螺、酸小虾、酸螃蟹等风味名肴，民间经常食用的虾酱也多以坛制作。侗族的腌鱼、腌猪排、腌牛排及腌鸡鸭则以筒制为主，筒有木桶和楠竹筒两种。制作腌鱼以入冬最佳，腌渍时间越长，其味越醇。鱼虾除大量酸食外，亦常鲜食。肉品主要是猪、牛、鸡、鸭肉，吃法与汉族差别不大。瓜果有刺梅、猕猴桃、乌柿、野杨梅、野梨、藤梨、饱饭果、刺栗、大王泡，以及松树嫩皮、桑树嫩皮、香草根等。

（3）饮料。侗族成年男子普遍喜爱饮酒，所饮酒类大都是自家酿制的米酒，度数不高,淡而醇香。最有特色的要数客人进寨时特殊的迎宾仪式——"拦路酒"了。侗家人在进入寨子的门楼边设置"路障",挡住客人,饮酒对歌,你唱我答,其歌词诙谐逗趣,令人捧腹,唱好了,再撤除障碍物,恭迎客人进门。入座后又是换酒"交杯",邻居或自动前来陪客,或将客人请到自己家中,或"凑份子"在鼓楼中共同宴请,不分彼此。

第二节 中国茶文化

一、茶文化的起源

事物都有起源,讲到茶文化的起源就不得不探寻茶树的原产地与饮茶习俗的起源。

(一)茶树的原产地

茶树的原产地是一个较难进行实证性研究的问题,各个时代的研究者依据不同的理论与资料对于茶树原产地问题展开了持续的研究,产生了不同的观点。

茶树起源于何时?植物学家经过一系列研究分析后,认为茶树的起源距今有6 000万年至7 000万年的历史。

茶树起源于何地,争论较多。随着科学技术的发展,现已基本达成共识,众多学者的研究提供了充分的依据,证实中国是茶树的原产地,并确认中国西南地区,包括云南、贵州、四川是茶树原产地的中心。由于地质变迁及人工栽培,茶树开始遍及全国大部分地区,并逐渐传播至世界各地。中国是茶树的原产地其依据如下。

(1)中国是世界上最早确立"茶"字字形、字音和字义的国家,现今世界各国的"茶"及"茶叶"译音均起源于中国。

(2)中国有世界上最古老、保存最多的茶文物和茶的典籍,有世界上第一本关于茶的书。

(3)中国的西南地区,主要是云南、贵州和四川,既是世界上最早发现、利用和栽培茶树的地方,又是世界上最早发现野生茶树和现存野生大茶树最多、最集中的地方,那些野生大茶树又具有最原始的特征。

(4)茶树的分布、地质的变迁和气候的变化等方面的大量资料,也证实中国是茶树原产地的结论。

(二)饮茶习俗的起源

与茶树的起源一样,人们对于饮茶习俗的起源同样有不同的认识和理解,一般来说有以下三种不同的说法。

1. 饮用起源说

茶的饮用起源说非常自然,往往与人类追求美味的本能分不开。饮用就是把茶作为饮料,或是解渴、或是提神。人类对苦涩滋味有强烈的出自本能的排斥心理,幼童很少有例外不拒绝茶水就是最好的证据，即便是没有饮茶习惯的成人也不时有类似的表现。在没有形成习惯之前不会喜欢喝茶的事实说明茶叶的味道不符合人的本能，因此人们不会为了追求美味可口的饮料而在水里加茶叶。习惯是一个学习、练习的过程，人们在练习适应苦味的同时，也在学习与之相关的文化，茶经历过这个习惯的过程后，才作为嗜好饮料而被人们接受。因此，茶不是作为美味饮料而产生的，而是在向嗜好饮料转化的过程中，立足于饮用为目的，在口感与质地上迎合消费者的需要，而向美味的目标改进和发展。

2. 食用起源说

茶在食用起源说中又可以分成两类，即由羹汤演变而来与由菜肴演变而来的两种意见。食用茶叶，就是把茶叶作为食物充饥，或是做菜吃。

早期的茶，很大程度上还是作为食物而出现的，这在前人的许多著述中都有记载。事实上，虽说巴山蜀水是滋养茶树最早的土壤，但最迟在春秋战国时期，茶叶已传播至黄河中下游地区，当时的齐国（今山东境内）已出现用茶叶做成的菜肴。《晏子春秋》中就记载："婴相齐景公时，食脱粟之饭，炙三戈五卵，茗菜而已。"晏子就将茶作为下饭的菜食用。东晋郭璞《尔雅》注疏云："树小如栀子，冬生叶，可煮作羹饮。"可见古人将茶叶摘下煮作羹饮而食确有其事。

古代食用茶叶的习惯流传至今，还有一些原始形态的茶食仍为现代人所享用。例如，食用擂茶。擂茶是用生姜、生米、生茶叶（鲜叶）做成，故又名"三生汤"。豆子茶也是十分古老的一种食茶，在广大南方水乡地区都能寻见它的影子。

3. 药用起源说

药用起源说产生得最早，唐代陆羽依据现已失传的《神农食经》，主张"茶之为饮，发乎神农氏"，提出了神农起源说。清代孙璧文在《新义录》里说，"《本草》则曰：神农尝百草，一日而遇七十毒，得茶以解之。"伴随着陆羽的记载，后人因为神农是医药之神，就将茶与药"自然而然"地捆绑在了一起，孕育了饮茶的药用起源说。在很长的时期里，药用起源说是唯一的饮茶起源的假说，因此与食用、饮用等假说相比，最具说服力和影响力。

二、中国茶的分类

中国茶叶的分类目前尚无统一的方法，按照不同标准与要求，有不同的类别。例如，按制造方法和品质上的差异，将茶叶分为绿茶、红茶、乌龙、白茶、黄茶、黑茶六大类。按照生产季节可分为春茶、夏茶、秋茶、冬茶。春茶又可分为头春茶、二春茶等。在清明前采摘的称为明前茶，在谷雨前采摘的称为雨前茶。按加工过程分为粗加工（粗制）、精加工（精制）和深加工（再加工）三个过程。按销路分类，是贸易和命名上的习惯，一般分为外销茶、内销茶、边销茶和侨销茶四类。

现在比较通行的做法是将茶叶分为基本茶类和再加工茶类。基本茶类有绿茶、白茶、黄茶、青茶、红茶、黑茶六大类。再加工茶类则有花茶、紧压茶、果味茶、药用保健茶、含茶饮料等。下面对常见的基本的六大茶类分别进行介绍。

（一）绿茶

绿茶是我国产量最多的一类茶叶，其花色品种之多居世界首位。绿茶属不发酵茶，其发酵度为零，是鲜茶叶经高温杀青，然后经揉捻、干燥后制成。高温杀青是绿茶类制法的主要特点，成品特点是汤清叶绿。绿茶首先根据杀青方法不同分为蒸青、炒青和红外线杀青三种；再根据干燥的方法又分为炒干、烘干、晒干三种；然后依外形不同分为圆形、长形、针形、尖形、片形等。如信阳毛尖属炒青的烘干针形茶，云南饼茶属炒青片晒干的针形茶，西湖龙井属炒青的炒干扁形茶。绿茶具有香高、味醇、形美、耐冲泡等特点。

绿茶的代表产品有西湖龙井、洞庭碧螺春、信阳毛尖、太平猴魁、黄山毛峰、六安瓜片等。

（二）白茶

白茶属微发酵茶类，其发酵度不超过 10%。白茶的品质特点是干茶外表满披白色茸毛，有"绿妆素裹"之美感，芽头肥壮，汤色黄亮，滋味鲜醇，叶底嫩匀。白茶颜色色白隐绿，汤色浅淡；形状大多是针形或长片形；味道清鲜爽口，香气弱；性质寒凉，有退热祛暑作用。

白茶的代表产品有白毫银针、白牡丹等。

（三）黄茶

黄茶属轻发酵茶，其发酵度为 10%～20%。黄茶在制茶过程中，经过焖堆渥黄，因而形成黄叶、黄汤。黄茶是我国特产，其按鲜叶老嫩又分为黄芽茶、黄小茶和黄大茶。例如，蒙顶黄芽、君山银针、沩山毛尖、平阳黄汤等均属黄小茶；安徽皖西金寨、霍山、湖北英山所产的黄茶则为黄大茶。黄茶的品质特点是"黄叶黄汤"。湖南岳阳为中国黄茶之乡。

黄茶的代表产品有君山银针、霍山黄芽、蒙顶黄芽等。

（四）青茶

青茶属半发酵的茶，其发酵度为 30%～60%，所选原料大都是对口叶，芽叶已成熟。青茶在制作时适当发酵，使叶片稍有红变，是介于绿茶与红茶之间的一种茶类。颜色一般为青绿或暗绿，因其叶片中间为绿色，叶缘呈红色，故有绿叶红镶边之称。它既有绿茶的鲜浓，又有红茶的甜醇。香味主要为花香果味，从清新的花香、果香到熟果香都有，滋味醇厚，略带微苦亦能回甘，是最能吸引人的茶叶。青茶性质一般温凉，略具叶绿素、维生素 C，茶碱、咖啡碱约有 3%。

青茶的代表产品有武夷岩茶、安溪铁观音、台湾冻顶乌龙等。

（五）红茶

红茶属全发酵的茶，其发酵度为 80%～90%。红茶加工时不经杀青，而是直接萎凋，使鲜叶失去一部分水分,再揉捻,然后发酵,使所含的茶多酚氧化,变成红色的化合物,并积累在叶片中,从而形成红汤、红叶。

红茶的代表产品有祁门红茶、云南滇红、广东英德红茶、福建的政和工夫茶等。

(六)黑茶

黑茶属后发酵茶,其发酵度为100%。黑茶原料粗老,加工时堆积发酵时间较长,使叶色呈暗褐色、油黑色或褐绿色,汤色褐黄或褐红。香味具陈香,滋味醇厚回甘,性质温和,可存放较久,耐泡耐煮。黑茶采用的原料一般选用大叶种等茶树的粗老梗叶或鲜叶经发酵后制成,是压制紧压茶的主要原料。制茶工艺一般包括杀青、揉捻、渥堆和干燥四道工序。黑茶主产区为四川、云南、湖北、湖南、陕西等地。按地域分布,主要分为湖南黑茶(茯茶)、四川藏茶(边茶)、云南黑茶(普洱茶)、广西六堡茶、湖北老黑茶及陕西黑茶(茯茶),俗称"黑五类"。

黑茶的代表产品有云南普洱茶、湖南黑茶、湖北老青茶、湖南黑砖茶、广西六堡茶等。

三、名茶介绍

(一)绿茶

绿茶中的代表性茶叶有西湖龙井、洞庭碧螺春、黄山毛峰、太平猴魁、六安瓜片等。

1. 西湖龙井

西湖龙井(见图2-7)产于浙江省杭州市西湖西南的秀山峻岭之间,为历史名茶,已有一千二百余年历史。清朝乾隆皇帝游览杭州西湖时,盛赞龙井茶,并把狮峰山下胡公庙前的十八棵茶树封为"御茶"。乾隆认为,用"天下第一泉"——济南趵突泉的泉水沏泡的西湖龙井茶为茶中极品。龙井茶在历史上有"狮""龙""云""虎"四个品类之分。20世纪50年代后,根据龙井茶生产的发展和品质风格的变迁,调整为"狮峰龙井茶""梅坞龙井茶""西湖龙井茶"三个品类,品质仍以"狮峰龙井茶"为珍,统称为"西湖龙井茶"。

图2-7 西湖龙井

龙井茶色泽翠绿，香气浓郁，甘醇爽口，形如雀舌，即有"色绿、香郁、味甘、形美"四绝的特点。茶叶为扁形，叶细嫩，条形整齐，宽度一致，为绿黄色，手感光滑，一芽一叶或二叶。高级西湖龙井干茶外形扁平，光滑，挺秀尖削，长短大小均匀整齐，芽锋显露，色泽绿中稍带黄，呈嫩绿色，香郁味醇，回味甘爽。叶底在杯中嫩匀成朵，一旗一枪，交错相映，栩栩如生。龙井茶含氨基酸、儿茶素、叶绿素、维生素 C 等成分均比其他茶叶多，营养丰富。

2. 洞庭碧螺春

碧螺春产于江苏省苏州市吴州区太湖洞庭山，创制于明末清初，为历史名茶。据记载，碧螺春茶叶早在隋唐时期即负盛名，有千余年历史。碧螺春原名"吓煞人香"，传说清朝康熙皇帝南巡苏州时，见此茶条索紧结，蜷曲成螺，边沿上一层均匀的细白绒毛，故赐名为"碧螺春"。"碧螺飞翠太湖美，新雨吟香云水闲。"喝一杯碧螺春，仿如品赏传说中的江南美女。

碧螺春茶叶具有特殊的花朵香味。鲜叶采摘从春分开采，至谷雨结束，采摘的标准为一芽一叶初展，对采摘下来的芽叶要进行严格拣剔，去除鱼叶、老叶和过长的茎梗。高级的碧螺春，0.5kg 干茶需要茶芽 6 万～7 万个。炒制工艺分杀青、炒揉、搓团、焙干四道工序，在同一锅内一气呵成。炒制特点是炒揉并举，关键在提毫，即搓团、焙干工序。碧螺春茶外形条索纤细，卷曲成螺，满披茸毛，色泽碧绿；冲泡后白云翻淹，雪花飞舞，汤绿水澈，香气清高持久，茶香味醇，回味无穷，叶底细、匀、嫩。

3. 黄山毛峰

黄山毛峰为文化名茶之一，产于安徽省黄山一带，属于绿茶，由清代光绪年间谢裕大茶庄所创制。每年清明谷雨，选摘初展肥壮嫩芽，手工炒制。该茶外形微卷，状似雀舌，绿中泛黄，银毫显露，且带有金黄色鱼叶（俗称黄金片）。入杯冲泡雾气结顶，汤色清碧微黄，叶底黄绿有活力，滋味醇甘，香气如兰，韵味深长。由于新制茶叶白毫披身，芽尖峰芒，且鲜叶采自黄山高峰，遂将该茶取名为黄山毛峰。

4. 太平猴魁

太平猴魁（见图 2-8）产于安徽省黄山市黄山区（原太平县）新民龙门一带，为历史名茶。太平猴魁以柿大茶群体种鲜叶为主要原料，于谷雨前后开园采摘，到立夏结束，要求采摘一芽三叶新梢。太平猴魁的加工方法分杀青和烘干两道工序。杀青选用平口深锅，用木炭做燃料，要求杀青均匀，老而不焦，无黑泡、白泡和焦边现象；烘干又分子烘、老烘和打老火三个过程。太平猴魁外形两叶抱芽、平扁挺直、自然舒展、白毫隐伏，有"猴魁两头尖，不散不翘不卷边"之称，芽叶肥硕、重实、匀齐，叶色苍绿匀润，叶脉绿中隐红，俗称"红丝线"，气味兰香高爽、滋味醇厚回甘，香味有独特的"猴韵"，汤色明澈，叶底嫩绿匀亮，芽叶成朵肥壮。

图 2-8 太平猴魁

5. 六安瓜片

六安瓜片产于安徽省六安市金寨县和霍山县，主产区位于金寨县齐头山一带，为历史名茶。

采制六安瓜片的茶树品种主要为六安双锋山中叶群体种，俗称大瓜子种。六安瓜片采制方法的独特之处：一是鲜叶必须长到"开面"才采摘；二是鲜叶通过"扳片"，除去芽头和茶梗，掰开嫩片、老片；三是嫩片、老片分别杀青，生锅、熟锅连续作业，杀青、失水、造型相结合；四是烘焙分三次进行，火温先低后高，特别是最后拉老火，炉火猛烈，火苗盈尺，抬篮走烘，一罩即去，交替进行。抬（烘）篮一招一步节奏紧扣，两人配合默契，如跳古典舞一般，煞是好看，实为中国茶叶烘焙技术中别具一格的"火功"。六安瓜片外形单片顺直匀整，叶边背卷平展，不带芽梗，形似瓜子。干茶色泽翠绿，起霜有润；汤色清澈，香气高长，滋味鲜醇回甘；叶底黄绿匀亮。

（二）白茶

白茶中的代表性茶叶有白毫银针、白牡丹等。

1. 白毫银针

白毫银针（见图 2-9）产于福建省福鼎市和南平市政和县，创制于清代中期，为历史名茶。白毫银针选用福鼎大白毫、政和大白茶的春季茶树嫩芽制作而成。茶树新芽抽出时，留下鱼叶，摘下肥壮单芽付制，也有采一芽一叶置室内"剥针"。采摘标准要求严格，凡雨露水芽、风伤芽、虫蛀芽、开心芽、空心芽、病芽、弱芽、紫色芽均不宜采用。其初制工艺流程分萎凋与干燥两道工序，加工时以晴天，尤其是在凉爽干燥的气候下所制的银针品质最佳。白毫银针外形芽针肥壮，满披白毫，色泽银亮；内质香气清鲜，毫味鲜甜；滋味鲜爽微甜，汤色清澈明亮，呈浅杏黄色；叶底芽头肥壮，明亮匀整。白毫银针氨基酸含量高，两倍于白牡丹。茶性寒凉，有退热降火、解毒之功效，被视为治疗麻疹良药。

图 2-9　白毫银针

2. 白牡丹

白牡丹产于福建省南平市政和县和建阳区、松溪县、福鼎市等地，始创于清末，为历史名茶。白牡丹选用政和大白茶、福鼎大白茶和水仙品种的一芽二叶制成，一年可采三季。春茶于清明前后开采，夏茶于芒种前后开采，秋茶于大暑至处暑开采，品质以春茶为优。鲜叶要求三白，即芽、第一叶、第二叶均披白色茸毛，芽梢肥壮，嫩度好。传统制法特异，初制分萎凋与干燥两道工序，工序间无明显界限，不炒不揉，鲜叶随着萎凋过程失水，外形与内含物产生缓慢而有控制的变化，逐步形成白茶特有的品质。由于自然萎凋时间长，萎凋中环境条件多变，要严格控制开筛、并筛程序，以形成芽叶连梗，形态自然素雅，呈花朵形，满披白毫，色泽银白灰绿；汤色杏黄清淡明亮，香味清和毫味显；叶底叶质肥嫩、色泽浅灰，叶脉微红的品质特点。

（三）黄茶

黄茶中的代表性茶叶有君山银针，如图 2-10 所示。

图 2-10　君山银针

君山银针产于湖南省岳阳市洞庭湖中的君山，形细如针，故名君山银针，属于黄茶。君山茶历史悠久，唐代就已生产，并成为名茶。文成公主出嫁时就选了君山银针茶带入西藏。

君山银针选用没有开叶的肥壮嫩芽制成，一般于清明节前三天开采，芽头要求长 25～30 毫米，芽蒂长约 2 毫米，且雨天芽、露水芽、紫色芽、空心芽、开口芽、冻伤芽、虫伤芽、瘦弱芽、过长过短芽不采，即所谓"九不采"。制茶工艺分杀青、摊放、初烘、初包、复烘、摊放、复包、干燥等工序。

君山银针的品质特点为外形芽头壮实挺直，白毫显露，茶芽大小长短均匀，形如银针,芽身金黄,享有"金镶玉"之誉;冲泡时,叶尖向水面悬空竖立,恰似群笋破土而出,又如刀枪林立,茶影汤色交相辉映,蔚成趣观,继而又徐徐下沉,随冲泡次数而三起三落;茶汤色泽杏黄明澈,入口滋味甘醇,香气清鲜,叶底明亮。

(四)青茶

青茶中的代表性茶叶有安溪铁观音和中国台湾的冻顶乌龙。

1. 安溪铁观音

安溪铁观音(见图 2-11)产于福建省安溪县,创制于清朝乾隆年间,为历史名茶。铁观音介于绿茶和红茶之间,属于半发酵茶类,独具"观音韵",清香雅韵,"七泡余香溪月露,满心喜乐岭云涛"。除具有一般茶叶的保健功能外,还具有抗衰老、抗动脉硬化、防治糖尿病、减肥健美、防治龋齿、清热降火、提神醒酒等功效。

图 2-11 安溪铁观音

安溪铁观音选用铁观音茶树品种的鲜叶制作而成,安溪一年四季皆可制茶。从 4 月底至 5 月初开采春茶,至 10 月上旬采秋茶。采摘驻芽三叶,俗称"开面采"。制作工艺流程为鲜叶采摘—晒青—凉青(或静置)—摇青—炒青—揉捻—初烘—初包揉—复烘—复包揉—烘干。干茶外形紧结沉重,色泽砂绿油润;内质香气馥郁、芬芳幽长,滋味醇厚甘鲜,汤色金黄明亮,饮之齿颊留香,甘润生津。

2. 冻顶乌龙

冻顶乌龙产于中国台湾南投鹿谷冻顶山,为新创名茶。

制造冻顶乌龙茶的品种以青心乌龙最优,台茶 12 号(金萱)、台茶 13 号(翠玉)等品质亦佳。以人工手采为主,一般于谷雨前后采对夹二叶、三叶茶青,一年中可采 4～5 次,春茶醇厚,冬茶香气扬,品质上乘;秋茶次之。加工过程包括日光萎凋(晒青)、室内静置及搅拌(凉青及做青)、炒青、揉捻、初干、布球揉捻(团揉)、干燥等工序,发酵程度 15%～20%。冻顶乌龙茶制作时经布球揉捻,外观紧结成半球形,色泽墨绿,汤色金黄亮丽,香气浓郁,滋味醇厚甘润,饮后回味无穷。

(五)红茶

红茶中的代表性茶叶有祁门红茶、滇红、金骏眉等。

1. 祁门红茶

祁门红茶（见图 2-12）主产于安徽省祁门县及毗邻的石台县、东至县、池州市贵池区、黟县和黄山区（旧称太平县）等地，为历史名茶。

图 2-12 祁门红茶

祁门红茶以槠叶群体种鲜叶为主要原料，采摘一芽二叶、三叶及同等嫩度的对夹叶加工而成。加工分萎凋、揉捻、发酵、烘干等工序，初制成的红毛茶经过精制再销售或出口。祁门红茶条形紧细匀秀，锋苗毕露，色泽乌润；毫色金黄，入口醇和、味中有香、香中带甜，回味隽厚，具有特殊的类似玫瑰花的清新持久的甜香。

2. 滇红

滇红产于云南省凤庆县、勐海县、临沧市、双江县、云县、昌宁县等地。滇红包括滇红工夫和滇红碎茶。

滇红采用云南大叶种茶树鲜叶制成，一般采摘标准为一芽二叶、三叶。工夫红茶初制分萎凋、揉捻、发酵、干燥等工序。红碎茶初制分萎凋、揉捻、发酵、干燥等工序。滇红工夫外形条索紧结、肥硕，干茶色泽乌润，金毫特多；内质香气鲜郁高长，滋味浓厚鲜爽，富有收敛性，汤色红艳，叶底红匀嫩亮。CTC 红碎茶外形颗粒重实、匀齐、纯净，色泽油润，内质香气甜醇，滋味鲜爽浓强，汤色红艳，叶底红匀明亮。

3. 金骏眉

金骏眉是在武夷山正山小种红茶传统工艺基础上进行改良，采用创新工艺研发的高端红茶，它的诞生填补了国内市场高端红茶的空白。金骏眉原料产自武夷山国家级自然保护区内方圆 565 平方千米的原生态茶山，手工采摘后由茶师精心制作，每 500g 金骏眉约需 6～8 万颗芽尖。

正宗金骏眉外形条索紧秀，略显绒毛，隽茂、重实；色泽为金、黄、黑相间，色润；开汤汤色为金黄色，清澈有金圈；其水、香、味似果、蜜、花、薯等综合香型；啜一口入喉，甘甜感顿生，滋味鲜活甘爽，高山韵显，喉韵悠长，沁人心脾，仿佛使人置身于森林幽谷之中；杯底冷、热、温不同时嗅之，底香持久、变幻令人遐想，连泡 12 次，口感仍然饱满甘甜；叶底舒展后，芽尖鲜活，秀挺亮丽，叶色呈古铜色。

（六）黑茶

黑茶中的代表性茶叶有云南普洱茶等。

普洱茶（见图 2-13）是云南久负盛名的历史传统名茶。据史料记载，唐代滇南的银生府（今西双版纳澜沧江领域）为云南主产茶区，而普洱古属银生府，滇南之茶均集散于普洱府，然后运销各地，故以普洱茶为名而著称。因此，历史上所指的普洱茶，实际上是指以云南大叶种茶加工成的晒青茶为原料，经加工整理而成的各种云南茶叶的统称。

图 2-13　云南普洱茶

普洱茶（生普，也有称青饼）是以符合普洱茶产地环境条件下生长的云南大叶种茶树鲜叶为原料，经杀青、揉捻、日光干燥、蒸压成型等工艺制成的紧压茶。其品质特征为外形色泽墨绿、香气清纯持久、滋味浓厚回甘、汤色绿黄清亮、叶底肥厚黄绿。普洱茶在合适的贮藏环境下，经过一段时间（5~10 年以上）的缓慢氧化（也称熟化），外形色泽由墨绿转化为棕褐色，香气由清纯转为陈香，滋味由浓厚回甘转化为醇甘滑爽，汤色由绿黄清亮转化为橙红明亮，叶底由黄绿转化成棕红（称为熟普）。其品质特征由原来的晒青转变成成品普洱茶所应有的特点才具有品饮的价值。

四、茶艺文化

茶艺，按照通俗的理解就是泡茶的技艺和品茶的艺术，具体内容包括茶美、水美、器美和艺美四个方面。茶叶种类我们已经进行了介绍，下面就分别从茶水、茶具和茶的冲泡与品饮三个方面来介绍。

（一）茶水

水之于茶，犹如水之于酒一样重要。众所周知，凡产名酒之地多因好泉而得名，茶亦如此。再好的茶，无好水则难得真味。水质的好坏对茶的色、香、味影响非常大。

1. 茶水分类

（1）天水。古人称用于泡茶的雨水和雪水为天水，也称天泉。雨水和雪水是比较纯净的水,虽然雨和雪在降落过程中会附上尘埃和二氧化碳等物质,但因含盐量和硬度都很小,历来被用来煮茶。特别是雪水,更受古代文人和茶客的喜爱。如唐代白居易《晚起》诗中的"融雪煎香茗",宋代辛弃疾词中的"细写茶经煮香雪"等都是歌咏用雪水煮茶的。可见古人对雪水的喜爱程度。当然现代社会,由于空气污染和环境的破坏,雪水、雨水已不再适合用于泡茶。

(2) 地水。在自然界中,山泉、江、河、湖、海、井水等地上和地下的水统称为"地水",现在还包括自来水。地下水中,泉水是倍受古人推崇的,中国的名泉有镇江中冷泉、无锡惠山泉、杭州虎跑泉、北京玉泉和济南趵突泉等。江、河、湖水均属地表水,所含矿物质不多,通常有较多杂质,浑浊度大,受污染较重,情况较复杂。因此许多地表水需要经过净化处理后才可饮用。井水属地下水,是否适宜泡茶,不可一概而论。有些井水,水质甘美,是泡茶好水,如北京故宫博物院文华殿东传心殿内的"大庖井",曾经是皇宫里的重要饮水来源。现在我们普遍使用的是自来水,这是经过人工净化、消毒处理的江、河、湖水,由于自来水中含有消毒用的氯气,可以将水静置一夜后再泡茶,效果会更好些。

2. 茶水选择

茶水选择要考虑水的软硬度、PH 值及水温。

(1) 水的软硬度。水的硬度,也叫矿化度,是指溶解在水中的钙盐与镁盐含量。水按其中含有的物质可分为软水和硬水,钙镁离子含量多的硬度大,反之则小。水的软硬度会影响茶叶有效成分的溶解度,水中钙镁盐含量的不同,水的口感也会有差异。比如软水中所含的溶质少,茶中有效成分的溶解度低,茶味偏淡。高硬度的水,就很难喝,甚至有苦涩味。而且水中一些物质会与茶叶发生作用,对茶水产生不良影响。水的软硬度还会影响到水的酸碱度,从而影响茶汤的颜色,并直接影响茶汤的滋味。由此可见,泡茶用水宜选用软水。

(2) pH 值。水的硬度不仅与茶汤品质关系密切,而且水的硬度还影响水的 PH 值(酸碱度),而 pH 值又影响茶汤的色泽。当 pH 值大于 5 时,汤色加深;当 pH 值达到 7 时,茶黄素就容易自动氧化而损失。因此我们在选择泡茶用水时应以悬浮物含量低、不含有肉眼所能见到的悬浮微粒、硬度不超过 25°、pH 值小于 5 以及非盐碱地区的地表水为宜。

3. 水温与茶的关系

古人对泡茶的水温十分讲究。陆羽在《茶经五之煮》中说:"其沸,如鱼目,微有声,为一沸;缘边如涌泉连珠,为二沸;腾波鼓浪,为三沸,以上水老不可食也。"古人将沸腾过久的水称为"水老"。此时,溶于水的二氧化碳挥发殆尽,泡茶鲜爽便大为逊色。未沸腾的水,古人称为"水嫩",也不适宜泡茶,因水温低,茶中的有效成分不易析出,使香味低淡,而且茶叶浮在水面,不便饮用。

泡茶水温的高低,主要看泡饮什么茶而定。冲泡绿茶,不能用 100℃ 的沸水冲泡,一般以 80℃ 左右为宜,特别是茶叶细嫩的名优绿茶,用 75℃ 左右的水冲泡即可。茶叶越嫩冲泡水温越要低，这样泡出的茶汤一定嫩绿明亮，滋味鲜爽，茶叶中的维生素 C 也较少被破坏；而水温过高，茶汤容易变黄，滋味较苦，维生素 C 被大量破坏。泡饮各种花茶、红茶和低级绿茶，则要用 90℃左右的水冲泡。泡饮乌龙茶、普洱茶和沱茶，由于其叶子较粗老，茶叶用量最多，必须 95℃以上的水冲泡。有时为了保持水温，要在冲泡前用开水烫热茶具，而且在冲泡过程中用开水淋壶。少数民族饮用的砖茶，要求水温更高，需要将砖茶敲碎，放在锅中煮。

一般来说，泡茶水温与茶叶中有效物质在水中的溶解度成正比，水温越高，溶解度越高，茶汤越浓；反之，水温越低，茶汤就越淡。但有一点需要说明，无论用什么温度的水泡茶，都应将水烧开（水温达到 100℃）之后，再冷却至所要求的温度。

（二）茶具

茶具，狭义的范围是指茶杯、茶壶、茶碗、茶盏、茶碟、茶盘等饮茶用具。我国的茶具种类繁多，造型优美，除实用价值外，也有颇高的艺术价值。由于制作材料和产地不同，可分为陶器茶具、瓷器茶具、漆器茶具、玻璃茶具、金属茶具和竹木茶具等几大类。

1. 陶器茶具

陶器茶具的佼佼者首推宜兴紫砂茶具。此茶具早在北宋初期就已经崛起，逐渐成为独树一帜的优秀茶具，并在明代大为流行。紫砂茶具所用的原料紫砂陶具有以下特点：① 用以泡茶不失原味，"色香味皆蕴"，使"茶叶越发醇郁芳沁"；② 壶经久用，即使空壶沸水注入，也有茶味；③ 茶叶不易霉变质；④ 耐热性能好，冬天沸水注入，无冷炸之虞，又可文火炖烧；⑤ 陶壶传热缓慢，使用提携不烫手；⑥ 壶经久用，反而光泽美观；⑦ 紫砂泥色多变，耐人寻味。

2. 瓷器茶具

瓷器茶具可分为白瓷茶具、青瓷茶具和黑瓷茶具等。白瓷茶具以江西景德镇最为著名，其次如福建德化、河北唐山、山东淄博、安徽祁门的白瓷茶具等也各具特色。青瓷茶具的主要产地在浙江。浙江龙泉青瓷，以"造型古朴挺健、釉色翠青如玉"著称于世，特别是造瓷艺人章生一、章生二兄弟俩的"哥窑""弟窑"最有代表性。其青瓷胎薄质坚，釉层饱满，色泽静穆，有粉青、翠青、灰青、蟹壳青等颜色，以粉青为名贵。釉面显现纹片，纹片形状多样，因其体现出自然、美观，反而成了别具风格的特殊美。黑瓷茶具主要产在建安，以兔毫茶盏最为出名，具有风格独特、古朴雅致的特点，为宋代斗茶行家所喜爱。

3. 漆器茶具

漆器茶具始于清代，主要产于福建省福州市一带。福州生产的漆器茶具多姿多彩，有宝砂闪光、金丝玛瑙、釉变金丝、仿古瓷、雕填、高雕和嵌白银等品种。

4. 玻璃茶具

玻璃茶具以其质地透明，光泽夺目，外形可塑性大，形状各异，品茗饮酒兼用而受人青睐。如果用玻璃茶具冲泡如龙井、碧螺春、君山银针等名茶，能充分发挥玻璃器皿透明的优越性，观之令人赏心悦目。

5. 金属茶具

历史上还有用金、银、铜、锡等金属制作的茶具。尤其是以锡作为储茶器具材料具有较大的优越性。值得一提的是，1987年5月在陕西省皇家佛教寺院法门寺的地宫中，发掘出一套晚唐僖宗皇帝使用的银质鎏金烹茶用具，共计11种12件，它反映了唐代皇帝饮茶的奢华。这是迄今为止见到的最高级的古茶具实物，距今已有一千多年历史，堪称国宝。

6. 竹木茶具

由于竹木茶具物美价廉、经济实惠，在我国历史上，广大农村，包括产茶区，很多人使用竹或木碗泡茶。至于用木罐、竹罐装茶，更是随处可见。

我国目前的茶具，仍以景德镇瓷器和宜兴紫砂陶最为流行和名贵，普遍受到茶叶消费者的欢迎。现在通用的各类茶具中以瓷器茶具、陶器茶具最好，玻璃茶具次之。因为瓷器茶具传热不快，保温适中，沏茶能获得较好的色香味，而且造型美观、装饰精巧，具有艺术欣赏价值。陶器茶具造型雅致、色泽古朴，特别是宜兴紫砂为陶中珍品，用来沏茶香味醇和、汤色澄清、保温性能好，即使夏天茶汤也不易变质。但由于陶器不透明，沏茶后难以欣赏杯中的芽叶美姿，是其缺陷。如果用玻璃茶具冲泡名茶，如龙井、碧螺春、君山银针、六安瓜片等，杯中轻罗缥缈、澄清一碧、茶芽朵朵、亭亭玉立；或旗枪交错、上下沉浮，饮之沁人心脾，观之赏心悦目，别有一番情趣，充分发挥了玻璃器具透明的优越性。

（三）茶的冲泡与品饮

茶的冲泡与品饮程序一般分为"品、评、喝"三个步骤。品、评茶，就是欣赏茶叶的色、香、味、形，品、评茶汤滋味，充分领略各种茶叶的自然风韵，是一种高雅的艺术享受。

1. 茶叶用量、水温、冲泡时间及次数

（1）茶叶用量。茶叶用量主要根据茶叶的种类、茶具大小以及消费者的饮用习惯而定，用量多少，关键是掌握茶与水的比例。如冲泡一般红茶、绿茶，茶与水的比例为1∶50～1∶60。用茶量最多的是乌龙茶，每次投入量几乎为茶壶容积的1/2或以上。总之，茶叶用量应视具体情况而定，茶多水少则味浓，茶少水多则味淡。

（2）泡茶水温。一般情况下，泡茶水温与茶叶中有效物质在水中的溶解度呈正相关，水温愈高，溶解度愈大，茶汤就愈浓，反之愈淡。但泡茶水温的掌握，主要看泡饮什么茶而定。

（3）冲泡时间和次数。茶叶冲泡的时间和次数与茶叶种类、用茶数量、泡茶水温和饮茶习惯都有一定的关系。通行的冲泡法是：将红茶、绿茶放入杯中后，先倒入少量开水，以浸没茶叶为度，加盖3分钟后，再加水到七八成满，便可趁热饮用。当饮至杯中尚余1/3左右茶汤时，再加开水，这样可使茶汤浓度前后比较均匀。乌龙茶常用小型紫砂壶冲泡，由于用茶量较多（约 1/2 壶），第一泡 1 分钟就要倒出，第二泡 1 分钟 15 秒，第三泡 1 分钟 40 秒，第四泡 2 分钟 15 秒。这样前后茶汤浓度才会比较均匀。

据测定：一般茶叶冲泡第一次时，其可溶性物质能浸出 50%～55%；泡第二次能浸出 30%左右，泡第三次能浸出 10%左右；泡第四次则所剩无几了，所以通常以冲泡三次为宜。

2. 绿茶冲泡与品饮

1）绿茶泡饮步骤

（1）备具：常采用玻璃杯、瓷杯和茶壶。将选好的茶具用开水一一加以冲泡洗净，以清洁用具。

（2）观茶：细嫩名优绿茶，在泡饮之前，通常要进行观茶。观茶时，先取一杯之量的干茶，置于白纸上，让品饮者先欣赏干茶的色、形，再闻茶香，充分领略名优绿茶的天然风韵。对普通大宗绿茶，一般可免去观茶这一程序。

（3）泡茶：对名优绿茶的冲泡，一般视茶的松紧程度，采用上投法和中投法两种方法冲泡。

（4）赏茶：针对高档名优绿茶而言，在冲泡茶的过程中，品饮者可以看茶的展姿，茶汤的变化，茶烟的弥散以及最终茶与汤的成像，以领略茶的天然风姿。

（5）饮茶：饮茶前，一般多以闻香为先导，再品茶啜味，以品尝茶的真味。

2）常用茶具泡饮法

（1）玻璃杯泡饮法。采用玻璃杯泡饮细嫩名茶，便于欣赏茶在水中的缓慢舒展、游动、变幻过程及茶汤的色泽。其操作方法有两种：一是采用"上投法"，适于冲泡外形紧结厚重的高档名优绿茶，如龙井、碧螺春、蒙顶甘露、庐山云雾、凌云白毫等。洗净茶杯后，冲入 85～90℃的开水，然后取茶投入，一般不需加盖，饮至杯中茶汤尚余 1/3 水量时，再续加开水，谓之二开茶，饮至三开，一般茶味已淡，即可换茶重泡；二是采用"中投法"，适于泡饮条索比较松散的高档名优绿茶，如黄山毛峰、太平猴魁、六安瓜片等，在干茶欣赏后，取茶入杯，冲入 90℃开水至杯容量的 1/3，稍停 2 分钟，待干茶吸水伸展后再冲水至满。

（2）瓷杯泡饮法。中高档绿茶亦常采用瓷质茶杯冲泡。欣赏干茶后，采用"中投法"或"下投法"冲泡，水温为 95～100℃，盖上杯盖，以防香气散逸，保持水温，以利于茶身开展，加速下沉杯底，待 3～5 分钟后开盖，嗅真香，品其味，视茶汤浓淡程度，饮至三开即可。

（3）茶壶泡饮法。茶壶泡饮法适于冲泡中低档绿茶，这类茶叶中多纤维素、耐冲泡，茶味也浓。冲泡时，先洗净茶具，取茶入壶，用 100℃初开沸水冲泡至满，3～5 分钟后，即可斟入杯中品饮。

绿茶一般可冲泡 2～3 次。

3. 红茶冲泡与品饮

（1）备具：红茶泡饮采用杯饮法和壶饮法。用洁净的水，清洁茶具。一般情况下，工夫红茶、小种红茶、袋泡红茶等大多选用白瓷杯、玻璃杯。红碎茶和片末红茶多采用茶壶冲泡后，分置小茶杯中饮用。

（2）量茶入杯：结合需要，每杯放入 3～5g 的红茶，或 1～2 包袋泡茶。若用壶煮，则另行按茶和水的比例量茶入壶（茶与水的比例为 1∶50～1∶60）。

（3）烹水沏茶：茶入杯后，冲入沸水。通常冲水至八分满为止。如果用壶煮，那么应先将水煮沸，而后放茶配料。

（4）闻香观色：红茶冲泡后，经 3 分钟，即可先闻其香，再现汤色。这在品饮高档红茶时尤为时尚。

（5）品饮尝味：待茶汤冷热适口时，即可品味。饮高档红茶，须在品字上下功夫，缓缓啜饮，细细品味，在徐徐体察和欣赏之中，品出红茶的醇味，领会饮红茶的真趣，获得精神的升华。

工夫红茶，一般可冲泡 2～3 次。红碎茶，通常只冲泡一次。

4. 乌龙茶冲泡与品饮

中国的广东、福建、台湾等地，热衷于用小杯品啜乌龙茶，特别是闽南以及广东潮汕地区的人们对啜乌龙茶最为讲究，冲泡也颇费工夫，故而称之为饮工夫茶。

（1）备具：先备好茶具，泡茶前用沸水把茶壶、茶盘、茶杯等淋洗一遍，使茶具保持清洁和相当的热度，俗称备具。啜乌龙茶的茶具，人称"烹茶四宝"，即玉书碾（开水壶）、潮汕烘炉（火炉）、孟臣罐（紫砂茶壶）、若琛瓯（白瓷杯）。

（2）整形：将乌龙茶按需倒入白纸，经轻轻抖动，将茶叶粗细上下分开，并用竹匙将粗茶和细末分别堆开。

（3）置：将碎末茶先填入壶底，其上再覆以粗条，以免茶叶冲泡后，碎末填塞茶壶内口，阻碍茶汤的顺畅流出，称"观音入宫"。

（4）冲茶：盛水壶须在较高的位置循边缘缓缓冲入茶壶，使壶中茶叶打滚，形成圈子，俗称"高冲"。

（5）刮沫：冲入的沸水要溢出壶口，再用壶盖轻轻刮去浮在茶汤表面的浮沫。也有将茶冲泡后，立即将水倒去，俗称"茶洗"。

（6）洗盏：刮沫后，立即加上壶盖，再用沸水淋壶身，称之为"内外夹攻"，同时，用沸水冲泡茶杯，使之清洁，俗称"若琛出浴"。

（7）斟茶：待茶泡 2～3 分钟后，用食指轻压壶盖的钮，中、拇指紧夹壶的把手斟茶。须低斟入杯，每杯先注一半，再来回倾入，至八分满时为止，称为"关公巡城"。最后几点浓茶，分别点入各杯，此谓"韩信点兵"。

（8）品饮：品茶时，一般用右手食指和拇指夹住茶杯杯沿，中指抵住杯底，先看汤色，再闻其香，而后啜饮。

乌龙茶冲泡时，因茶多、壶小，且乌龙茶本身较耐泡，因此一般可冲泡 3～4 次，好的乌龙茶也有泡 6～7 次的，称"七泡有余香"。

第三节　中国酒文化

中国是世界上最早酿酒的国家之一。中国酒的原始发明者到底是谁，众说纷纭，莫衷一是。大家最熟悉的就是杜康，"何以解忧？唯有杜康"，这是古史传说中的人物，如果确有其人的话，他生活的年代应大概与禹同时或稍后。仪狄造酒的传说，分别见于《吕氏春秋》《战国策》《世本》等先秦典籍。它们分别有以下记载："仪狄作酒。""昔者，帝女令仪狄作酒而美，进之禹，禹饮而甘之，遂疏仪狄，绝旨酒，曰：'后世必有以酒亡其国者。'""仪狄始作酒醪，变五味。"杜康，《说文解字》谓少康，但历代研究者已"不知杜康何世人，而古今多言其始造酒也。已阅少康作秫酒。"考古学的大量资料和有关文献分析证明，中国发明酿酒的时间要比这个时间早得多。事实上，酒的启蒙知识，应该是先民通过观察含糖野果在储存和自然发酵成酒的过程中逐渐获得的。后世饮的黄酒、白酒、葡萄酒、啤酒等，其起源和发展的情况不同，以下分别进行介绍。

一、酒的起源和发展

（一）黄酒的起源和发展

黄酒是中国特有的酿造酒。黄酒多以糯米为原料，也可以用粳米、籼米、黍米和玉米为原料，蒸熟后加入专门的酒曲和酒药，经糖化、发酵后压榨而成。酒度一般为16～18度。黄酒是中国最古老的饮料酒，起源于何时，难以考证。在保存下来的古文献《世本·作篇·酒诰》中，均认为由仪狄或杜康始创，不过在出土的新石器时代大汶口文化时期的陶器中，已有专用的酒器。经过夏商两代，酿酒技术有所发展，商朝武丁王时期（约公元前13—公元前12世纪），已创造了中国独有的边糖化、边发酵的黄酒酿造工艺。南北朝时期，贾思勰编纂的《齐民要术》中详细记载用小米或大米酿造黄酒的方法。北宋政和七年（1117年），朱翼中写成《北山酒经》三卷，总结了大米黄酒的酿造经验，比《齐民要术》时的酿酒技术有了很大改进。福建的红曲酒——五月红，曾被誉为中国第一黄酒。南宋以后，绍兴黄酒的酿制逐渐发展起来，到明清两代时已畅销大江南北。

黄酒中的名酒有浙江绍兴黄酒、福建龙岩沉缸酒、江苏丹阳封缸酒、江西九江封缸酒、山东即墨老酒、江苏老酒、无锡老廒黄酒、兰陵美酒、福建老酒等。

（二）白酒的起源与发展

白酒是中国传统蒸馏酒。白酒是以谷物及薯类等富含淀粉的作物为原料，经过糖化、发酵、蒸馏制成。酒度一般在40度以上，目前也有40度以下的低度酒。中国白酒是从黄酒演化而来。虽然中国先民早已利用酒曲、酒药酿酒，但在蒸馏器具出现以前，还只能酿造酒度较低的黄酒。蒸馏器具出现以后，用酒曲、酒药酿出的酒再经过蒸馏，可得到酒度较高的蒸馏酒——白酒。白酒起源于何时，尚无定论，一说起源于东汉，一说起源于唐宋时期。唐朝以前，中国古代文献中还没有白酒生产的记载，到唐、宋时期，白酒（烧酒）一词开始在诗文里大量出现。1975年12月，河北出土了一件金世宗年间（1161—1189年）的铜烧酒锅，证明中国在南宋时期已经有白酒。也有元代起源说。据李时珍《本草纲目》中记载："烧酒非古法也，自元时始创。"在相当长一段时间内，中国白酒的酿造工艺习惯于世代相传，多为作坊式生产。1949年以后，白酒生产开始变手工操作为机械操作，但是绝大多数名酒生产的关键工序仍保留着手工操作的传统。

中国白酒生产历史悠久，产地辽阔。各地在长期的发展中产生了一批深受消费者喜爱的著名酒种。例如，酱香型的有茅台、郎酒、武陵酒；浓香型的有泸州老窖、五粮液、古井贡酒、剑南春酒、洋河大曲、宋河粮液等；清香型的有汾酒、宝丰酒；其他香型的有董酒、西凤酒等。

（三）葡萄酒的起源与发展

葡萄酒是以葡萄为原料，经过酿造工艺制成的饮料酒。酒度一般较低，在8～22度。原产于亚洲西南小亚细亚地区，后广泛传播到世界各地。汉武帝建元三年（公元前138年），张骞出使西域，将欧亚种葡萄引入内地，同时招来酿酒艺人，中国开始有了按西方制法酿制的葡萄酒。"兰生"为汉代时的葡萄名酒。史书第一次明确记载内地用西域传来的方法酿造葡萄酒的是唐代《册府元龟》，唐贞观十四年（640年）从高昌（今吐鲁番）得到马乳葡萄种子和当地的酿造方法，唐太宗李世民下令种在御园里，并亲自按其方法酿酒。清朝光绪十八年（1892年），华侨张弼士在山东烟台开办张裕葡萄酒酿造公司，建立了中国第一家规模较大的工业化葡萄酒厂，引进欧洲优良酿酒葡萄品种，开辟纯种葡萄园，采用欧洲现代酿酒技术生产优质葡萄酒。以后，太原、青岛、北京、通化等地又相继建立了一批葡萄酒厂和葡萄种植园，生产多种葡萄酒。进入20世纪50年代以后，中国葡萄酒的生产走上迅猛发展的道路。

在长期的发展过程中，中国葡萄酒涌现了一批深受消费者欢迎的著名品牌。1952年，在中国第一届全国评酒会上，玫瑰香红葡萄酒（今烟台红葡萄酒）、味美思（今烟台味美思）均被评为八大名酒之一。此后，在1963年、1979年和1983年举行的第二、三、四届全国评酒会上，又有中国红葡萄酒、青岛白葡萄酒、民权白葡萄酒、长城干白葡萄酒、王朝半干白葡萄酒先后荣获国家名酒称号。

（四）啤酒的起源与发展

啤酒是以大麦为主要原料，经过麦芽糖化，加入啤酒花（蛇麻花），利用酵母发酵制成。酒精含量一般在2%～7.5%（质量）。它是一种含有多种氨基酸、维生素和二氧化碳的营养成分丰富、高热量、低酒度的饮料酒。啤酒的历史距今已有八千多年，最早出现于美索不达米亚（现属伊拉克）。啤酒是中国各类饮料酒中最年轻的酒种，只有百年历史。1900年，俄国人首先在哈尔滨建立了中国第一家啤酒厂。其后，德国人、英国人、捷克斯洛伐克人和日本人相继在东北三省、天津、上海、北京、山东等地建厂。例如，1903

年在山东青岛建立的英德啤酒公司（今青岛啤酒厂）等；1904 年，中国自建的第一家啤酒厂——哈尔滨市东北三省啤酒厂投产。

中国生产啤酒的历史虽短，但各地还是涌现出了一批优质品牌。自 1963 年在第二届全国评酒会上，青岛啤酒被评为国家名酒后，到 1984 年第四届全国评酒会时，已有青岛啤酒、特制北京啤酒、特制上海啤酒同时被评为国家名酒。

二、酒的主要种类及介绍

按酒的特点分，酒可以分为白酒、黄酒、啤酒、药酒几种。按生产方法可以分为蒸馏酒（发酵后蒸馏制取，如白酒、白兰地）、压榨酒（发酵后榨取，如黄酒、啤酒、果酒）和配制酒（以蒸馏酒、原汁酒或酒精配制，如竹叶青、参茸酒）。按照酒精含量不同可以分为高度酒（酒精度大于 40 度）、中度酒（酒精度 20~40 度）和低度酒（酒精度小于 20 度）。

（一）白酒的种类

1. 按酒质分

按酒质分，白酒可以分为国家名酒，国家级优质名酒，各省、部评比的名优酒，一般白酒。

2. 按酒度高低分

按酒度高低分，白酒可以分为高度白酒（酒精度在 41 度以上，多在 55 度以上，一般不超过 65 度）、低度白酒（酒精度一般在 38 度，也有的 20 多度）。

3. 按酒的香型分

按酒的香型分，白酒可以分为如下几类。

（1）酱香型白酒。它的主要特点是酱香突出、幽雅细腻、醇厚丰富、回味悠长。以茅台酒为代表。所用的酒曲多为超高温酒曲。

（2）浓香型白酒。它的主要特点是醇香浓郁、清洌甘爽、饮后悠香、回味悠长。以泸州老窖特曲、五粮液、洋河大曲等为代表。原料多种，以高粱为主，发酵采用混蒸续渣工艺。

（3）清香型白酒。它的主要特点是清香绵软、纯正柔和、余味爽净。以汾酒为代表。采用清蒸清渣发酵工艺，发酵采用地缸。

（4）米香型白酒。它的主要特点是蜜香清芬、入口柔绵、落口甘洌、回味怡畅。以桂林三花酒为代表。以大米为原料，小曲为糖化剂。

（5）其他香型白酒。这类酒的主要代表有西凤酒、董酒、白沙液等，香型各有特征。这些酒的酿造工艺采用浓香型、酱香型或清香型白酒的一些工艺，有的酒的蒸馏工艺也采用串香法。

（二）黄酒的种类

按黄酒的含糖量将黄酒分为以下六类。

1. 干黄酒

"干"表示黄酒中的含糖量少，糖分都发酵变成了酒精，故酒中的糖分含量最低。最新的国家标准中，其含糖量小于 1g/100mL（以葡萄糖汁）的就属稀醪发酵，总加水量为原料米的三倍左右。发酵温度控制得较低，开耙搅拌的时间间隔较短。酵母生长较为旺盛，故发酵彻底，残糖很低。在绍兴地区，干黄酒的代表是"元红酒"。

2. 半干黄酒

"半干"表示酒中的糖分还未全部发酵成酒精，还保留了一些糖分。在生产上，这种酒的加水量较低，相当于在配料时增加了饭量，故又称为"加饭酒"。酒的含糖指数为 1%~3%，在发酵过程中要求较高；酒质浓厚，风味优良；可以长久储藏，是黄酒中的上品。我国大多数出口酒均属此种类型。

3. 半甜黄酒

这种酒含糖分为 3%~10%。这种酒采用的工艺独特，是用成品黄酒代水，加入发酵醪中，使糖化发酵的开始之际，发酵醪中的酒精度就达到较高的水平，在一定程度上抑制了酵母菌的生长速度，由于酵母菌数量较少，对发酵醪中产生的糖分不能转化成酒精，故成品酒中的糖分较高。这种酒，酒香浓郁，酒度适中，味甘甜醇厚，是黄酒中的珍品。但这种酒不宜久存，储藏时间越长，色泽越深。

4. 甜黄酒

这种酒一般是采用淋饭操作法，拌入酒药，搭窝先酿成甜酒酿，当糖化至一定程度时，加入 40%~50%浓度的米白酒或糟烧酒，以抑制微生物的糖化发酵作用，酒中的糖分含量达到 10~20g/100mL。由于加入了米白酒，酒度也较高。甜型黄酒可常年生产。

5. 浓甜黄酒

糖分大于或等于 20g/100mL。

6. 加香黄酒

这是以黄酒为酒基，经浸泡（或复蒸）芳香动、植物的浸出液而制成的黄酒。

（三）葡萄酒的种类

葡萄酒按照酒的色泽分为红葡萄酒、白葡萄酒、桃红葡萄酒三大类。根据葡萄酒的含糖量，红葡萄酒又可分为干红葡萄酒、半干红葡萄酒、半甜红葡萄酒和甜红葡萄酒。白葡萄酒也可按同样的方法细分为干白葡萄酒、半干白葡萄酒、半甜白葡萄酒和甜白葡萄酒。按照国家标准，各种葡萄酒的含糖量如下所述。

（1）干葡萄酒，含糖量（以葡萄糖计）小于或等于4g/L。

(2) 半干葡萄酒，含糖量在 4.1～12g/L。

(3) 半甜葡萄酒，含糖量在 12.1～50.1g/L。

(4) 甜葡萄酒，含糖量等于或大于 50.1g/L。

按酒中二氧化碳的压力分为以下三类。

(1) 无气葡萄酒，这种葡萄酒不含有自身发酵产生的二氧化碳或人工添加的二氧化碳。

(2) 起泡葡萄酒，这种葡萄酒中所含的二氧化碳是以葡萄酒加糖再发酵而产生的，或用人工方法加入的，其酒中二氧化碳含量在 20℃时保持压力在 0.35MPa 以上，酒精度不低于 8%（v/v）。香槟酒属于起泡葡萄酒，原产国法国规定只有在香槟省出产的起泡葡萄酒才能称为香槟酒。

(3) 葡萄汽酒，葡萄酒中的二氧化碳是发酵产生的或是人工方法加入的，其酒中二氧化碳含量在20℃时保持压力在0.051～0.25MPa，酒精度不低于4%（v/v）。

葡萄酒经过再加工，还可以生产加香葡萄酒和白兰地。根据品种的不同，生产技术也有所不同。

(1) 加香葡萄酒也称开胃酒，是在葡萄酒中添加少量可食用并起增香作用的物质，混合而成的葡萄酒。

(2) 白兰地，它是葡萄酒经过蒸馏而制得的蒸馏酒。有些白兰地也可以用其他水果酿制成，但需冠以原料水果的名称，如樱桃白兰地、苹果白兰地和李子白兰地。

（四）啤酒的种类

啤酒是当今世界各国销量最大的低酒精度的饮料，品种很多，一般可根据生产方式、产品浓度、啤酒的色泽、啤酒的消费对象、啤酒的包装容器和啤酒发酵所用的酵母菌的种类来分。

1. 按啤酒的色泽、浓度分

(1) 淡色啤酒。淡色啤酒的色度在 5～14EBC 单位，如高浓度淡色啤酒，是原麦汁浓度 13%（m/m）以上的啤酒；低浓度淡色啤酒，是原麦汁浓度 10%（m/m）以下的啤酒；干啤酒（高发酵度啤酒），实际发酵度在 72%以上的淡色啤酒；低醇啤酒，酒精含量 2%（m/m）以下的啤酒。

(2) 浓色啤酒。浓色啤酒的色度在 15～40EBC 单位，如高浓度浓色啤酒，是原麦汁浓度 13%（m/m）以上的浓色啤酒；低浓度浓色啤酒，是原麦汁浓度 13%（m/m）以下的浓色啤酒；浓色干啤酒（高发酵度啤酒），实际发酵度在72%以上的浓色啤酒。

(3) 黑啤酒。黑啤酒色度大于40EBC 单位。

(4) 其他啤酒。在原辅材料或生产工艺方面有某些改变，成为独特风味的啤酒。如纯生啤酒，这是在生产工艺中不经过热处理灭菌，就能达到一定的生物稳定性的啤酒；全麦芽啤酒，这是全部以麦芽为原料（或部分用大麦代替），采用浸出或煮出法糖化酿制的啤酒；小麦啤酒，这是以小麦芽为主要原料（占总原料 40%以上），采用上面发酵法或下面发酵法酿制的啤酒；浑浊啤酒，这种啤酒在成品中存在一定量的活酵母菌，浊度为 2.0～5.0EBC 单位的啤酒。

2. 按啤酒的生产方式分

按生产方式可将啤酒分为鲜啤酒和熟啤酒。鲜啤酒是指经过包装后，不经过低温灭菌（也称巴氏灭菌）而销售的啤酒，这类啤酒一般就地销售，保存时间不宜太长，在低温下一般为一周。熟啤酒，是指啤酒经过包装后，经过低温灭菌的啤酒，保存时间较长，可达三个月。

3. 按啤酒的包装容器分

按啤酒包装容器可分为瓶装啤酒、罐装啤酒和桶装啤酒。瓶装啤酒一般有 350mL 和 650mL 两种；罐装啤酒有 330mL 等规格。

4. 按啤酒的消费对象分

按消费对象可将啤酒分为普通型啤酒、无酒精（或低酒精度）啤酒、无糖或低糖啤酒、酸啤酒等。无酒精或低酒精度啤酒适合司机或不会饮酒的人饮用。无糖或低糖啤酒适合糖尿病患者饮用。

三、中国饮酒艺术

（一）白酒的饮法

饮用白酒，可用利口酒杯或高脚烈酒杯，亦可用陶瓷酒具。采用小口高脚杯时，宜用捧斟，以免沾湿桌面。

白酒一般是在室温下饮用，但是稍稍加温后再饮，口味较为柔和，香气也浓郁，邪杂味消失。其主要原因是在较高的温度下，酒中的一些低沸点的成分，如乙醛、甲醇等较易挥发，这些成分通常都含有较辛辣的口味。东南亚一带习惯将白酒冰镇后饮用。

饮用白酒每客标准用量 25mL，不宜一次斟入太多的酒，以免散失酒味。白酒可以作为调制中式鸡尾酒的酒基，如用茅台酒调制的"中国马天尼"，用洋河大曲调制的"梦幻洋河"，用五粮液调成的"遍地黄金"等鸡尾酒。

中国白酒可长期保存，用毕应立即将瓶塞盖紧，以免失去酒香，降低酒度。存放时应竖立瓶子，避光、常温存放。

（二）黄酒的饮法

黄酒一般采用陶瓷酒杯盛酒，亦可用小型玻璃杯盛饮。可以带糟食用，也可以仅饮酒汁，后者较为普遍。

黄酒主要作为佐食酒单饮，饮用时一般要温酒。在冬季，黄酒宜温热后喝，酒中的一些芳香成分会随着温度的升高挥发出来，饮用时更能使人心旷神怡。酒的温度一般以 40～50℃为好，酒温可随个人的饮用习惯而定。古代人饮用黄酒时通常用燎斗，燎斗呈三角带柄状，温酒时在燧斗下用火加热，便可使酒温好，然后斟入杯中饮用。温酒的方法还有一种，即注碗烫酒。明朝以后，人们习惯用锡制小酒壶放在盛热水的器皿里烫酒，这种方法一直沿用至今。现在由于酒店、酒吧的设施原因，且黄酒大多改用玻璃瓶装，温酒过程相对简单多了，一般只需要将酒瓶直接放入盛热水的酒桶里温烫即可。温饮的显著特点是酒香浓郁、酒味柔和，但加热时间不宜过久，否则酒精都挥发掉了，反而淡而无味。夏季黄酒可以作冷饮饮用。其方法是将酒放入冰箱直接冰镇或在酒中加冰块，这样能降低酒温，加冰块还可降低酒度。冷饮黄酒，不仅消暑解渴，而且清凉爽口，给人以美的享受。

不习惯饮黄酒的人，可以饮用甜型黄酒，或将几种果汁、矿泉水对入黄酒中饮用，也可以把一般啤酒或果汁对入黄酒中饮用。

加饭酒适宜吃冷菜时饮用，可温烫后上桌服务；元红酒饮用时可稍加温，吃鸡鸭时佐饮最适宜；善酿酒宜佐食甜味菜肴。

黄酒应该慢慢地喝，喝一小口细细地回味品尝一番，然后徐徐咽下，这样才能真正领略到黄酒的独特滋味。

（三）葡萄酒的饮法

通常情况下，葡萄酒杯都是带脚的高脚杯。葡萄酒杯应该晶莹透亮，杯体厚实。高档葡萄酒杯要求没有花纹和颜色，因为这些会影响饮酒者充分领略葡萄酒迷人的色彩。此外，酒杯应绝对清洁、无破损，否则会给人留下不好的印象。通常，红葡萄酒杯开口较大，这样可以使红葡萄酒在杯中充分展示其芳香。白葡萄酒杯开口较小，为的是保持葡萄酒香味。香槟酒或葡萄汽酒应该用笛形或郁金香形的杯具，这样可以很好地保持酒中的气泡。浅碟香槟杯并不是香槟酒理想的杯具，因为它会使酒液中的二氧化碳气体迅速挥发，而在杯中留下平淡无味的酒液。

温度对于饮用葡萄酒是非常重要的，各种葡萄酒应在最适宜的温度下饮用才会使酒的味道淋漓尽致地发挥出来。由于酒的类型、品种、酒龄及饮用者等不同，其最佳饮用温度也各异。原则上即使是同类型的酒，酒龄短的酒饮用温度应相对低些；浓、甜型的酒饮用温度应比淡、干型的酒低些。不同葡萄酒的最佳饮用温度如下。

（1）红葡萄酒：在16～18℃，即室温饮用，一般提前1小时开瓶，让酒与空气接触一下，称为"呼吸"，可以增加酒香和醇味。

（2）白葡萄酒：在10～12℃，即冷却后饮用，特别清新怡神。

（3）玫瑰红葡萄酒：在12～14℃，即稍微冷却一下饮用。

（4）香槟、汽酒：需冷却到较低的温度饮用，一般在4～8℃，并且在2小时内保持不动，才适宜开瓶。

酒与菜相配的原则是：风味相谐，为饮食者所欢迎。总体要求是：酒品与菜肴的色泽、口味相配，即红酒配红肉，白酒配白肉，玫瑰红葡萄酒、香槟酒及葡萄汽酒可配任何食物。色、香、味淡雅的酒品与色调冷、香气雅、口味纯的菜点相配，如干白葡萄酒配海鲜；色、香、味浓郁的酒品与色调暖、香气馥、口味杂的菜点相配，如红葡萄酒配红肉，爽口解腻；咸辣食品配以强香型葡萄酒。

白葡萄酒一般斟至六成满，红葡萄酒一般斟至五成满。应注意始终以右手持瓶给人斟酒，并牢牢地握住酒瓶下部，不能握住瓶颈；给他人添酒时，应先征询对方的意见；倒完酒后，应转一下酒瓶，使瓶口的最后一滴酒滴入杯中。

香槟酒开瓶后应迅速斟酒。最好采用捧斟法，即用左手握住瓶颈下部，右手握住瓶底。可采用两次倒酒的方法，初倒时，酒液会起很多泡，倒至杯的 1/3 处待泡稍平息后，再倒第二次。斟酒不能太快，切忌冲倒，这样会将酒中的二氧化碳冲起来，使泡沫不易控制而溢出杯子。待所有杯子斟满后，将酒放回冰桶中，以保持起泡酒的冷度，防止发泡。

在上葡萄酒时，如有多种葡萄酒，哪种酒先上，哪种酒后上，有几条国际通用规则：先上白葡萄酒，后上红葡萄酒；先上新酒，后上陈酒；先上淡酒，后上醇酒；先上干酒，后上甜酒。

（四）啤酒的饮法

饮用啤酒的杯具种类较多，常用的标准啤酒杯有三种形状：第一种是皮尔森杯（杯口大，杯底小，呈喇叭形平底杯）；第二种是类似第一种的高脚或矮脚啤酒杯，这两种酒杯倒酒比较方便、容易，常用来服务瓶装啤酒，目前我国很多酒吧使用直身酒杯，增加了倒酒的难度；第三种是带把柄的扎啤（即高级桶装鲜啤酒）杯，酒杯容量大，一般用来服务桶装啤酒。

洁净的啤酒杯能让泡沫在酒杯中呈圆形，自始至终保持新鲜口感。啤酒杯必须是绝对干净的，没有油污、灰尘及其他杂物。油脂是啤酒泡沫的大敌，它的低酸的表面张力对泡沫形成极大的销蚀作用。任何油污，无论能否看出，都会浮在酒的液面上，使浓郁而洁白的泡沫层受到影响甚至会很快消失。不洁净的杯子还会破坏啤酒的口感和味道。将洗涤和消毒后的啤酒杯放在干净的滴水板上，使之自然风干，切忌用毛巾擦杯，以免杯子再受污染。另外，切勿用手触及啤酒杯内壁。

啤酒的最佳饮用温度是 8～11℃，高级啤酒的饮用温度是 12℃左右。啤酒适宜低温饮用，但是啤酒冷冻的温度又不宜太低，太凉了会使啤酒平淡无味而且混浊，泡沫消失；饮用温度过高会产生过多的泡沫，甚至苦味太浓，特别是鲜啤酒，温度过高就会失去其独特的风味。

斟酒时，通常使泡沫缓慢上升并略高出杯子边沿 1.3cm 左右为宜，泡沫与酒液的最佳比例是 1∶3。如果杯中啤酒少而泡沫太多并溢出，或无泡沫，都会使人扫兴。

泡沫的状态与斟酒方式密切相关，瓶装与桶装酒的斟酒方式各异。

瓶装和灌装啤酒斟酒时，将酒杯直立，用啤酒瓶或罐来代替杯子的倾斜角度，慢慢把杯子倒满，让泡沫刚好超出杯沿 1.3cm 左右。若用直身酒杯代替啤酒杯时，应先将酒杯微倾，顺杯壁倒入 2/3 的无泡沫酒液，再将酒杯放正，采用倾注法，使泡沫产生。

桶装啤酒斟注时，将酒杯倾斜成 45°，打开开关，注入 3/4 杯酒液后，将酒杯放于一边，待泡沫稍平息，然后再注满酒杯。衡量啤酒服务操作的标准是：注入杯中的酒液清澈，二氧化碳含量适当，温度适中，泡沫洁白而厚实。

课后阅读

茶溢飘香　茶文化美食节亮相东航贵宾室

中国民航网通讯员米芮颖报道：2018 年 4 月 23—25 日，一场以"茶"为主角的美食节活动在东航北京地服部要客服务分部贵宾休息室拉开了序幕，整个活动以"传承传统文化，打造绿色餐饮"为主题，以"继承、创新、营养、健康"为宗旨，成为东航贵宾室内一道独特的风景，吸引了很多旅客前来品尝，如图 2-14～图 2-16 所示。

图 2-14　东航茶文化美食节 1

图 2-15　东航贵宾室服务礼仪

图 2-16　东航茶文化美食节 2

走进贵宾室，最吸引眼球的便是茶艺表演，茶桌上布满了泡茶所用的精美器具，一位身穿汉服的工作人员手势一高一低，十分有节奏地斟着茶水，姿势优美，茶香沁人心脾。有心细的旅客发现了茶水冲泡时的细微不同，问道："这种茶你多次洗茶，它的品种难道不同吗？"工作人员介绍道："此茶是普洱茶，经久耐泡，必须多次洗茶，才能够泡得精致，浓香醇久，而且有减肥、暖胃、助消化的作用。"旅客纷纷表示"泡茶原来有这么多的讲究，真是涨知识！"

品尝茶品和茶点的旅客络绎不绝，但最受欢迎的要数"日出东方"和"晚霞余晖"两种冰茶了。这两种茶以干姜水为主料，配上红石榴糖浆，再加上少许冰块，让旅客感受到

"东方航空，日出东方"的独特魅力。

此次活动既弘扬了我国的传统文化，又展示了东航贵宾室的独特魅力，内涵丰富又有意义。

材料来源：中国民航网．http://www.caacnews.com.cn/1/6/201804/t20180426_1246444.html

【本章小结】

本章首先介绍了饮食民俗形成的影响因素，阐述了我国年节的主要食俗及部分少数民族的饮食特点与禁忌；接着从茶的起源说起，对常见茶叶进行分类，阐述了六大类茶的特点、代表性名茶及饮茶艺术；最后围绕酒文化，阐述不同类型酒的起源、酒类划分及饮酒艺术。我国的饮食文化博大精深，它们都是进行民航餐食服务创新的源泉。

【思考练习】

1. 饮食民俗的形成受到（　　）的影响。
   A．历史因素　　　B．地域因素　　　C．经济因素　　　D．宗教因素
2. 下列属于绿茶的有（　　）。
   A．君山银针　　　B．金骏眉　　　　C．碧螺春　　　　D．铁观音
3. 春节的主要食俗有（　　）。
   A．吃年夜饭　　　B．吃饺子　　　　C．吃粽子　　　　D．喝年酒
4. 在饮食习俗中禁食猪肉的民族有（　　）。
   A．满族　　　　　B．维吾尔族　　　C．回族　　　　　D．土家族
5. 按照酒的特点，可以分为（　　）。
   A．白酒　　　　　B．葡萄酒　　　　C．黄酒　　　　　D．啤酒

第三章

主要客源国的饮食民俗

第三章　主要客源国的饮食民俗

旅游业的高速发展，也使得全球航空业需要不断创新，才能够迎合时代的发展。各大航空公司都积极创新思路，以饮食为文化起点，在国内、国际部分航班推出出港地特色美食，不仅丰富了机上产品，让旅客了解各出港地文化特色，还大大提升了旅客的乘机感受，提升了航空企业品牌形象。而要推出特色美食，进行创新，就必须了解世界各地的饮食文化。

学习目标

- 掌握亚洲主要国家的饮食特点及代表性美食；
- 掌握欧洲主要国家的饮食特点及代表性美食；
- 掌握美洲主要国家的饮食特点及代表性美食；
- 掌握非洲主要国家的饮食特点及代表性美食；
- 掌握大洋洲主要国家的饮食特点及代表性美食。

导引案例

民航创新服务产品案例展：首航出港地特色美食

民航资源网 2018 年 3 月 17 日消息：CAPSE 2018 民航服务峰会即将于 4 月 10—12 日在上海举办，届时，峰会将颁发"2017 年度民航创新服务奖"。现阶段，CAPSE 启动了"2017 年度民航创新服务产品"征集活动，众多民航实体纷纷递交了各具特色的创新案例，CAPSE 近期将在民航资源网及 CAPSE 官网等平台展示部分成效显著的候选创新性服务产品。

创新服务产品名称：出港地特色美食

申报单位：北京首都航空有限公司

一、背景及起因

随着公司航线网络的不断扩大，首都航空的航线遍布全国甚至全球各地。作为交通企业，首都航空将旅客、货品运输到全球各地时，也带动着各出港地文化的交流与碰撞。所谓"读万卷书，行万里路"。不论地域间的距离有多远，首都航空都可以为旅客拉近。

为了提升旅客的乘机感受，丰富机上产品，让旅客了解各出港地文化特色，提升首都航空的品牌形象，首都航空以饮食为文化起点，在国内、国际部分航班推出出港地特色美食，旨在让旅客深度体验当地文化精髓。以"一带一路"倡议为指导，让机上特色美食带动航线文化，食旅一体，让旅客获得出行难忘新体验。

二、举措和亮点

结合各地文化特点，在国内、国际各航线出港地配备当地特色美食，配备美食精致、富有特色。

国内：配备出港地特色菜、特色小吃。"祖国大好河山，机上尽收眼底；南北地道滋味，旅途餐桌尽享。"

国际：异域风情，各色西式精美菜肴优雅尊享，饕餮盛宴，一路陪伴。人未到，味蕾先行，开启舌尖旅行新世界。

首都航空所制定的出港地特色美食，均按照标准制作方法规范操作，乘务员服务时，如特色餐食含有辣椒成分，必须提前告知旅客，避免产生影响。国际头等舱出港地特色餐，将以餐单的形式发放给旅客进行点餐，餐单会以至少双语形式进行印制。

三、案例详情

国际航线出港地特色餐食具体如下。

1. 青岛—伦敦航线

推出特色餐：腌渍鲔鱼配鱼子酱佐蟹肉沙拉（Pickled radish and salmon roe dressing with crab salad）

英国坐拥英吉利海峡、大西洋海域、爱尔兰海峡，海鲜自然是桌上常客。大西洋是世界有名的金枪鱼、三文鱼产地，沿岸国家不乏盛产鱼子酱与金枪鱼。在这里，你所有饕餮海鲜的愿望可以一次满足。鲑鱼鱼子酱，在口中粒粒爆炸，释放无比鲜美滋味，搭配腌渍金枪鱼，鲜甜风味瞬间仿佛带你到大海航船上。蟹肉沙拉加上新鲜蔬菜，你就是大西洋上准备扬帆起航的杰克船长，一盘吃尽英国海味，变身海上霸主吧！

2. 成都—马德里航线

推出特色餐：薯饼火腿（Tortilla Española & Jamón ibérico）

Tortilla Española 的意思是马铃薯蛋饼主食，是西班牙最家常的地道美食之一，是西班牙妈妈的味道，朴素却难以忘记；Jamón ibérico 盐腌火腿也是西班牙街头巷陌最寻常的风景，细腻的油脂与粗犷的海盐香气弥漫在每一个小吃店里。首都航空同样把这两种味道端上旅客的餐桌，并且搭配了烤时蔬，让旅客踏上机舱就像踏进西班牙田野深处的农庄，热情的当地家庭端出拿手好菜，耳边立刻响起手风琴的声音，这道菜就是"西班牙原野"。

3. 青岛—墨尔本航线

推出特色餐：澳洲菲力牛排佐红酒汁（Australian Filet Steak with Red Wine Juice）

澳大利亚的牛排是世界知名食材，相信你应该听到"澳洲肥牛"这样的说法。的确，澳大利亚出产的澳洲和牛，由于均匀细腻的油脂分布，以及绝佳的风味，被世界各国的食客所喜爱，这当归功于澳大利亚先进的畜牧科技。澳洲和牛所采用的分级制度，是以肉质与油花均匀程度，分成 M1～M12 等级，号码每大一级，牛肉的口味就会上升一个次元，让人欲罢不能。现在，首都航空为你精选澳洲优质牛排，搭配烤时蔬，极品美食，高端享受。鲜嫩牛肉与新鲜蔬菜的碰撞，分分钟让你置身澳洲农庄，体验一番澳式"风吹草低见牛羊"的美景。

4. 北京—里斯本航线

推出特色餐：香煎鳕鱼配马铃薯佐橄榄蒜味汁（Roasted codfish and potato with garlic sauce in olive oil）

葡萄牙人偏爱鳕鱼，因其肉质细腻，香味馥郁。精选厚切鳕鱼排，再加上风味酱汁，搭配应季烩时蔬。鲜嫩温润的银鳕鱼，每一口都是大海的滋味；爽口鲜蔬，像是迷人的清凉海风，入口瞬间，就仿佛遨游葡萄牙深海，沐浴沙滩阳光。

材料来源：民航资源网．http://news.carnoc.com/list/439/439857.html

第一节　亚洲主要客源国的饮食民俗

一、日本

日本人的饮食习惯受其特殊的地理环境的影响，饮食一般以大米为主食，蔬菜、鱼与肉为副食。日本人对各种海味格外青睐，尤其是生蚝肉、生鱼片；喜欢吃泡菜及用酱、蔬菜、豆腐、香菇、紫菜等海味菜制成的"味噌汤"。在口味上，日本人喜欢吃清淡、少油腻、味鲜带甜的菜肴。可以说日本的饮食文化是世界上最细腻、最考究的饮食文化，日本和食在2013年被联合国列入世界非物质文化遗产。日本的代表性美食主要有以下几种。

（1）生鱼片。这是最具代表性的日本名菜。日本人食生鱼片约有500年的历史。生鱼片味道鲜美，富有营养。做生鱼片的鱼必须新鲜，生鱼片日语里叫作"刺身"，主要以鲷鱼、鲆鱼、鲽鱼、鲈鱼、金枪鱼、鲣鱼等为材料。现在，日本人把贝类、龙虾等切成薄片，也叫刺身。其吃法多种多样，通常是把切好的生鱼片放在盘子里，再放上萝卜三丝、紫苏枝、紫苏叶、海草，另外在一个盛有酱油的小碟里拌上芥末、白萝卜和紫苏花，然后就以生鱼片蘸着这种拌有作料的酱油吃，这体现出日本人亲近自然的饮食文化。

（2）寿司。寿司（见图3-1）即"日本饭团"，是一种带菜或调料的大米饭团。吃时蘸酱油，并佐以醋渍的生姜片。覆盖着生鱼片的寿司是日本最流行的食物。日本最初的寿司是用发酵后的鱼和米饭一起做成的食物，与我国南北朝时期"鱼鲊"的做法十分相似。寿司的主要材料是米饭，煮熟后加入适当的寿司醋、糖、盐等调味，外部包裹海苔、紫菜、蛋皮、豆腐皮、春卷等，馅料常用的有海鱼、蟹肉、贝类、淡水鱼、鱼子、煎蛋和时令鲜蔬，如香菇、黄瓜、生菜等。寿司种类繁多，且因地而异，比较流行的有东京握制寿司、关西压制寿司、狐狸寿司等。现在寿司还发展出了很多品种，日本刺身寿司拼盘如水果寿司、素寿司等都非常好吃，口味清新，而且不必蘸芥末，很受女性朋友的喜爱。

图3-1　日本寿司

（3）弁当（便当）。即盒饭，也是日本人传统的饮食习惯。弁当内不仅有米饭，而且有副食菜码,外加一小瓶酱油,还有一双筷子。弁当的最大优点是携带和食用都很方便。近年来,弁当的副主盒更加讲究营养,丰富多样,已增加到五六种,甚至十余种,包括肉、鱼、蔬菜、小菜等。

(4)天妇罗。天妇罗是油炸食品的总称,而不是某个具体菜肴的名称。这是一种用面粉、鸡蛋与水和成浆,将新鲜的鱼虾和时令蔬菜裹上浆放入油锅炸成金黄色的食物。吃时蘸酱油和萝卜泥调成的汁,鲜嫩美味,香而不腻。天妇罗的名字来自葡萄牙,大约已有150年的历史。天妇罗的烹制方法中最为关键的是面糊的制作。天妇罗以鸡蛋面糊为最多,调好的面糊叫天妇罗衣,做面衣用的面粉,日语叫薄力粉,就是面筋少的面粉。这种面糊做出来的天妇罗挂面薄而脆。夏季调面糊的水最好是冰水。天妇罗的种类很多,如蔬菜天妇罗、海鲜天妇罗、什锦天妇罗等。

(5)茶道。日本人注重茶道、茶艺,仪式十分烦琐。在日本,精于茶道被认为是有身份、有修养的绝好表现。日本人喜欢饮茶,并对茶的饮用颇有研究,现已发展成为日本特有的茶道。简而言之,茶道由四个要素组成,即宾主、茶室、茶具和茶。茶道共分四个程序,即"怀石""中立""御座入""点淡茶",目前只简化为最后一个程序了。茶道有四规七则。四规为:和、敬、清、寂。七则为:茶要浓淡适口;添炭煮茶要注意火候;随着季节的变化,茶水的温度要与之相适应;插花要新鲜;时间要早些;不下雨也要准备雨具;要周到地照顾所有的客人,包括客人的客人。由此可见,茶道包含着艺术、哲学、道德等因素,是接待亲朋、宾客,交流情感,增进友谊的一个渠道。

(6)用筷禁忌。日本人同我国一样也使用筷子。不过,日本人在使用筷子时有些很讲究的规矩,这就是所谓的"八忌":勿用舌头舔筷子;勿以筷子在餐桌上乱晃悠;以筷子夹菜后不宜接二连三地夹菜;勿以筷子放进嘴里舔、咬,或以筷剔牙;勿把筷子插在食物上;勿用筷子拨动小碟或其他碗具;勿以筷子放在碗、碟上面;勿以筷子从菜的当中扒弄着吃。

二、韩国

韩国的饮食丰富多彩,别有特色。饮食的主要特点是高蛋白、多蔬菜、喜清淡、忌油腻,味觉以凉辣为主。家庭便饭由饭、汤、菜三类组成。而最富有民族特色的冬季副食品要算是韩国泡菜了(见图3-2),最常见的是白菜和萝卜。韩国饮食花色品种很多,不胜枚举。

图3-2 韩国泡菜

（1）主食。韩国人自古以来把米饭当作主食。以水稻文化闻名于世的韩国，米饭是他们的传统食物。韩国人做米饭时，有时为了提味，还在米饭中掺入小豆、绿豆、大麦等杂粮。用糯米和小豆做成的"红饭"表示喜庆之意，是喜庆之日常见的主食。米糕是韩国传统节日食品，原料是糯米和粳米，做法有"蒸糕"和"打糕"之分。韩国人还很喜欢吃拉面。不过此拉面并非手工制作，而是相当于中国的方便面。拉面在韩国不仅是家中常备，在大多餐馆也是榜上有名。韩国拉面面饼更筋道，有的还加入了大米粉或土豆粉，怎么煮都爽滑可口，味道也很有地方特色。拉面品种也很多，如泡菜味拉面、石锅牛肉味拉面、海鲜汤面等，以辛辣的居多。加了辣椒粉、年糕和鸡蛋的拉面被称为"红蛋糕"，吃完后，由于辣度极强，往往令人涕泪横流，让人大呼过瘾。

（2）菜肴。韩国菜肴以炖煮和烤制为主，基本上不做炒菜。他们喜欢吃面条、牛肉、鸡肉和狗肉，不喜欢吃馒头、羊肉和鸭肉。

凉拌菜。韩国人普遍爱吃凉拌菜。凉拌菜是把蔬菜直接切好或用开水焯过后，加上佐料拌成的。还有生拌鱼肉、鱼虾酱等菜肴。生拌鱼肉，是把生肉、生鱼等切成片，加上作料和切成丝的萝卜、梨等，再浇上加醋的酱或辣酱拌成。韩国人爱吃辣椒，家常菜里几乎全放辣椒。韩国人比想象的更能食辣，饭桌上的大部分菜肴都带有辣味，只是与中餐川、鄂、湘、云、贵等地的辣截然不同，辣度稍轻，且辣中带有咸、甜、酸等复杂口感。

汤类。汤类也是韩国各家庭中每餐必不可少的。韩食中的汤用蔬菜、山菜、肉鱼、大酱、咸盐、味素等各种材料制作。牛肉是最常用的汤料，此外还用猪肉、鸡肉、兔肉、山羊肉、野鸡肉等做汤。另外，贝类、鱼、海藻也是做汤的常用材料，其中用得最多的是海带和紫菜。韩国人习惯吃饭时先喝口汤或先将汤匙放汤里蘸一下，叫作"蘸调匙"。酱油和大酱是韩国人饮食生活中用途最广、最受重视的调味料。用酱油调咸淡的叫清汤，用大酱调咸淡的叫大酱汤；先清炖，然后再调咸淡的叫清炖汤。

（3）韩果。"韩果"是韩国自古以来的祭祀供品，也是婚礼仪式或饮茶时食用的韩国传统点心，一般是面粉加上蜂蜜、麻油后油炸的"油蜜草"，或是将水果或蔬菜用蜂蜜腌制而成的"蜜煎果"。韩国人在生日、结婚、祭祀、回家等重要的日子都要制作糕饼祈求平安，农历三月初三要做杜鹃花饼糕，中秋时做松饼等。

韩国人大都席炕而食，饭桌矮小，吃饭要用匙，夹菜要使筷，坐姿要端正和彬彬有礼，显示出儒雅而有教养。如果与长辈对席，要让长辈先吃，然后自己再动匙；如果先于长辈吃完，要将自己的匙子横放在餐具上，待长辈用膳完毕，再将自己的匙子取下放在食案上。由此可见，于饭桌之上也体现出韩国人礼仪至上的传统。

三、蒙古国

蒙古人的饮食习俗具有鲜明的游牧民族的特点，千百年来，奶食和肉类一直是蒙古人的两种主要食物。牛奶是蒙古牧民的主要食物来源。奶食大致有以下五种：白油、黄油、奶皮子、奶豆腐和奶醋。除了奶食之外，肉食可称得上是蒙古人的第二食品，蒙古人最喜欢和吃得最多的是羊肉。羊肉吃法很多，有手扒肉、羊背子、全羊、石烤肉等，其中以手扒肉最为普遍。除羊肉外，还食用牛肉和野味，但一般不吃马肉。

奶茶是蒙古人的传统饮料，一日三餐都要喝。到蒙古人家里做客，家家户户都以奶茶招待。其中，马奶茶是蒙古牧民最爱喝、最尊崇的饮料。另外，它也是蒙古人祭祀的供品和表示祝福的物品。

奶酒或蒙古酒，是蒙古人的又一种饮料。它的酒精度不高，牧民们常用来招待贵宾。

四、泰国

泰国的饮食民俗呈现以下特点：① 菜肴用料以蔬菜、水果和海鲜为主。泰国是一个物产丰富的国家，绿色蔬菜、水果、海鲜极其丰富，因此泰国菜用料主要是蔬菜、水果、海鲜。蔬菜质料新鲜，美味的水果或成为每餐的配料，或成为经常烹调的材料。泰国人在饮食嗜好上注重菜品的风味特色，一般喜好咸辣口味。泰菜色彩鲜艳，红绿相间，卖相极佳。② 善用调料。泰国还是一个"调料在舌尖上跳舞"的国家。泰国人善用调料，爱用香料。走在泰国的街头巷尾，总会有一股股混合的香味冲入鼻端。香茅草、青柠檬、罗勒、暹罗姜、泰椒、鱼露等都是泰餐中不可或缺的调味料。泰国美食的精髓可以说就是利用各种食材、调味料，使酸甜咸辣苦完美融合的佳作，不让甜压过了咸，也不让辣掩住了酸。泰国菜的调料极为丰富，除了以加入椰酱的咖喱酱为基本调味料，还有柠檬草、虾酱、鱼露以及十几种本地特产的香料，而辣椒的辣度由温和到极辣的口味都有。③ 饮食口味地域差异大。由于地理环境多样，因此不同地方的饮食口味也不同。泰国中部的人们最爱大米饭搭配烤鸡等主菜；泰国南部沿海海产丰富，人们以海鲜为主要食材，做出了各种海鲜汤、辣海鲜沙拉等；泰国北部的人偏爱糯米饭，甚至早餐也常见烤猪肉串配糯米饭；泰国东北部的人口味偏重，青木瓜沙拉是颇受青睐的代表菜式。

在泰国，深受人们喜爱的食物有：柠檬虾汤或冬阴功汤，一种用虾、猪肉、蛋及甜酸酱合炒的脆米粉；泰式咖喱饭，用鸡汤加柠檬与椰奶做成的椰汁鸡；辣牛肉沙拉等。饮料方面泰国人喜欢喝啤酒、葡萄酒，也爱喝矿泉水、橘子水、橙汁、咖啡、可乐、牛奶，尤其喜欢喝冰茶。其代表性的美食有菠萝炒饭、冬阴功汤等。

（1）菠萝炒饭。菠萝炒饭是泰国地道的美味。其具体做法是将菠萝五分之四处横向剖开，将菠萝肉挖出切丁再和香米饭、洋葱、虾、果仁、肉松等混合炒熟，吃起来酸甜爽口，汁水充沛，再用菠萝壳做碗，原汁原味。

（2）冬阴功汤。冬阴功汤（见图 3-3）被称为泰国的"国汤"。在泰语中，"冬阴"意为酸辣，"功"意为虾，所以冬阴功汤的本质即为酸辣虾汤。冬阴功汤口味呈酸辣味，其具体做法是将洗净切好的香茅草、暹罗姜、苦橙叶在清水中煮后加入鱼露，再逐步加入碾过又浸泡了青柠檬汁的小米辣、番茄、虾、椰奶，倒入柠檬汁。一份正宗的冬阴功汤便是要将各种调味料平衡到最完美的比例。冬阴功汤既能令人食欲大开，又能解热祛湿，是泰国人深爱且无法离开的一道美食。所以在泰国，无论是在高档餐厅或街边食摊，均能轻易寻觅到它的身影，甚至在 7-11 便利店中也有冬阴功口味的方便面出售。据说冬阴功汤和曾率军驱逐缅甸敌人并创建了吞武里王朝的郑信密不可分。在他当政时期，公主生病，毫无胃口，身体每况愈下，郑信命御厨给公主做一碗酸辣开胃汤。公主喝了这碗汤后身体好转，郑信王亲自将其命名为"冬阴功汤"，并定为"国汤"。

图3-3　冬阴功汤

泰国人在就餐时，人们围桌跪坐，不用碗具而以右手抓食。泰国人用餐离不开鱼虾露和辣椒糊，喜欢中国广东菜和四川菜，不喜吃红烧、甜味的菜肴。槟榔和榴莲是泰国人最喜欢吃的水果。泰国人喜欢喝茶，许多茶馆在热茶中放一冰块来招待顾客。

五、马来西亚

马来西亚是美食家的乐园，世界各地的风味菜肴随处可以品尝到。马来西亚菜和其他东南亚国家的菜肴类似，口味较重，多以胡椒和咖喱调味，又辣又香。马来西亚人多半是穆斯林教徒，所以大多不吃猪肉、贝壳类动物，也不饮酒，以鸡肉、羊肉、鱼肉为主。马来西亚风味食物以烤鸡、羊肉串尤为出名，是各种宴席不可少的名菜。此外酸对虾、椰浆饭、罗惹和酸辣鱼等，都是很受外地客人喜爱的马来西亚食品。

华人在马来西亚为第二大族，华人的煎、炒、烹技术享誉世界，尤以色香味出众，所以马来西亚各族人都喜欢到华人家里做客，品尝中国饭菜。在那里，中餐多是中国广东、福建风味。肉类加上蔬菜，拌或蘸辣椒调味，配以咖喱饭，这是马来西亚最普通的饭菜。

沙爹是马来西亚的一道名菜。沙爹是以竹签串上牛肉或羊肉、鸡肉、虾等，用炭火烤熟，食用时蘸上又甜又辣的花生酱。餐后点心有木薯糕和炸香蕉等。饮料主要有椰汁。马来西亚是一个穆斯林国家，穆斯林禁酒，但马来西亚国产啤酒很受欢迎。马来西亚国产咖啡味道淡而清香，有一股麦茶掺咖啡的味道。

六、新加坡

新加坡的饮食文化中融合了马来西亚、中国、印度等国的特色，味道既有马来西亚菜的辛辣，又有中国菜的鲜浓，还有印度菜的咖喱，呈现出鲜明的多元饮食文化的特征。新加坡的美食中，每道菜都包含着和谐而丰富的元素，彰显着独特的新加坡特色。创新的娘惹饮食文化是新加坡饮食文化的代表。新加坡人很爱吃，也懂得吃，随处可见美食摊档、美食中心,常常是经营到半夜还热闹沸腾。具有代表性的美食有椰浆饭、肉骨茶等。

(1)椰浆饭。椰浆饭的名称来自它的烹饪过程,就是把饭浸泡在浓椰浆里后,再把饭与椰浆的混合物拿去蒸。一盘椰浆饭里要有小凤尾鱼、已烤了的花生与热辣酱料(马来西亚话称作 Sambal),其中的亮点是辣酱。传统上,椰浆饭是被用来当早餐吃的,所以清晨时分,路边档口就能买到。它通常是被香蕉叶包住来卖,大约 2.3 新币(约合 10 元人民币)左右一份。

(2)肉骨茶。到了新加坡,当然不能不品尝鼎鼎大名的肉骨茶(见图 3-4)。肉骨茶是用猪骨和一些常用的中药,如丁香、肉桂、八角、茴香以及芫荽等一起熬制而成的汤。肉骨茶的汤底说起来也有讲究,各家各派都有自己的秘制汤料。肉骨茶可与米饭或是面线搭配享用,在新加坡,也常常配上油条。这样的搭配,营养丰富而且经济划算。肉骨茶是街头巷尾的大众美食,据说是由广东、福建劳工去南洋创业讨生活时带入新加坡的。初到新加坡由于不适应潮热的天气,很多华人患上风湿,便用当归、枸杞、党参等药材来煮药治病,因忌讳而将药称为"茶"。某次有人偶然把猪骨放入"茶"中,没想到"茶汤"喷香美味,超乎想象。后来,经过不断改进,慢慢发展成为今天的肉骨茶。

图 3-4　肉骨茶

新加坡人喜欢吃广东菜,也有的人早点喜欢吃西餐。主食方面,新加坡人爱吃米饭,不吃馒头,下午喜欢吃些点心,不信佛教的人还爱吃咖喱牛肉;水果方面,最爱吃桃子、荔枝、梨等。

七、印度

印度是世界四大文明古国之一,其历史悠久。印度饮食也受到历史文化和民族的影响,南北差异很大。北方受伊斯兰文化的影响,烹饪通常是莫卧儿式的,特点是有许多肉、谷物和面包。南方多素食,特点是米饭和辛辣咖喱,菜品口味较浓,存在"一辣四多"的特性。"一辣"是指普遍用咖喱和辣椒佐味,口味偏辣;"四多"是指奶品多、豆品多、蔬菜多和香料多,体现了南印度人素食为主,俭朴务实的实质。

素食是印度饮食文化的一大亮点,这与其宗教信仰密不可分。由于虔诚的教徒主张素食,所以在比较传统的南方和神圣的恒河沿岸城市很难找到肉食,甚至在有些不太发达的保守地域，即使你提到牛肉都会引起当地人的不满。因此，素食餐厅成为印度餐饮文化的一大特点。

印度人的主食以米饭和面食为主，南部偏爱米饭，北部常见面食。印度人钟爱的面食会以大小迥异、形状不同、做法各异的饼类面目出现，常见的种类有：较厚的发面饼——馕（Nann）、带馅的酥油饼（Paratha）、全麦无发酵小饼（Roti）和南方常见的带馅薄饼——杜莎（Dosa）等。食用面食时，大部分印度人喜欢将饼撕成小块，卷着豆汤或其他菜食用。

印度的菜式口味偏重，无论是青菜还是肉菜，都会使用多种调味料烹制。咖喱毋庸置疑是印度人使用最多的一种调料，据说，制作咖喱的原料就有十几种调味料。在印度，就连国际化的连锁快餐店麦当劳售卖的汉堡中都有咖喱鸡肉的口味，味道相当独特。除了咖喱，辣椒、胡椒、肉桂、丁香等调料也都是印度菜式必备的调料。印度的菜市场内，经常能看到五颜六色的鲜艳调料粉，便是他们日常饮食的调味料了。地道的印度菜，无论素菜还是荤菜，最终大都会被糊状调料掩盖起来，吃起来辛辣味十足，口味之重，会使你肠胃翻腾。除了糊状菜式，餐厅内还可寻觅到少有的干烤鸡肉、素炒青菜等相对清淡的食物，但选择不多。

印度的饮料多种多样：在南方，人们喜欢喝浓咖啡；在北方，人们喜欢喝茶。另外，印度其他的饮料随地方和季节而异，新鲜果汁是印度人普遍喜欢的。不过，酒在印度许多地方是禁止的，尤其是在穆斯林地区。如你想去印度旅行，最好在办签证时申请一种"全印酒类许可证"，这样在禁区就可以携带和消费酒类。

印度人用餐通常不使用餐具。用手抓饭是传统印度人的习惯，他们表示：使用手指可以把米饭和菜汁充分地混合在一起，使食物达到最佳的味道，而勺子却无法将两种食材充分融合。用手抓饭是个十分讲究的习俗，由于过去的印度人如厕后使用左手冲洗，所以在进餐、传递食物或与人握手时，只可以使用干净的右手。虽然用手抓饭依旧是当今印度家庭中主要的进食方式，但大部分家庭会为客人提供叉子和勺子，而在比较正式的餐厅用餐时，印度人同样会使用餐具。在北方，人们用右手的指尖吃东西，把食物拿到第二指关节以上是不礼貌的。在南方，人们用整个右手搅拌米饭和咖喱，并把它们揉成团状，然后食用。印度人用手进食，但不可用手触及公共菜盘或为自己取食，否则，将为同餐的人所厌恶。餐后，印度人将端一碗热水在桌上，供客人洗手。

八、越南

越南属亚热带地区，盛产大米，人们日常的主食是粳米，山区有玉米和薯类。副食品有各种蔬菜、肉、禽、蛋、鱼等。调味品主要有盐、豆浆和鱼露。最普通的饭菜是米饭，白水焯过的蕹菜（俗称"空心菜"）拌以鱼露，鱼露是佐餐必不可少的调味品。农村地区还喜欢做小螃蟹汤。此外，烩米粉、牛肉粥、糯米饭也是受欢迎的大众食品，其中用木鳖（一种蔬菜类植物，果实外皮带小刺，成熟时为红色，可食）果汁拌的糯米饭特别受到喜爱，这种饭看上去晶亮鲜红，味甘且有滋补作用。节日食品以大个糯米粽子独具特色。餐具为中式的碗、筷等。

九、巴基斯坦

巴基斯坦是个伊斯兰国家，其菜肴及饮食习惯深受中东穆斯林地区的影响。一般来说，巴基斯坦菜较辣，且油腻。常吃的肉类有羊肉、牛肉和鸡肉（忌食猪肉）。肉里喜欢放咖喱调味，牛排、羊排和鸡腿加香料烧烤是人人皆爱吃的佳肴。主食有大米和面粉，常常将肉、青菜和调料加进大米里一同炖制，味道十分独特。面食多用烘烤或油炸方式制作。用无酵面煎的薄饼，或是中东风味的圆形厚面饼（称为"馕"）均为常吃的食品。在街上的小吃摊上，可见到一种叫作"沙磨萨士"的油炸角子，做馅的作料主要是马铃薯、鹰嘴豆和青菜。人们还爱喝扁豆汤和咖喱肉汤。"巴非"是巴基斯坦人饭后常吃的一种甜食，它是用乳酪加上各种调料配置而成的。和中国人相似，巴基斯坦人也爱喝茶，但他们喜欢往茶里加些奶，成为"奶茶"。在北方地区，人们还时常往奶茶里加些盐。

第二节 欧洲主要客源国的饮食民俗

一、英国

与法国、意大利、西班牙等国家或地区相比，英国人的饮食相对比较简单。动物性原料以牛肉、羊肉、猪肉、禽类为主，野味也是传统的食物来源，但现在食用鱼类和海鲜反而较少。对于历史上曾经规定过"吃鱼日"，四周是海的英国来说（英国大部分的领土距离海洋最远的都不会超过 60 千米），确实比较奇怪。其实原因很简单，过去英国沿岸的海域捕捞过度，使海产品数量越来越少，高昂的价格使许多人只有到餐馆里才能一饱口福，但大多数英国人并不太喜欢到餐馆用餐。土豆在英国人的日常饮食中常与牛肉一起作为主食，常见的做法是炸薯条和土豆泥。

传统英国烹饪使用的蔬菜较多，有时作为主料，有时作为配料来使用。常见的蔬菜包括四季豆、红花菜豆、蚕豆、红菜头、甘蓝花、椰菜仔、卷心菜、胡萝卜、块根芹、芹菜、球洋蓟、黄瓜、紫菜、青蒜、葫芦、蘑菇、洋葱、莴苣、菠菜、生菜、西红柿等。总的来说，冷鸡、冷肉、火腿、肠子、鱼子、奶酪、煎鱼、烤肉、各种小吃、汤类、面包、甜食等是英国常见的食物品种。英国人还喜欢吃各种水果冻、冰激凌，爱喝橘子汁、汽水、葡萄酒、威士忌、白兰地。传统的英国正餐一般由五部分组成：第一道上汤，第二道上鱼，第三道上肉，第四道是由甜食、布丁等组成的拼盘，最后是甜菜和冰激凌。英国人现在的正餐一般比较简单，通常是头盘、主食和甜品，头盘有时就是汤。甜品之后，有时会上一些奶酪、饼干，再佐以咖啡、白兰地或葡萄酒作为结束。

英国人喜欢喝酒是出了名的。首先英国是一个盛产酒的国家，出产世界知名的苏格兰威士忌酒；其次，大概与英国的气候和文化传统有关。英国的酒馆无所不在，英国人一般喜欢喝啤酒、苏格兰威士忌，对鸡尾酒之类不感兴趣，啤酒有淡、苦、黑之分。炭烤鲑鱼、薯条是传统的下酒小菜，酒馆营业期间还提供午餐及晚餐。除了喝酒，英国人还喜欢喝茶，并有起床之前喝"被窝茶"的习惯，这在其他国家和地区并不多见。

在英国，比较有代表性的美食有英式早餐、猪肉派、坎伯兰香肠。

（1）英式早餐。英式早餐的优质和美味享誉全球。各高端酒店提供的早餐一般是三大种类：英式、美式和亚洲式。标准的英式早餐组合如下：吐司或者乡村面包片，炒蛋，煎太阳蛋，茄汁黄豆，煎蘑菇，约克郡布丁，煎番茄，培根，香肠等。再搭配一杯大吉岭或者正山小种，幸福一整天。

（2）英国猪肉派。一种非常传统的英国食物，冷藏享用，多作为小吃食用，有时也作为正餐的辅助食物。传统做法是用融化的猪油和面粉混合加热搅拌做成酥皮，再把猪肉丁混合各式香草调味后包裹进酥皮里，烤制出来之后，在顶部开一个小洞，注入鸡肉汤或者猪肉汤，为了凝固效果好，如今也在汤里加入吉利丁。

（3）坎伯兰香肠。这是原产于坎伯兰郡的一种香肠。据说最传统的肠一定要用坎伯兰郡所产的猪肉来加工，只可惜如今这种猪已经绝种了，目前能吃到的是其他品种的猪肉做成的。这是酒吧里点单率最高的食物，已有四百多年历史，据说与德国盘肠有一定的渊源。灌制香肠的肉要用手工切、剁，而不能用机器搅拌，以保留一定的咬头口感，并且肠中肉的含量要在90%左右。这种肠的正宗吃法，应该是配上土豆泥和英国苦啤酒。

二、法国

法国被誉为"世界三大烹饪王国"之一。在整个欧洲地区，法国的饮食是相当出名的，法国人对饮食十分讲究，菜肴很丰富，法国大餐在世界上享有很高的声誉。而且世界上一流的大厨师大多都是法国人，他们把饮食视为艺术，除了重视色、香、味外，还讲求饮食的礼节、气氛和情调。法国菜的烹饪用料考究，花色品种繁多，其特点是香浓味厚、鲜嫩味美，讲究色、香、味，但更注重营养的搭配。主食方面法国人最爱吃面食，面包的种类很多。在肉食方面，他们爱吃牛肉、猪肉、鸡肉、鱼子酱、鹅肝，不吃肥肉、除肝脏之外的动物内脏、无鳞鱼和带刺骨的鱼。

法国人的日常饮食比较简单。早餐一般在早上 7:00—8:00，食量不大，一杯牛奶、咖啡或红茶，少许涂着果酱黄油的面包片、羊角面包和鸡蛋。下午 13:00—14:00 进午餐，一般在单位食堂或在"自助餐厅"和酒吧用餐，有沙拉、猪排、牛排加土豆泥（条）及水果等，当然少不了面包。下午 15:00—18:00，很多人去咖啡馆喝咖啡，用小食品。晚餐是主餐，一般在晚上 20:00—22:00 进行，晚餐有浓汤、沙拉、主菜（猪排、牛排）、奶酪、面包、水果等，桌上一般有葡萄酒等饮料。法国的干鲜奶酪世界闻名，有"奶酪王国"之称，品种有 300 种之多，各具特色。法国的葡萄酒产量高，质量上乘，香槟酒享誉世界。

法国具有代表性的美食有肥鹅肝、蜗牛和黑松露。

（1）肥鹅肝（见图 3-5）。最早学会享受鹅肝的是罗马人，但把它发扬光大的是法国人。在法国的高级餐厅，鹅肝都是作为开胃菜上来的，搭配红酒煮樱桃或红酒煮梨，下面垫着法国红萝卜和法棍面包，吃起来别有一番滋味。搭配着略带甜味的白酒或香槟，绝对让人味蕾大开。现在也有很多快餐公司把这样的美食制作成鹅肝酱,以便人们在家或办公室里也能品尝到这种美食。

图 3-5 法国鹅肝

（2）肉中黄金——蜗牛。享受法国美食,首选肯定是蜗牛。法国人每年要吃掉 6 万吨蜗牛肉,折合 30 万吨鲜活蜗牛,其中 90%以上依靠进口。巴黎专营蜗牛食品的商店有 500 多家。蜗牛是世界四大美食之首,不仅含高蛋白,而且低脂肪、零胆固醇,口感和味道也优于鲍鱼、海参,在以前,法国人将食用蜗牛视为时髦和富裕的象征。现在的法国餐厅菜单上一般都有蜗牛做成的菜肴,搭配蒜茸面包一起食用,味道爽口宜人,搭配着香气十足的白葡萄酒更是让人感到惬意。

（3）黑松露。法国的松露品种属于黑松露,产量占全球第二,仅次于意大利（属白松露）。松露是生长在橡树根部下的天然蕈种,对阳光、水量、土壤酸碱值的要求很挑剔。法国人对松露尤其痴迷,过去它是法国贵族饮酒时不可或缺的顶级食材,松露因此也带有了奢华的神秘意象。食用松露,传统的方法是用特殊的切片器将松露切为极薄的薄片,然后生食,或与黄油、干奶酪一起撒在宽面条、炒蛋或者意大利空心粉上。与面包同吃,滋味无比美妙,若能搭配浓郁的红酒,在细嚼慢咽间更能品味松露的奢华口感。

三、瑞士

在瑞士的饮食文化中具有代表性的就是"方度"这种奶酪。在这个人均奶酪消费量每年多达 20kg 的国家,不吃奶酪,就跟四川人和湖南人不吃辣、东北人不吃猪肉炖粉条一样奇怪。从嗅觉上,"方度"像极了臭豆腐中的极品,闻起来三观尽毁,入口却觉得不可思议,欲罢不能。每次吃"方度",瑞士男女老少基本都会把锅底结成的奶酪锅巴抢个精光。

四、德国

德国人的口味较重,偏油,主食以肉类为主。德国人的早餐简单,喜欢喝咖啡,吃小面包、黄油和果酱,或少许灌肠和火腿。午、晚餐很丰盛,一般家庭都备有各种盘子、碟子、杯子和刀叉。德国人常吃的食物有面包、土豆、奶酪、黄油、香肠、牛奶、生菜沙拉和水果等，喜食香蕉和苹果。德国各地都有一些地方风味，如猪肝肠、猪血肠、煎小鱼等。咖啡、茶、矿泉水、果汁、葡萄酒和啤酒为日常饮料。其中葡萄酒较为有名，莱茵河和摩泽尔河的葡萄酒享誉国内外。啤酒在德国有"液体面包"之称。德国人不喜欢过辣的食物，不爱吃海参，忌食狗肉。

德国人饮食有自己的特色。德国人多属日耳曼族，爱好"大块吃肉，大口喝酒"，每人每年的猪肉消费量达 60 多千克，居世界首位。因为德国人爱吃猪肉，也喜欢自己养猪。19 世纪工业革命时期，在德国最大的工业区鲁尔，高楼大厦之间居然辟出了一个个养猪场，用来供应猪肉，满足人们的饮食需求。由于偏爱猪肉，大部分有名的德国菜都是猪肉制品，最有名的一道菜就是酸卷心菜上铺满各式香肠及火腿，有时用一只猪后腿代替香肠及火腿。

德国人非常爱吃土豆，烹调的花样千变万化，除了炸薯条外，还有水煮马铃薯、火烤马铃薯、马铃薯泥以及炸马铃薯饼和马铃薯条。

德国也是世界啤酒生产大国之一，德国人均啤酒消费量居世界首位。

德国面包的历史已有 800 多年，种类繁多，据说超过 400 种。在德国差不多境内所有乡镇都有自家面包工场，烤面包圈和农夫包是面包里最具代表性的。前者配以粗盐、面粉烤制，后者则用黑麦与小麦制成。

五、俄罗斯

俄罗斯人吃早餐比较简单，几片黑面包，一杯酸牛奶即可。而他们对于午餐和晚餐却很讲究，爱吃肉饼、牛排、红烧牛肉、烤羊肉串、烤山鸡、油炸大排、鱼肉丸子、鱼以及油炸马铃薯等。对中国的糖醋鱼、辣子鸡、烤羊肉等也十分欣赏，尤其爱吃北京烤鸭。俄罗斯人午餐、晚餐不可无汤，汤汁一般要浓，同时，也少不了冷盘。另外，俄罗斯人吃饭时常喝啤酒，爱饮烈性酒，特别是伏特加，酒量一般都很大。俄罗斯人喜欢饮酒，但不太讲究菜肴，有酒喝就行。女士们一般喝香槟和果酒，而男士们则偏爱伏特加。伏特加是一种用粮食酿造的烧酒，好的伏特加虽然度数高，但喝后不容易上头。饮茶也是俄罗斯人的嗜好，尤其是喝红茶。喝茶时一般要搭配果酱、蜂蜜、糖果和甜点心。俄罗斯的饮茶文化源远流长，早在 18 世纪，俄罗斯的一些城市就开始生产茶具，其中图拉被公认为是真正的茶炊之都。茶炊是俄罗斯传统饮茶文化的象征，在今天的俄罗斯，茶炊已经成为了温馨家庭的独特标志。

俄罗斯菜肴的品种丰富多彩，"俄式大餐"在世界上很有名气。珍贵的鱼子酱，正宗的罗宋汤，还有传统小煎饼，都是非常具有民族特色的。在俄罗斯餐桌上最常见的就是各种各样的肉类食品，几乎每餐都会有牛肉、羊肉、牛排、香肠等。此外，正餐的第一道菜——"汤"也颇具特色，由白菜、萝卜、西红柿、土豆、肉、甜菜、桂皮等熬制的红菜汤更是美味。在饮食习惯上，俄罗斯讲究量大实惠，油大味厚。他们喜欢酸、咸味，偏爱炸、煎、烤、炒的食物，尤其爱吃冷菜。总的讲起来，他们的食物在制作上较为粗糙一些。

俄式薄饼是俄罗斯历史最为悠久的食物之一，迄今已经有数百年历史。据考证，俄语里的"薄饼"是从"推磨"这个动词变音和变形而来，这暗示薄饼是用面粉做成的。最早的薄饼使用的是荞麦面粉，随着人们生活水平的提高，荞麦面粉被口感更为细腻的小麦面粉替代。薄饼是俄罗斯人的传统食物，在一些传统节日里都有吃饼的风俗，例如"送冬节"（又称"烤薄饼周"），有一句俄罗斯谚语说，"不吃饼就不算过（送冬）节"。"送冬节"一般是2月底至3月初，节日持续一周，每一天都有不同的庆祝方式，不过共同点是每天都要吃薄饼。金黄色的薄饼象征太阳，表示春天来临和白昼越来越长。

六、意大利

意大利的饮食与法国相似。意大利菜以原汁原味闻名，烹饪技艺可以与法国媲美。意大利菜肴源自古罗马帝国宫廷，有着浓郁的文艺复兴时代佛罗伦萨的膳食情韵。意大利被称为"欧洲大陆烹调之母"，在世界上享有很高的声誉。意大利菜多以海鲜作主料，辅以牛肉、羊肉、猪肉、鱼肉、鸡肉、鸭肉、番茄、黄瓜、青椒、大头菜、香葱等烹成。制法常用煎、炒、炸、煮、红烩或红焖，喜欢加蒜蓉和干辣椒，略带小辣，火候一般是六七成熟，重视牙齿对食物的感受，以食物略硬而有弹性为美。

意大利菜的特色可以用"醇浓、香鲜、断生、原汁、微辣、硬韧"12字来概括。意大利特色饮食有佛罗伦萨牛排、罗马魔鬼鸡、那不勒斯烤龙虾、巴里甲鱼等。意大利面（见图3-6），又称为意粉，是西餐品种中中国人最容易接受的。意大利面通体呈黄色，耐煮、口感好。意大利面用的面粉是一种"硬杜林小麦"，久煮不糊。它的形状与我们熟知的面条也不同，除了普通的直身粉外还有螺丝型的、弯管型的、蝴蝶型的、贝壳型的等，林林总总数百种。与大餐相比，意大利面、薄饼、米饭、肉肠和饮料等更上一层楼。

图3-6　意大利面

意大利人有早餐喝咖啡，吃烩水果，喝酸牛奶的习惯。酒，特别是葡萄酒，是意大利人离不开的饮料，不论男女几乎每餐都要喝酒，甚至在喝咖啡时也要掺上一些酒。

七、西班牙

西班牙是美食家的天堂,每个地区都有著名的饮食文化。马德里是西班牙的首都。马德里的烹调融合了西班牙各地的烹饪手法,以至于美食家们有时都会为是否存在马德里式烹饪而争论。有很多来自安达卢西亚、加里西亚、阿斯图里亚斯以及其他地区的移民在马德里安家落户,使马德里的美食变得更加丰富。

西班牙汇集了西式南北菜肴的烹制方法,其菜肴品种繁多,口味独特,主要美食有派勒利、利比利亚火腿、鳕鱼、虾、牡蛎、马德里肉汤、葡萄酒等。西班牙人喜爱中国的川菜、粤菜,尤其喜爱中国的糖醋浇汁菜肴。欣赏中国的烤乳猪、炸雏鸡、干煎大虾、松鼠鱼、香酥鸭等风味菜肴。

西班牙人的主食以面食为主,也吃米饭,喜食酸辣味的食品,一般不吃过分油腻和咸味太重的菜。早餐习惯喝酸牛奶,吃水果;午餐和晚餐通常要喝啤酒、葡萄酒或白兰地酒,饭后则喝咖啡及吃水果。西班牙人的午、晚餐时间和别处不一样,通常下午 14:00—16:00 吃午餐,晚上 21:00—23:00 用晚餐。人们一般在上午 11:00—13:00、下午 6:00—20:00 到酒馆喝啤酒,再配上精致小菜下酒。

西班牙人爱喝葡萄酒、雪利酒、苹果酒、啤酒。他们喜饮凉水,不习惯喝热开水,不喜欢喝热汤。他们喝中国绿茶、菊花茶时常要求加糖。

西班牙代表性的美食有它帕、海鲜饭、西班牙火腿等。

(1)它帕。它帕(Tapa)指的是饭前开胃的小菜或是两顿正餐之间的点心,在西班牙的饮食文化中占有很重要的位置。在有些酒馆,它帕是随酒附送的。说起它帕,那简直就是西班牙的饮食国粹,小面包上配点儿各种小菜,味道有的甜有的酸,还有的带点儿奶油乳酪味。虽说配料样式各有不同,但味道都很不错。

(2)海鲜饭。西班牙海鲜饭(见图 3-7)是巴塞罗那的骄傲,种类繁多,颜色也是红、黄、黑、白,十分鲜艳。最有代表性的是什锦海鲜饭,使用的海鲜种类最多,用料最足。

图 3-7 西班牙海鲜饭

(3)西班牙火腿。西班牙火腿(见图 3-8)的魅力无穷大,甚至作为电影标题出现过。它由生猪腿经过长时间的晾晒风干,只加盐制成,味道十分独特。基本上所有西班牙人的家里都会有一两条整只的火腿，吃的时候用特制的刀具将其切成薄而透明的片，端上餐桌。

图 3-8　西班牙火腿

八、葡萄牙

葡萄牙人以面食为主，喜食面包，有时也吃米饭。爱吃牛肉、猪肉及水产品，常吃土豆、胡萝卜等。饮酒有讲究，当地所产酒的度数不高。葡萄牙最有代表性的美食是葡式蛋挞和鳕鱼。

葡式蛋挞（见图3-9）的大名，几乎无人不知。葡式蛋挞最早起源于19世纪中期，是由里斯本热罗尼莫斯修道院的修女发明的。19世纪末，葡挞被带到了澳门，后来成为了澳门著名的小吃，也就是我们中国人熟悉的葡式蛋挞。与澳门的蛋挞相比，葡萄牙蛋挞馅儿更甜、皮儿更脆，吃起来也更让人回味。正宗的葡萄牙蛋挞从卖相上看与我们在国内买的葡式蛋挞差别不大，甚至还要比肯德基的蛋挞小一点儿。但是一把它拿到嘴边，便能闻到浓浓的甜香。咬上一口，甜中带香，馅儿软皮儿脆，不黏不腻，口感恰到好处。爱好甜食的葡萄牙人还喜欢在蛋挞上撒大量的肉桂粉和糖霜粉，鸡蛋和牛奶组成的甜香，混着肉桂的辛香，这就是葡萄牙人最爱的味道。

图 3-9　葡式蛋挞

鳕鱼：葡萄牙人将鳕鱼奉为"国菜"。鳕鱼不仅是葡萄牙人日常餐桌上的常菜，更是款待尊贵客人的必备佳肴。葡萄牙每年都需要从芬兰、挪威等北欧国家大量进口鳕鱼，因此葡萄牙人食用的鳕鱼多是咸鳕鱼干。尽管并没有新鲜的食材，葡萄牙人仍表示自己掌握了365种烹调鳕鱼的方法，天天吃也不会重样。在大量以鳕鱼为主要食材的葡式菜肴中，鳕鱼丝炒鸡蛋土豆丝、烤鳕鱼加烘小土豆、奶油焗鳕鱼和高汤炖鳕鱼是最有特色也最受欢迎的做法。最特别的是烤鳕鱼加烘小土豆，在炭火的炙烤下，鳕鱼表面散发出淡淡的焦香，配以金黄小土豆，再淋上烧热的葡萄牙优质橄榄油，肉质滑润，滋味咸香。特别是加上芦笋、扁豆等新鲜时蔬搭配，味道格外清爽。

九、比利时

比利时人以富有生活情趣出名，饮食文化受到法国料理的些许影响，以各式海鲜贝类最著名，代表菜是淡菜配薯条。淡菜是一种黑壳的海贝，也叫贻贝、青口或海虹，比利时人通常用芹菜葡萄酒清煮，配以油炸的薯条。这道既可以作为主菜也可以当小吃的贻贝薯条，是深受许多比利人喜爱的休闲零食。薯条是最最普通的东西，比利时人却把它做到了极致。我们应该感谢比利时人，为我们提供了这样一个享用土豆的美妙方式。你可以很轻松地在比利时的大街上找到炸薯条的小店，他们会为您提供最美味的酱料以供佐食。

比利时的甜品十分出名。喜欢吃甜品的人可以在这里品尝多种蛋糕、蛋奶烘饼及具有比利时独特口味的约400多种巧克力。巧克力作为比利时的特产，与瑞士巧克力齐名。著名品牌有金边（Cote d'or）、雅克（Jacques）和嘉勒博（Callebaut）。味道从传统的榛子和易溶的糖衣杏仁口味，一直到最有异国情调的香蕉味、草莓味和朗姆酒味，应有尽有。负责供应王室的巧克力店有4家，分别是GODIVA、GALLER、MARy和COTEDOR。

比利时的啤酒也久负盛名。这个只有美国马里兰州大小的小国有大约800家啤酒厂，产出了非常多的啤酒，现有350多种，其中最受比利时人喜爱的是BELIRIUM和CHIMAY。

第三节　美洲主要客源国的饮食民俗

一、美国

美国是一个幅员辽阔的国家，美食种类并不匮乏，但真要追根溯源，似乎绝大多数食物都不源于美国本土，这与其移民国家的属性有关。由于美国融合了多民族文化，大部分国家的美食也随移民在美国发扬光大。如汉堡、三明治、比萨饼，甚至早餐、午餐必点的法国吐司，都是由早期欧洲移民传承下来的；美国西南部的墨西哥菜式，是由拉丁裔居民带来的；越南菜、泰国菜、中国的川菜和粤菜、日本菜、韩国菜等也广受美国人的喜爱。

美国人的生活节奏比较快，也表现在用餐上。美国人的口味比较清淡，喜欢吃生、冷食品，如凉拌菜、嫩肉排等，一般不食用猪、鸡等畜禽的内脏。热汤也不烫，菜肴的味道一般是咸中带甜。煎、炸、炒、烤为主要烹调方式，不用红烧、蒸等方式。以肉、鱼、蔬菜为主食，面包、面条、米饭是副食。甜食有蛋糕、家常小馅饼、冰激凌等。美国人喜欢吃青豆、菜心、豆苗、刀豆、蘑菇等蔬菜。所用肉类都先剔除骨头，鱼去头尾和骨刺，虾蟹去壳。早餐和午餐相对较为简单，果汁、面包、麦片、牛奶、咖啡是较普遍的早餐食品。美国人最喜爱的午餐食品是汉堡包和三明治，此外还有比萨饼、热狗等。晚餐一般比较丰盛，常吃的主菜有牛排、猪排、炸鸡、火腿等。早餐一般在 8:00 左右，午餐一般在 12:00—14:00，晚餐一般在 18:00 左右。他们在临睡前有吃点心的习惯，成人以水果、糖果为主，孩子则食用牛奶和小甜饼。美国食物味道清淡，一餐中一般仅一道主菜，沙拉和咖啡是必不可少的。

美国人在餐馆、快餐店就餐较为普遍，快餐业已经对传统餐饮业形成威胁。最受欢迎的快餐当属遍布美国城市乡镇的麦当劳，其次是汉堡包大王、肯德基家乡鸡及必胜客比萨饼等。在有着"民族的熔炉"之称的美国，可以见到形形色色的具有各民族特色的餐馆，如法国、意大利、希腊、瑞士、印度、匈牙利风味餐馆均可见到。随着近几年华裔人口的增加，中餐馆数量猛增，也越来越受到华人和美国人的认同。墨西哥、日本、韩国餐馆也有不断增加的趋势。每逢节假日，美国人还有野餐和户外烧烤的习惯。

说到美国饮食，咖啡和甜点是必须提到的美食。咖啡和甜点的搭配，一直受到美食爱好者的青睐。星巴克式的连锁咖啡店虽然生意火爆，但并不能成为咖啡爱好者的终极选择。对于咖啡的原料、烘焙和口味，每个爱咖啡的美国人都有自己独到的见解。很多美国人喜欢家里摆上一台咖啡机，买上乘的咖啡豆自己制作香气四溢的咖啡。苹果派是另一种美国人钟爱的甜食，在感恩节火鸡大餐之后，女主人经常会准备南瓜派和苹果派作为餐后甜点。苹果派单吃有些酸甜，配上香甜可口的冰激凌，就能盖住苹果的酸味，中和新鲜出炉的苹果派的热度，吃起来口感味觉都是最佳的。美国人不太喜欢喝茶，而爱喝冰水和矿泉水，平时爱将威士忌、白兰地等充当饮料。

烤火鸡：烤火鸡（见图 3-10）算是美国最传统的食物，可以占满整个烤箱的大火鸡是每家必备感恩节食品。在节日前的一两天就需要将火鸡腌制在调料中准备。在节日当天，将提前准备好的食材塞进火鸡肚子中，经过 3~4 小时的烤制才能完成。对于火鸡的做法，每个美国家庭都有自己的方法，就连肚内的食材也大不相同。讲究食材的家庭主妇，通常会有一本家传菜谱，里面详细讲述每道菜的制作过程。

图 3-10　烤火鸡

小费文化：通常在快餐店是不需要支付小费的，自己去端菜，自己送盘子，自然不需要感谢服务员，比较大方的食客会在桌上放上一美元表示感谢。咖啡店、甜品店内也不用支付小费，但很多美国人习惯将找回的零钱投入餐厅放置的小罐内，作为小费。在需要正式点菜用餐的餐厅，根据顾客个人情况，需要支付消费金额的 10%~25%作为小费。有些高档餐厅或者在用餐人数过多的情况下，餐厅会将小费提前记入账单内，这样就不用再一次支付小费了。

二、加拿大

由于加拿大是个移民国家，因此在不同地区均可品尝到使用了新鲜材料的各国饭菜。

加拿大人的早餐和午餐都比较简单，但标准的早餐相对量大质优。一份典型的加拿大早餐应有一杯饮料，两片烤面包或薄煎饼，一两个煎鸡蛋，几片煎肉片和一些水果。当然在实际生活中，人们可根据自己的嗜好选择不同的饮料和食品。午餐一般从家里带，或在快餐店、单位食堂就餐，通常是三明治面包加蔬菜、水果或罐头食品，以及饮料。晚餐通常是全家人聚在一起的最重要、最丰富的正餐。晚餐通常以汤开始，主菜包括鸡肉、牛肉、猪肉、鱼等肉类和面食，加上土豆、胡萝卜、豆角等蔬菜，最后上甜点、水果、冰激凌、果酱馅饼等搭配，上甜点时伴之以牛奶、咖啡和茶等饮料。

加拿大人的饮食有如下偏好：讲究食品的质量，注重菜肴的营养、卫生和新鲜，低脂、低糖、低盐的食品愈来愈受欢迎；口味较清淡，相对喜甜味，一般不用辛辣调味品，喜食烤、煎、炸制作的酥脆食品；肉类和蔬菜、水果类食物消费量较大，面包消费量较小；喜食牛肉、猪排、鸡肉、鸡蛋、西红柿、洋葱、土豆、香蕉、苹果、葡萄干、花生米等食物；喜好的酒与饮料主要是白兰地、香槟酒、啤酒和冰水，其中啤酒消耗量最大，也喜欢喝中国红茶；习惯饭后喝咖啡、牛奶，吃水果；能吃米饭，比较喜欢中餐，尤其是江苏菜、上海菜和山东菜，但忌吃动物内脏和脚爪。

加拿大的代表性美食有枫糖、三文鱼和冰酒。

（1）枫糖。枫糖（见图 3-11）来自加拿大最负盛名的国树枫树，作为世界上最大的枫糖出产国，加拿大枫糖的产量和质量是世界第一。这种珍贵的汁液必须萃取于超过 40 年生长期的枫树，每 40kg 的枫树汁液只能提取 1kg 的枫露。采集枫树液对气温要求非常苛刻，每年收获季节都在三到四月份之间的 4~6 周的时间内，温度只有在夜间为 0℃以下，白天在 5℃以上，才能采出枫树液。枫糖味道古朴天然，香气浓郁宜人。在加拿大每家都要备上一瓶随时用于烹饪或调味，也是旅游及送礼佳品，装在枫叶状的玻璃瓶内的枫糖尤其受欢迎。

（2）三文鱼。三文鱼学名鲑鱼，是深海冷水鱼中的瑰宝，生活在北太平洋和北大西洋寒冷、纯净的海水中。加拿大是世界上仅有的鲑鱼洄游的四个国家之一，每年 7~10 月，会有成千上万条三文鱼到加拿大佛雷瑟河上游的亚当斯河段繁衍后代，而观三文鱼洄游也成为了加拿大很受欢迎的一项旅游活动。优越的地理环境和优秀的生态环境，使加拿大拥有世界上最丰富的野生三文鱼资源。如此鲜活健康的三文鱼，无论是作为寿司、生鱼片来生食，还是熏烤、煎炸、炖汤，都是非常美味的。最有特色的莫过于烟熏三文鱼了，新鲜的鱼肉被熏烤成红宝石一般颜色，口感比生食略干，有嚼劲，口味香浓，味道层次丰富到想流泪。

（3）冰酒。冰酒（见图3-12）可算是加拿大的镇国之宝。冰酒的酿造对地理气候要求极为严苛，自然环境要求纬度高、温度低，冬季要天寒地冻，其他季节又要足够温暖，因此全球只有几个国家适合生产冰酒。对于加拿大来说，也只有安大略省（安省）和英属哥伦比亚省（BC省）有能力生产。由于气候原因，BC省出产的冰酒较安省出产的要贵30%，因其能够酿造出世界顶级的冰酒。加拿大冰酒口感清润、甜美醇厚，既可单独饮用，也可与水果、乳酪、蛋糕、甜品等搭配来饮用。冰酒富含维生素、氨基酸以及多酚类化合物，不仅好喝，对人体健康也有益处，说它是加拿大的国宝，也不为过。

图3-11　加拿大枫糖

图3-12　加拿大冰酒

三、巴西

巴西人的饮食习惯随民族和居住地的不同而各异。圣保罗州居民的饮食以意大利风味居多，南部的圣塔卡林纳州人则以德国风味为主。

（1）巴西烤肉。烤肉（见图3-13）是巴西有名的风味菜。如果要拍一部《舌尖上的巴西》，有关巴西烤肉的内容必须放在第一集。巴西的烤肉和它的足球一样享誉全世界，该美食发源于巴西最南端的一个州，那里的牧民经常聚集在篝火旁以烘烤的大块牛肉为食，久而久之，巴西烧烤就这样传播开来了。所以现在巴西烤肉仍数南里奥格兰德州的烤肉味道最美，就是因为这里的烤肉历史悠久，技术娴熟，经验也最丰富。巴西烤肉的特点是熟而不老，香而不腻。其中最受巴西人喜爱的一种烤肉叫"比卡纳"，它肉质细嫩，含脂肪很少，因烤得鲜嫩，用刀一切，还渗着血丝。

（2）烩豆。它被誉为巴西的国菜，在巴西主食中，巴西特产黑豆占有一席之地，大多数巴西家庭每天会做一顿黑豆饭。"烩豆"是将猪蹄、杂碎、黑豆放在砂锅里炖制而成，味道十分鲜美。

图 3-13　巴西烤肉

（3）咖啡王国。巴西素有"咖啡王国"之称，是世界上最大的咖啡消费国之一。巴西人有喝咖啡的习惯，咖啡在巴西人的生活中占有很重要的地位，几乎每个家庭每天都喝咖啡。

（4）瓜拉那。这是巴西特有的一种饮料，它来源于瓜拉那树，这种树是巴西特有的一种野生植物。瓜拉那饮料具有多种功能，比如能生津解渴、退火清热，还可以提神健脑，防止动脉硬化，治疗神经痛及腹泻痢疾，还能在一定程度上起着恢复青春、抗衰老和延年益寿的作用。如今，巴西是世界上生产和出口瓜拉那的主要国家。

四、墨西哥

墨西哥人的饮食是在当地土著居民传统风格的基础上，吸收了欧洲等国特别是西班牙的烹饪技艺之后逐渐发展起来的。墨西哥人的传统食物主要是玉米、菜豆和辣椒，被称为墨西哥人餐桌上的"三大件"。墨西哥人口味清淡，喜欢咸甜带酸的食物，烹调以煎、炸、炒为主，大多数人吃西餐，也偏爱中国的粤菜。爱喝可乐、啤酒、白兰地和威士忌等。

（1）玉米之乡。墨西哥是玉米之乡，人们说玉米是"墨西哥人的面包"。墨西哥人可以用玉米制作出各种各样的美食。首先是玉米饼，这是一种包裹着肥美猪肉或鸡肉的食物，当地人称其为"塔克"。还有一种被当地人称为"Pozole"的玉米肉汤，也是墨西哥极具特色的传统珍馐。"Pozole"的历史最早可以追溯到西班牙人入侵之前，随着历史的发展流传至今，逐渐成为墨西哥人最喜爱的菜肴之一。每逢重大节日或是家庭活动，它都会出现在墨西哥百姓的餐桌上。此外许多人喜欢喝玉米面粥，吃玉米面饼，还有肉炸玉米卷，卷饼中包鸡丝、沙拉、洋葱、辣椒做的馅，吃起来鲜脆可口，叫作"达科"，还有嫩玉米冰激凌等。

（2）仙人掌。墨西哥有"仙人掌之国"（见图 3-14）的美称，当地人喜食仙人掌，他们把仙人掌与菠萝、西瓜一起当作一种水果食用，并用它配制成各种家常菜肴。

此外墨西哥盛产辣椒，因此他们也特别能吃辣椒。在食用昆虫方面，墨西哥也是世界上消耗量最大的国家。

图 3-14　墨西哥仙人掌

五、阿根廷

阿根廷有三宝：探戈、足球和烤肉。作为三宝之一，烤肉是阿根廷最有代表性的美食。阿根廷人大都是西班牙人或者意大利人的后裔，所以他们的饮食文化掺杂了欧式西餐的风格。但是阿根廷也有自己独特的文化，几个世纪发展下来，也发展出了有别于欧式西餐的饮食风格。

（1）烤肉。阿根廷人爱吃肉，牛肉、羊肉和鸡肉是最常吃的几种。这里有世界上最棒的牧场，有得天独厚的自然环境，所以阿根廷的牛肉也算是世界上数一数二的，被出口到世界各地。但是阿根廷人吃牛肉不喜欢太复杂的制作步骤，而用最简单的炭烤方式，先洒点盐巴，然后炭火烤至外表略焦黑，大概六七分熟。这时烤肉外香里嫩，如果切开后还能有粉色肉汁，就说明烤得很到位了。不过阿根廷人吃烤肉也不是单纯地只吃肉，他们也很爱吃蔬菜。阿根廷阳光充足，气候整体干燥，蔬菜的病虫害非常少，所以蔬菜都是有机、天然而新鲜的。搭配烤肉的就是新鲜的蔬菜沙拉，吃一口肉配一口蔬菜，荤素搭配，酣畅淋漓。

（2）马黛茶。只要去过阿根廷的人，就一定会知道马黛茶（见图 3-15），那就是阿根廷人每日必喝的"仙草茶"。在阿根廷的大街小巷穿梭，你可以看到几乎所有当地人的手里都会拿着一把茶壶，也就是独具个性的马黛茶茶壶。在阿根廷，已经有四百多年的马黛茶饮用历史了。据研究，马黛是世界上营养物质最丰富的植物之一，比起我们传统的茶和咖啡营养高一些，它可以促进人体新陈代谢，补充各种矿物质和维生素等。因此尽管阿根廷人以烤肉为主食，也有不少胖子，但是阿根廷却是世界上三高和心血管疾病发病率非常低的国家，这和他们日日喝马黛茶有直接的关系。

图 3-15　马黛茶

第四节　非洲主要客源国的饮食民俗

一、埃及

埃及人的饮食多种多样，十分丰富，具有浓郁的北非和阿拉伯风格。他们通常以"耶素"为主食，"耶素"是一种不用酵母的平圆形的面包。

埃及人喜食羊肉、鸡、鸭、鸡蛋以及豌豆、洋葱、南瓜、茄子、胡萝卜、土豆等食品。在口味上，他们一般要求清淡、辣、甜、香、不油腻。烤羊肉串、烤全羊是他们喜爱的佳肴。他们习惯用自制的甜点招待客人，客人如果谢绝不吃，会让主人失望也失敬于人。埃及人在正式用餐时，忌讳交谈。在他们看来，吃饭时进行交谈是在浪费粮食，尤其是在吃"耶素"时更是如此，否则会被认为是对神的亵渎行为。

埃及人一般都遵守伊斯兰教教规，忌讳喝酒，喜欢喝红茶。他们有饭后洗手，饮茶聊天的习惯。他们不吃虾、蟹等海味，动物内脏（除肝脏外），鳝鱼和甲鱼等。埃及人就餐时很少使用菜单，用餐人往往吃了上道菜还不知道下道菜是什么。

二、南非

南非有具有浓郁风情的非洲美食。南非的美食重镇是开普敦，开普敦是南非美食的发源地，长久以来深受西方及非洲饮食文化的影响，形成了自己独特的美食文化，许多来南非的游客都为这里美味菜肴的繁多所折服。这里既有各色各样的本地风味佳肴，也有融合了世界各地口味的美食。众多的美味，如非洲野猪、鳄鱼、鸵鸟、山羊、珍珠鸡以及羊百叶（由绵羊胃的内层制成）等，使南非饮食在整个非洲大陆范围内占有重要的一席之地。

在南非，大多数黑人以大米和玉米为主食，白人的饮食习惯为大块牛排、炸土豆丝和煮得很透的青菜。另外，意大利烤馅饼也很流行。在旅游城市中，以开普敦的菜肴较有名气。餐馆里的菜以荷兰菜和马来西亚菜的混合口味为主，但很少加香料和糖。另外，在这里可以吃到熏鳝鱼肉片，其味道近似火鸡却胜似火鸡，肉煮得又嫩又鲜，味道很不错。除了佳肴，开普敦周围的葡萄园所产的葡萄酒也是有名的。近年来，由于去南非的华人增多，在约翰内斯堡地区的中国餐馆日渐兴旺，因为其价廉、实惠，在大学校园里也可以吃到中餐。

南方当地白人平日以吃西餐为主，经常吃牛肉、鸡肉、鸡蛋和面包，爱喝咖啡与红茶。黑人喜欢吃牛肉、羊肉，主食是玉米、薯类、豆类。不喜生食，爱吃熟食。

南非著名的饮料是如宝茶。在南非黑人家做客，主人一般送上刚挤出的牛奶或羊奶，有时是自制的啤酒。客人一定要多喝，最好一饮而尽。

三、肯尼亚

肯尼亚人的主食有米饭、烙饼、面包、甜食等,副食有肉类、鱼类、禽蛋、各种蔬菜、水果。肯尼亚的烤肉和烤鱼都很出名。烤肉多以明火烧烤,酱料一般采用多种香料混合而成,风味十分独特。由于肯尼亚是一个野生动物资源十分丰富的国家,所以烤肉用的也是野生动物肉,比家养的动物肉蛋白要高许多。肯尼亚的烤鱼多数是以当地出产的新鲜鲈鱼和非洲鲫鱼制作,这两种鱼类的肉质不但鲜美,而且有入口即化的特点。烤鱼的做法很简单,只是把鱼放在烤架上烤熟,然后抹上酱料,配上新鲜的蔬菜。肯尼亚盛产茶叶、咖啡,这也是肯尼亚人喜欢的饮料。肯尼亚人有用手抓饭的习俗。

四、尼日利亚

尼日利亚人对生活、对美食非常热爱,其中代表性的美食就是苏亚。

在尼日利亚,苏亚是一种在街头随处可见的美食。每串苏亚的价格从 200 奈拉到 500 奈拉不等(约合人民币 8～20 元)。苏亚烤熟后,小贩用一种极为锋利的长条形小刀迅速将冒着热气的肉一块块从竹签上割下,配上削成碎块的生西红柿和洋葱,撒上辣椒粉,锡纸一裹,外面再用旧报纸一卷,卷成个颇为讲究的圆柱形,可供食客携带。苏亚的制作要领是把牛肉、鸡胗等切成薄片,穿上竹签,用花生酱和各种香料腌制后,用炭火烤制。炭火的高温透过调料,瞬间将肉汁封存在苏亚之中。咬上一口,鲜嫩多汁,滋味绝佳。

在尼日利亚的卡拉巴等地,有专门制作苏亚的烧烤夜市一条街。这里或许没有五光十色的大商场、丰富多彩的夜生活,你却可以品尝到最好的烤肉和拥有最惬意的心情。街边露天烧烤摊旁,你可以端着马耳他(Malta,当地一种麦芽糖饮料)、啃着苏亚,和尼日利亚友人一起谈谈天气、聊聊生活。

第五节 大洋洲主要客源国的饮食民俗

一、澳大利亚

澳大利亚的饮食文化呈现多元化的色彩,特别是亚洲饮食十分兴盛,其主流是中国餐。20 世纪初,糖醋排骨、黑椒牛柳、杏仁鸡丁就已经成为风行一时的菜肴。现在你可以在澳大利亚任何一个小镇里看到中式餐馆。在大城市里的唐人街中餐馆、酒楼就更是鳞次栉比,不胜枚举,在各国风味餐馆中,中餐馆的数目是最多的。

澳大利亚家庭的饮食习惯一般是三餐加茶点。早餐(早上 7:00—8:00),主要食品有牛奶、麦片粥、火腿、煎蛋、黄油、面包;午餐(中午 12:30—13:30),多以快餐为主,通常是冷肉、冷菜、三明治、汉堡包、热狗等;晚餐(19:30 左右)是一天中的正餐,食物丰盛，多有热菜、炖煮、烤烧肉食等，并饮用配餐酒和啤酒等。早茶（上午 10:30 左右）和午茶（下午 16:00 左右）以咖啡和茶为主，加上饼干、小点心等甜食。

澳大利亚人的口味有以下特点：注重菜肴色彩，讲究新鲜、质高；口味爱甜酸味，不喜欢太咸；主食喜欢吃面包、面食，尤其喜欢吃中国的水饺；喜欢吃鸡、鸭、鱼、海鲜、牛肉、蛋类，也喜欢豆芽菜、西红柿、生菜、菜花等；偏爱采用煎、炸、炒、烤烹调方式制作的菜，味精、酱、姜、胡椒粉是他们常用的调料；喜欢喝冷饮、啤酒、葡萄酒，饭后喜欢喝咖啡，也很爱饮红茶、香片花茶；喜欢吃新鲜水果，以荔枝、苹果最受欢迎；喜食花生米。

澳洲和牛：这种牛与日本和牛的饲养方式一致，每头澳洲和牛也都拥有足够大的房子和私家庭院，据说"在会所里"喝啤酒听音乐也是日常标配，散步、慢跑，和邻居闲聊社交随心所欲，每天睡觉前的洗澡搓背"马杀鸡"也不能少。养尊处优容易，格调高雅不易，就是这种高品位和"上层生活方式"培养出了如上天赏赐的宝贵礼物一样的澳洲和牛肉。悉尼岩石区的 The Cut&Grill 餐厅有一道招牌菜，顶级澳洲和牛肉微火慢烤 4 个小时，嫩肉、脂肪和瘦肉清晰地三分列在一整块带骨牛排上，多汁到在口中的不像是牛肉，而仿佛是一种口感奇特的香甜水果。

二、新西兰

作为英联邦的属国与移民国家，新西兰的美食兼收并蓄，集各国佳肴之所长，形成了独特的环太平洋饮食风味。新西兰的"环太平洋"料理风格受到欧洲、泰国、马来西亚、印度尼西亚、玻利尼西亚、日本和越南的影响。由于采用全世界最新鲜的食材烹调，再加上厨师的锐意创新，菜肴既能保持原料的原汁原味，又别具一格。新西兰物产丰富，主要有羊肉、鹿肉、龙虾、三文鱼、鳄梨、草莓及奇异果等肉类、海产品和水果，新鲜味美，因此，素有"美食天堂"之誉。

新西兰人的日常饮食为牛奶、奶酪、面包及牛羊肉。新西兰菜肴的特点是油少而清淡，注重色、香、味，家常食品有猪扒、牛扒、烧牛羊肉等，青菜烧拌牛肉是新西兰人的家常菜。新西兰人喜欢喝啤酒，也喜欢喝茶。新西兰毛利人经常利用地热蒸制牛肉、羊肉、马铃薯等食品，这些食品通称为"夯吉"。

新西兰人酷爱甜食，对口感上乘的冰激凌情有独钟。其中最具特色的一款便是风靡新西兰的 Hokey Pokey 冰激凌——撒上片片蜂巢，冰爽香甜。奶油水果蛋白饼（Pavlova）也是新西兰人的最爱，这道甜点巧妙融合了奶油和新鲜水果，是举家欢庆圣诞的必备点心。

新西兰的肉类产业非常发达，可以满足"无肉不欢者"的任何需求，牛肉、羊肉、鹿肉都值得推荐。以天然放牧方式饲养的新西兰牛肉，肉质口感比牛棚饲养的牛肉更有弹性、韧性，嚼起来鲜嫩多汁。牛肉略带酸味的口感及自然原始的牛肉香气，更具开胃的效果。羊肉的吃法很多，犊羊肉做的羊排，几乎没有羊膻味，肉质柔软；以香草腌渍的羊肉，再炭烤或嫩煎，佐以酱汁，搭配芋泥或薯条，风味独特；羔羊羊胸肉类似五花猪肉，肥瘦相间，烹调出的菜肴香气充盈而肉质嫩滑，适合加工制作羊肉卷与烧烤。鹿肉肉质精瘦鲜嫩、味道鲜美可口，是不可多得的烹饪材料。除了肉之外，鹿的肝脏、肾脏、心、脑和舌头同样是难得的美味佳肴。将鹿肉在大锅里烹煮大约 3 个小时，配以甘草、当地优质的黑比诺红葡萄酒、蔬菜和百里香草，外面再包一层薄熏肉，想想就让人垂涎欲滴。

 课后阅读

阿联酋航空推出独家美食与葡萄酒机上频道

民航资源网 2018 年 10 月 9 日消息：阿联酋航空近日正式推出了其独家美食与葡萄酒频道，为乘客讲述阿联酋航空与其全球合作伙伴如何携手打造出色机上菜单背后的故事。

该频道揭秘了阿联酋航空已斥资七亿美元投资高品质葡萄酒项目，同时，获奖无数的厨师们还奉上了各地特色或应季美食菜单。阿联酋航空美食与葡萄酒频道现已在所有航班的机上娱乐系统上线，如图 3-16 所示。

图 3-16 阿联酋航空美食与葡萄酒机上娱乐系统线上频道

（供图：阿联酋航空）

美食频道细致展示了阿联酋航空厨师如何开发菜单和精心选取机上餐食原料，如图 3-17 所示。每年，阿联酋航空约为乘客提供 1.1 亿份机上餐食，对于头等舱（见图 3-18）、商务舱和经济舱的餐品质量秉持同样细致的严格把控。节目讲述了阿联酋航空如何通过全球范围内的长期合作伙伴关系（包括当地供应商和工匠），将最优质的产品带到飞机上。前两集将观众带到意大利的翁布里亚，在这里，阿联酋航空从 Monte Vibiano 采购橄榄油；又带观众到斯里兰卡，去了解阿联酋航空如何选择在机上供应迪尔玛茶。

图 3-17 阿联酋航空独家机上美食频道

（供图：阿联酋航空）

第三章　主要客源国的饮食民俗

图 3-18　阿联酋航空头等舱

（供图：阿联酋航空）

节目还介绍了机上美食中部分独具特色的地方菜谱，乘客可以学做阿联酋航空拿手菜大虾手抓饭（Prawn Machbous），或者尝试在家做出经典的可丽饼。这些菜谱也同样可以在 emirates.com 找到。美食频道目前已上线两集，更多内容将在 2019 年陆续推出。

阿联酋航空餐食部高级副总裁 Joost Heymeijer 表示："我们尽心尽力为全舱乘客提供美好的餐饮体验。我们在餐食准备和酒品选择上费尽心力。美食与葡萄酒频道（见图 3-19）将让乘客更加了解我们的美食和饮品供应理念、餐饮策略以及我们如何与合作伙伴通力协作。此外，我们的教程和食谱还可以让乘客带一些有趣的东西回家。"

图 3-19　阿联酋航空葡萄酒频道（一）

（供图：阿联酋航空）

"因此，如果乘客正在享用诸如 2004 年侯伯王庄园这样的优质葡萄酒，就可以通过机上的葡萄酒教程来帮助他们欣赏和了解该酒品与同类酒的细微差别与独特之处。同理，如果乘客刚刚在飞行时享用了红烧椰子牛排，并希望在家中烹饪，那么就可以通过我们的美食频道学习这一菜谱。"他补充道。

葡萄酒频道还推出了一部纪录片，介绍阿联酋航空葡萄酒采购策略，以及如何与世界上最优秀的酿酒商建立直接联系，并获得一些佳酿的独家购买权。阿联酋航空在窖藏葡萄酒方面投资巨大，并在过去十年中打造了一个强大的葡萄酒项目。每天，阿联酋航空在全球的航线网络上，为乘客提供超过 80 种葡萄酒、香槟和波特酒，如图 3-20 所示。

该频道还推出了一系列葡萄酒品酒教程。阿联酋航空集团下属 MMI 公司优质葡萄酒负责人 Oliver Dixon 和阿联酋航空葡萄酒采购团队的部分成员将带领观众品鉴美酒，对酒商的历史及酒品的各种风味进行点评和解密。目前已有 10 集节目上线，不久将补充更多葡萄酒教程。

图 3-20　阿联酋航空葡萄酒频道（二）

（供图：阿联酋航空）

阿联酋航空 ice 机上娱乐系统不但提供制作精良的美食与葡萄酒节目，还包含 3 500 个其他可点播娱乐频道，包括电影、屡获殊荣的电视集锦、成千上万的音乐曲目、播客和游戏。ice 还提供其他丰富内容，包括由专家带来的 LinkedIn 学习课程，涵盖领导力、综合管理和市场营销等主题，以及为初学者提供的 uTalk 语言课程。

目前，阿联酋航空的机队中，有超过 170 架客机配备了电视直播设备，可播放体育比赛实况直播和实时新闻资讯。超过 99%的阿联酋航空客机提供机上 WiFi 服务，所有舱位的客户都可享 20 兆免费数据流量。阿联酋航空 Skywards 会员可以依据不同的舱位等级享受无限免费使用或优惠的机上 WiFi 服务。

材料来源：民航资源网．http://news.carnoc.com/list/464/464835.html

【本章小结】

本章分别介绍了亚洲、欧洲、美洲、非洲、大洋洲等主要客源国的饮食习俗及各个国家代表性的美食。通过学习各国的饮食特点和代表性的美食，可以帮助我们更好地去认识各国的饮食文化，理解中外文化的差异，为未来的民航工作打下良好基础。

【思考练习】

1．日本代表性的美食有（　　）。
　　A．寿司　　　　　B．天妇罗　　　　C．冷面　　　　　D．烤肉
2．法国人最喜欢的美食有（　　）。
　　A．肥鹅肝　　　　B．蜗牛　　　　　C．馅饼　　　　　D．黑松露
3．巴西的美食特产是（　　）。
　　A．烤肉　　　　　B．烤火鸡　　　　C．瓜拉纳　　　　D．三文鱼
4．在饮食习俗中禁食猪肉的国家有（　　）。
　　A．埃及　　　　　B．美国　　　　　C．德国　　　　　D．韩国
5．下列属于美国饮食文化特点的有（　　）。
　　A．快餐文化　　　　　　　　　　　B．喜喝冰水
　　C．喜食生冷食物　　　　　　　　　D．烤火鸡为节日食俗

第四章

菜点知识

飞机餐是航空公司提供服务的重要组成部分，作为空中乘务员掌握必要的中西菜点知识及航空餐搭配知识是非常必要的。本章对空中乘务员在为乘客提供餐饮服务时需要掌握的中西餐菜点知识进行了重点讲述，同时，也对与乘务员工作息息相关的常见航空餐食搭配知识做了详细介绍。

学习目标

- 熟悉和掌握中国八大菜系的特点及代表菜；
- 熟悉和掌握主要西菜菜系的特点及代表菜；
- 了解和掌握常见航空餐食的搭配。

导引案例

新加坡航空携手COMO香巴拉推出全新机上健康美食

民航资源网2019年9月16日消息：新加坡航空公司与新加坡健康品牌COMO香巴拉宣布，自2019年9月起，将于新航部分航班推出特别打造的健康美食。作为双方合作的一部分，全新健康餐食旨在提升乘客全方位的健康旅行体验。

乘客将可享用一份健康可口的美食菜单，每道菜品都经过精心定制，滋养身心，缓解旅途中的疲乏和压力。为增强人体免疫力，这些菜肴中包含了富含抗氧化物质和微量营养元素的食材，如奇异果、酸奶、甜菜根和草莓（见图4-1），乘客即使在长途飞行之后，依然可以感到精神焕发。此外，还有一些有助于促进消化和循环的餐食（见图4-2），可令乘客在旅途中更加舒适。

图4-1 椰汁水煮鱼

图4-2 五香荞麦南瓜煎饼

该健康餐食在新加坡飞往香港、法兰克福、伦敦、墨尔本、珀斯和悉尼的部分航班上面向头等舱和商务舱乘客提供。此外乘坐新加坡航空从新加坡出发的头等舱、商务舱和优选经济舱乘客也可以通过"名厨有约"服务预订该餐食。

新加坡航空公司客户体验管理代高级副总裁杨丕德先生表示："我们很高兴与COMO香巴拉一起推出这一合作成果。通过COMO香巴拉在综合健康和营养餐食领域屡获殊荣的专业能力，我们将进一步提升乘客的机上餐食体验。"

杨丕德先生说："此次推出的全新健康餐食凸显了我们不断提升产品和服务的承诺，从而为乘客带来更加愉悦的飞行体验。"

COMO 集团烹饪副总裁丹尼尔·莫兰先生表示："这对我们来说是一次很棒的合作。为了用令人难忘的味道激发味蕾，我们采用 COMO 香巴拉的品牌理念和食材处理方法精心打造了这套餐食。相信新航的尊贵乘客将能够在空中享受到这份美食带来的舒畅。"

与 COMO 香巴拉合作推出的餐食，进一步扩大了新航旨在提升乘客舒适感的健康产品。新航也在继续与美国健康专家品牌"峡谷农场"合作，在新加坡至美国的直飞航班，包括 2019 年 9 月起直飞西雅图的航线上，提供深受乘客欢迎的健康计划。

除机上健康餐食外，新加坡航空和 COMO 香巴拉还合作推出了养生文章，旨在帮助乘客了解健康方面的知识与实践，让他们在飞行前、飞行中和飞行后都能获益。这些文章涵盖的主题包括冥想、放松的呼吸技巧，以及长时间不活动情况下的锻炼方法。2019 年 9 月 1 日起，这些文章会与健康美食同时推出，并可以通过新航移动客户端独家下载。

材料来源：民航资源网. http://news.carnoc.com/list/506/506501.html

第一节　中式菜点知识

菜系，也称"帮菜"，是指在选料、切配、烹饪等技艺方面，经长期演变而自成体系，具有鲜明的地方风味特色，并为社会所公认的中国的菜肴流派。我国的菜系，是指在一定区域内，由于气候、地理、历史、物产及饮食风俗的不同，经过漫长历史演变而形成的一整套自成体系的烹饪技艺和风味，并被全国各地所承认的地方菜肴。

中式菜的特点是选料广博、切配讲究、烹调方法繁多、菜品丰富、特色鲜明。汉族发明了炒（爆、熘）、烧（焖、煨、烩、卤）、煎（溻、贴）、炸（烹）、煮（氽、炖、煲）、蒸、烤（腌、熏、风干）、凉拌、淋等烹饪方式，又向其他民族学习了扒、涮等方式，用来制作各种菜肴。菜肴在烹饪中有许多流派。鲁、川、苏、粤四大菜系形成历史较早，后来，浙、闽、湘、徽等地方菜也逐渐出名，于是形成了我国的"八大菜系"：除影响较大的鲁菜（山东）、川菜（四川）、苏菜（江苏）、粤菜（广东）、浙菜（浙江）、闽菜（福建）、湘菜（湖南）、徽菜（徽州）八大菜系外，还有东北菜（东北）、京菜（北京）、冀菜（河北）、豫菜（河南）、鄂菜（湖北）、本帮菜（上海）、赣菜（江西）、客家菜、清真菜等地方特色菜系，代表了各地色、香、味、形俱佳的传统特色烹饪技艺。

一、中国菜系的形成因素

1. 习俗原因

菜系的形成同当地的物产和风俗习惯有关。例如，中国北方多牛羊，常以牛羊肉做菜；中国南方多产水产、家禽，人们喜食鱼肉；中国沿海多海鲜，则长于用海产品做菜。

2. 气候原因

各地气候差异形成不同口味。一般来说，中国北方寒冷，菜肴以浓厚、咸味为主；中国华东地区气候温和，菜肴则以甜味和咸味为主；中国西南地区多雨潮湿，菜肴多用麻辣浓味。

3. 烹饪方法

各地烹饪方法不同，形成了不同的菜肴特色。例如，山东菜、北京菜擅长爆、炒、烤、熘等；江苏菜擅长蒸、炖、焖、煨等；四川菜擅长烤、煸炒等；广东菜擅长烤、焗、炒、炸、蒸等。

二、中国菜系的发展历史

1. 宋代时期

北甜南咸：早在宋代时，中国各地的饮食风俗已经有了区别。《梦溪笔谈》曾记录到："大底南人嗜咸，北人嗜甘。鱼蟹加糖蜜，盖便于北俗也。"在当时，中国人的口味主要有两种：北方人喜欢吃甜的；南方人喜欢吃咸的。当时中国没有吃"麻辣"的，因为，当时辣椒还没有传入中国。到了南宋时，北方人大量移民南方，因此，甜的口味逐渐传入南方。

2. 明代时期

京苏广三式：南宋时，北方人大量南迁。逐渐地，北方的饮食文化影响了南方，在南方地区形成了自己的派系。在北方，蒙古族的饮食习惯也同样影响了北方的饮食文化。到了明代末期，中国饮食文化分为京式、苏式和广式。京式偏咸，苏式、广式偏甜。

3. 清代时期

四大菜系：清代时，据杭州徐珂所辑《清稗类钞》中记载，"肴馔之各有特色者，如京师、山东、四川、广东、福建、江宁、苏州、镇江、扬州、淮安。"清代中期川菜已经形成，到了清末就成为四大菜系之一了；鲁菜也属于京式菜系，因为鲁菜影响力大于北京菜系，所以往往用鲁菜代表京式菜系；苏式菜系绝大部分在淮扬地区，所以苏式菜系也称为淮扬菜；粤菜大部分在广东。于是就形成了中国的京（鲁）、苏（淮扬）、广（粤）、川四大菜系。

4. 民国时期

八大菜系：民国开始，中国各地的饮食文化有了相当大的发展。苏式菜系分为苏菜、浙菜和徽菜；广式菜系分为粤菜、闽菜；川式菜系分为川菜和湘菜。因为川、鲁、苏、粤四大菜系形成历史较早，后来，浙、闽、湘、徽等地方菜也逐渐出名，就形成了中国的"八大菜系"。

三、八大菜系的构成

1. 鲁菜

鲁菜即山东菜系，由齐鲁、胶辽、孔府三种地方风味组成，是宫廷最大菜系，以孔府风味为龙头。鲁菜的形成和发展与山东地区的文化历史、地理环境、经济条件和习俗尚好有关。山东是中国古文化发祥地之一，地处黄河下游，气候温和，胶东半岛突出于渤海和黄海之间。境内山川纵横，河湖交错，沃野千里，物产丰富，交通便利，文化发达。其粮食产量居全国第三位；蔬菜种类繁多，品质优良，号称"世界三大菜园"之一，如胶州大白菜、章丘大葱、苍山大蒜、莱芜生姜都蜚声海内外。

山东菜有"北方代表菜"之称，最长于烹制海鲜，强调制汤，调味多用葱、蒜，最常使用爆、炸、扒、氽烹调方法，菜肴注重清、脆、鲜、嫩。

鲁菜以清香、鲜嫩、味纯著称，一菜一味，百菜不重。糖醋鲤鱼、宫保鸡丁（鲁系）、九转大肠、汤爆双脆、奶汤蒲菜、南肠、玉记扒鸡、济南烤鸭等都是家喻户晓的济南名菜。鲁菜代表菜式有汤爆双脆、油爆海螺、炸蛎蝗、糟溜鱼片、干蒸加吉鱼、扒原壳鲍鱼等。

2. 川菜

川菜即四川菜系，分为以川西成都乐山为中心的上河帮和川南自贡为核心的小河帮。四川菜系各地风味比较统一。川菜历史悠久、风味独特，以"百菜百味"著称。

川菜主要流行于西南地区和湖北地区，在中国大部分地区都有川菜馆。川菜是中国最有特色的菜系，也是民间最大菜系。川菜风味包括成都、乐山、内江、自贡等地方菜的特色。川菜烹调方法长于小煎小炒、干烧干煸，多味重、芡少，麻辣酸香。

川菜的主要特点在于味型多样。辣椒、胡椒、花椒、豆瓣酱、香醋等是川菜的主要调味品，不同的配比，生成了麻辣、酸辣、椒麻、麻酱、蒜泥、芥末、红油、糖醋、鱼香、怪味等各种味型，无不厚实醇浓，具有"一菜一格""百菜百味"的特殊风味，各式菜点无不脍炙人口。其中最负盛名的菜肴有干烧岩鲤、干烧桂鱼、鱼香肉丝、怪味鸡、宫保鸡丁、粉蒸牛肉、麻婆豆腐、毛肚火锅、干煸牛肉丝、夫妻肺片、灯影牛肉、担担面、赖汤圆、龙抄手等。川菜中六大名菜是鱼香肉丝、宫保鸡丁、夫妻肺片、麻婆豆腐、回锅肉、东坡肘子。川菜的代表菜式有樟茶鸭子、鱼香肉丝、宫保鸡丁、怪味鸡、干煸牛肉丝、麻婆豆腐等。

3. 苏菜

苏菜即江苏菜系。江苏菜系在烹饪教学上一般称为"苏菜"，而在一般餐馆中，常常会被称为"淮扬菜"。苏菜由南京、徐海、淮扬和苏南四种地方风味组成，是宫廷第二大菜系。当今国宴仍以淮扬菜系为主。

江苏菜系选料讲究，注重火候，讲究刀工，口味平和，淡而不薄，酥烂脱骨，强调原汁原味，造型讲究，特色鲜明，烹调长于炖、焖、煨、烧、煮、酿。由于江浙地区气候潮湿，又靠近沿海，所以往往会在菜中增加糖分来去除湿气。江苏菜很少放辣椒，因为吃辣椒虽然能够去除湿气，但是容易上火。因此，江浙菜系是以偏甜为主。苏菜擅长取用河鲜，对烹制鱼、虾、蟹、鳝等有独到之处。苏菜主要代表菜式有松鼠鳜鱼、蟹粉狮子头、炝虎尾、拆烩大鱼头、鸡火煮干丝等。

4. 粤菜

粤菜即广东菜，由广府、客家、潮汕三种地方风味组成，在中国大部分地区都有粤菜馆，在国内外影响极大。所以，也有不少人，特别是广东人认为粤菜乃八大菜系之首。不仅在中国的香港、澳门，而且世界各国的中菜馆，多数是以粤菜为主。粤菜是国内民间第二大菜系，地位仅次于川菜；在国外是中国的代表菜系。粤菜以广府风味为代表。

广东菜系口味偏甜，甜度超过杭州菜，但不如江苏菜系和本帮菜，是由于两广地区气候潮湿，又靠近沿海导致的。东部代表菜品有广州文昌鸡、白灼虾、烤乳猪、香芋扣肉、黄埔炒蛋、炖禾虫、五彩炒蛇丝等。客家风味代表菜品有东江盐焗鸡、爽口牛丸、酿豆腐、酿三宝等，表现出浓厚的古代中州之食风。潮汕风味以潮州菜为代表，代表菜品有潮州卤鹅、潮州牛肉丸、水晶包、萝卜糕、猪肠灌糯米、豆酱鸡、护国菜、什锦乌石参、葱姜炒蟹、干炸虾枣等，都是潮州特色名菜，名传岭南地区及海内外。

5. 闽菜

闽菜是以闽东、闽南、闽西、闽北、闽中、莆仙地方风味菜为主形成的菜系，以闽东和闽南风味为代表。

闽东风味以福州菜为代表，主要流行于闽东地区。闽东菜有"福州菜飘香四海，食文化千古流传"之称。闽南风味以泉州菜为代表，主要流行于闽南、台湾地区，和广东菜系中的潮汕风味较接近。闽南菜具有清鲜爽淡的特色，长于使用辣椒酱、沙茶酱、芥末酱等调料。闽南菜的代表有海鲜、药膳和南普陀素菜。

6. 浙菜

浙江素有粮仓的美誉，土地肥沃，山丘连绵，物产丰饶，饮食文化灿烂悠久。浙江菜是全国八大菜系之一，品种丰富，菜式小巧玲珑，菜品鲜美滑嫩、脆软清爽，其特点是清、香、脆、嫩、爽、鲜，在中国众多的地方风味中占有重要的地位。浙菜系就整体而言，有比较明显的特色风格，又具有共同的四个特点：选料讲究，烹饪独到，注重原味，制作精细。许多菜品堪称旷世之作，并以风土人情、风情雅韵来命名，且造型优美；许多菜肴都赋予了一个美丽的传说，文化色彩浓郁是浙江美食的一大特色。具有影响力的有杭州、宁波、温州、金华四个流派，各自带有浓厚的文化特色。

7. 湘菜

湘菜即湖南菜系，以长沙菜为代表。湖南菜系各地风味统一，主要流行于湖南地区。在中国大部分地区都有湘菜馆，是国内民间第三大菜系。湘菜包括湘江流域、洞庭湖区和湘西山区三个地区的菜点特色。

湖南菜的最大特色：一是辣；二是腊。著名菜点有东安子鸡、剁椒鱼头、腊味合蒸、组庵鱼翅、冰糖湘莲、红椒腊牛肉、发丝牛百叶、干锅牛肚、平江火焙鱼、吉首酸肉、湘西外婆菜、换心蛋等。长沙小吃是中国四大小吃之一，主要品种有糯米粽子、麻仁奶糖、浏阳茴饼、浏阳豆豉、火宫殿臭豆腐、湘宾春卷等。

8. 徽菜

徽菜即徽州菜系，不等同于安徽菜。徽菜主要流行于徽州地区和浙江西部，和江苏菜系中的苏南菜、浙江菜系较近。徽菜有两百多个品种，主要特点是：擅长烧、炖，讲究火功，很少爆、炒，并习惯以火腿佐味、冰糖提鲜，善于保持原料的原汁原味。不少菜肴都是用木炭火单炖、单火烤，原锅上桌，不仅体现了徽菜古朴典雅的风格，而且香气四溢，诱人食欲。其代表菜有清炖马蹄鳖、黄山炖鸽、腌鲜鳜鱼、红烧果子狸、徽州毛豆腐、徽州桃脂烧肉等。

四、全国六大饮食中心

（1）北方饮食中心：北京、天津。
（2）西南饮食中心：重庆、成都。
（3）西北饮食中心：西安。
（4）东部饮食中心：南京。
（5）南部饮食中心：广州。
（6）中部饮食中心：长沙、合肥。

第二节　西餐菜点知识

西餐是我国人民对欧美各国菜品和糕点的总称，泛指欧美等西方国家的餐饮文化。与以中国为代表的东方饮食相比，两种饮食存在着很大的差异。例如，在食用方法上西餐采用的是分食制，而中餐采用共食制；西餐主食为面包，中餐主食为米饭、馒头；西餐菜肴的主要原料以牛肉为主，而中餐菜肴的主要原料以猪肉为主且用料广泛。

一、西餐的总体特点

西餐菜肴品种繁多，主料突出，营养丰富，讲究形色，味道鲜香，供应方便，其总体特点如下。

（1）选料精细，要求严格。西菜选料极为精细，在质量和规格上均有严格要求。如牛肉要用黄牛、仔牛和乳牛，羊肉要用乳绵羊等。

（2）调料考究，品种多样。西菜所用调料十分考究，往往需用多种调料制成一种菜肴。西菜常用葡萄酒作为调料，做什么菜用什么酒，常用酒有白兰地、葡萄酒等。

（3）小量操作，工艺细腻。西菜大多以份为单位，习惯于单位操作，如煎牛排，限量煎制，现吃现煎。

（4）讲究营养，注意卫生。西菜在营养成分方面有一定的规格标准，要求畜、禽、水产、蔬菜和水果等必须做到合理搭配。冷菜食品要求极为严格，保存时间不宜过长。

（5）调味沙司。与主料分开单独烹制，不同的菜烹制不同的沙司。

（6）西菜烹调方法有煎、焗、炸、炒、烤、烩、烘、蒸、熏、炖、煮、扒、铁扒、铁板煎等，其中铁扒、烤、焗在烹调中更具特色。

（7）注重肉类菜肴的老嫩程度，特别是对烹制牛肉、羊肉的老嫩程度很讲究。服务员接受点菜时，必须问清宾客的需求，厨师按宾客的口味进行烹制。

二、主要西菜菜系特点及代表菜

西餐饮食文化涵盖的地区较中餐广泛，由于各国饮食特点的不同，西餐也是流派纷呈，风格迥异，味道独特。例如，法国菜鲜浓香醇；英国菜清淡爽洁；意大利菜的面食及小牛肉别具特色；美国菜的水果风味及创新；俄国菜的肥美味重等。在西餐众多的菜式中，较有代表性的是法、俄、英、美、意等国的菜式，这些国家也是我国的主要旅游客源国。

（一）法国菜

法式大菜素以技术精湛著称于世，是西餐菜的代表。

法国菜的突出特点是选料广、精、鲜，常选用名贵原料，如蜗牛、青蛙、鹅肝、椰树心、黑蘑菇等，还选用斑鸠、鸽子、野兔、野鸭、鹿等野味，法国菜讲究生吃。所以选料严格，一定要取用鲜活的原料。

法国菜清淡可口，色偏重原色、素色，配菜装饰格调高雅。调味上讲究两大要素：一是用酒，不同菜点调用不同的酒，规定严格；二是善于使用香料，如迷迭香、欧芹、大蒜头、百里香、回香等。酒和香料的使用，使法国菜闻之香味浓郁，食之醇厚宜人。

烹调方法多样，是法国菜的另一大特点，它基本上包括了西菜近 20 种烹调方法。常用的有煎、烤、烩、焗、铁扒、蒸等。菜点大都以地名、物名、人名来命名，饶有趣味，使食客留下深刻的印象。

法国菜的著名菜肴有鹅肝酱、牡蛎杯、麦西尼鸡、焗蜗牛、马令古鸡、洋葱汤、沙浪牛排、马塞鱼羹、里昂带血鸭、南特奶油鳞鱼等。

（二）俄国菜

俄国菜多方面吸收了欧洲其他国家，尤其是法国菜的长处，并根据自己的生活习惯逐渐形成了独具特色的菜式。

俄国菜的主要特点是油大、味重、制作较简单。"俄式小吃"品种繁多，较为著名。口味上，俄国人喜欢吃酸、辣、甜、咸的菜，特别爱吃烟熏的咸鲟鱼和鲑鱼，腌制过的咸菲鱼。

俄国菜的常用原料有红鱼子、黑鱼子、洋葱、柠檬、酸黄瓜、酸菜等。点心类油炸的居多，还喜欢吃用鱼肉、碎肉末、鸡蛋和蔬菜制成的荤素包子。

俄国菜的著名菜肴有莫斯科红菜汤（又名罗宋汤）、菱油鸡卷、鱼子酱、冷鲑鱼、酸黄瓜、红烩牛肉、串烤羊肉、莫斯科式烤鱼等。

（三）英国菜

英国菜的特点是口味清淡，油少不腻，善于做各种新鲜蔬菜，调料中少用酒和香料。烹调也较简单，一般以清煮、蒸、烩、炸、铁扒为主，习惯把各种调味品放在桌上，由客人随意使用。

英国人早晨起床前，习惯喝杯浓茶（俗称被窝茶）。早餐十分讲究，有"丰盛的早餐"之称，一般有熏咸肉、烩水果、麦片、咖啡、鸡蛋、橘皮果酱、面包等。午餐较简单，有时只吃些三明治，或者用一菜、一汤、点心和咖啡。下午 15:00 左右，习惯吃一些茶点，如蛋糕、咖啡、红茶、三明治等。晚餐则是英国人每日的主餐，习惯吃烧鸡、烤羊肽（羊腿）、牛排，喜食口味较甜的点心和各式布丁。

英国菜的著名菜肴有蘑菇奶油鸡片、烤火鸡栗子酿馅、牛尾浓汤、焗奶酪盖、烤羊马鞍、苏格兰羊肉麦片粥、土豆烩牛肉、烧鹅等。

（四）德国菜

德国人的食物以经济实惠为主，喜欢喝啤酒，吃香肠，以肉食为主，但多种制法的土豆和咸鲱鱼色拉几乎每餐必吃，也是他们的部分粮食。

口味方面，大部分德国人偏爱甜食，一部分人爱吃酸食，有的德国人还爱吃生牛肉拌生鸡蛋。此外，用啤酒制成各式菜肴，如德式啤酒火腿、德式啤酒烩牛肉等，风味特色显著，烹调方法主要有红烧、煎煮、清蒸等。

德国人的早餐一般食用面包、煎鸡蛋、咖啡等，午餐是一天的主餐，主食多为炖和煮的肉类、土豆和沙拉等，晚饭吃的是夹着香肠和火腿的土司（面包）。

德国菜的著名菜肴有烤鹅苹果酿馅、酸猪脚酸菜鞑靼牛排（亦称生牛排）、鞑靼沙司等。

（五）意大利菜

意大利是欧洲古国，其烹饪技艺对整个欧洲有很大影响，被誉为欧洲大陆始祖。意式菜讲究原汁原味，口味浓香。菜肴用番茄酱做调料较多，烹调上以炸、炒、煎、红烩、红焖等方法著称。意大利人对油炸、熏的菜很喜欢，烧烤的菜不多。意大利菜善于运用火候，不同菜的火候要求各异，此点与我国烹饪风格相似。

意大利传统菜式甚多，尤其是面条品种繁多，其中通心粉闻名于世，南部地区更喜欢用面粉做菜，如意大利肉馅寿卷，意大利面片排，意大利发面比萨。

意大利菜的著名菜肴有意大利菜汤、奶酪焗通心粉、蘑菇焗鳟鱼、意大利馄饨、比萨饼、罗马式鸡等。

（六）美国菜

美国菜是在英国菜的基础上发展起来的，在烹调上大致和英国菜相似，对铁扒一类的菜很喜欢，常用水果作为菜肴的配料，如菠萝焗火腿、苹果烧鹅肝、橘子烧鸭等，烹饪食物时注重营养的搭配。

美国菜口味清淡，咸中带甜，少用辣味。美国人烘焙点心，其制作和装饰技艺闻名于世，而冷饮、冻甜点心及色拉也非常著名。美式牛肉扒、美式炸鸡、烩牛肉等也深受欧美人欢迎。

美国菜的著名菜肴有华道夫色拉、马里兰式炸鸡、各式铁扒、剔骨牛排、焗整条酿馅桂鱼、姜汁橘酱鱼片等。

三、西餐的组成

（1）头盘（Appetisers）：也称开胃品或开胃菜，一般数量较少。头盘分为冷头盘和热头盘，分别由冷制和热制食品制成，如生蚝、黑鱼子酱、法式焗田螺等。

（2）汤类（Soup）：分为冷汤类和热汤类两种。要求原汤、原色、原味。热汤中有清汤和浓汤，如法式洋葱汤、奶油汤等。

（3）色拉（Salad）：具有开胃、帮助消化和增进食欲的作用。色拉分为三种：水果色拉、素菜色拉（味淡、爽口，适用于午、晚餐伴，随主菜一起食用）和荤菜色拉（多用于冷盘，可单独作为一道主菜食用）。

（4）主菜（Main Course）：又叫主盘，是全套菜的灵魂，制作考究，既考虑色、香、味、形，又考虑菜肴的营养价值，多用海鲜、禽畜肉作主料，采用炸、焗、烘、烤、煮、蒸、烧等方法制作。

（5）奶酪（Cheese）和甜点（Dessert）：主菜用完后即可用甜点。如有奶酪，要先吃奶酪，奶酪配黄油、面包、芹菜条，调味用胡椒、盐，配喝波特（Port）酒。甜点有冷热之分，是宾客的最后一道餐食。

四、西餐与酒水的搭配

西餐中，酒水与菜式的搭配有一定的规律。总的来说，色、香、味淡雅的酒品应与色调冷、香气雅、口味纯、较清淡的菜肴搭配；香味浓郁的酒与色调暖、香气浓、口味杂、较难消化的菜肴搭配，在难以确定时，选用中性酒类。

（1）餐前酒：用餐前选用具有开胃功能的酒品，如鸡尾酒、软饮料等。

（2）汤类：一般不用酒，如需要可配雪莉酒或白葡萄酒。

（3）头盘：选用低度、干型的白葡萄酒，如法国勃艮第白葡萄酒。

（4）海鲜：选用干白葡萄酒、玫瑰露酒，如法国波杜白葡萄酒等。

（5）肉、禽、野味：选用 12~16 度的干红葡萄酒，鸡肉等白色肉配用酒度不太高的酒，牛、羊肉、火腿等红色肉配酒度较高的酒。

（6）奶酪类：一般选用较甜的葡萄酒，也可以继续使用跟配主菜的酒品。

（7）甜食类：选用甜葡萄酒或葡萄汽酒。

（8）餐后酒：餐后可以选用甜食酒、蒸馏酒和利乔酒等酒品，也可以选用白兰地、爱尔兰咖啡等。

（9）香槟酒在任何时候可配任何菜肴饮用。

五、西餐服务规则

（1）面包：服务时上面包盘和黄油刀，置于餐位左侧，早餐面包配黄油、果酱；午、晚餐面包配黄油。

（2）煮鸡蛋：放在蛋盅内上桌，跟配胡椒、盐、茶匙。

（3）煎蛋、炒蛋：左叉、右刀摆放，热盘盛放，跟配椒、盐盅。

（4）玉米片：用汤盆或大碗盛放，使用汤勺，跟配糖、奶。

（5）咖啡和茶：咖啡上咖啡杯、垫碟、咖啡勺，跟配糖、奶。茶上茶杯、垫碟、茶勺，红茶跟配糖、奶。

（6）海鲜鸡尾杯：用鸡尾酒杯、勺、叉服务，跟配鸡尾酒和调味沙司。

（7）法式田螺：左手边放田螺夹，右手边放田螺叉，跟配法式干面包。

（8）意大利面条：左勺、右叉服务，热盘盛放。

（9）色拉：① 作为冷头盘；② 跟配主菜；③ 作主菜。派汁在餐位左侧。

（10）龙虾：餐位左边摆龙虾钳、小叉，右边摆小刀、龙虾叉。跟配小碟、洗手盅。

（11）牛、羊排：使用牛排刀、主叉。

（12）奶酪：小盘盛放，甜品刀叉食之，跟配黄油、面包、克力架、芹菜条、椒盐。

第三节　常见航空餐食的搭配

一、常见航空餐食的搭配

目前我国民航管理部门对航空公司提供的航空餐食并没有硬性、统一的要求，各航空公司按照不同航线进行配餐：一般航班遇午餐、晚餐时间，且飞行时间在一个半小时（包含一个半小时）以上的，应向乘客分发正餐，如米饭、面条、热便餐（通心粉）等；一个半小时以内，只分发小点心，如花生米、饼干等。当然，一些飞行时间不足一个半小时的热门航线上，各航空公司也拿出各自的招牌菜来吸引客源，如烤鸭、生煎包、虾饺、烧鹅等各地特色食物都会出现在乘客的餐盒里。其他各个国家的航空公司根据航班的飞行时间，会提供多道菜肴、点心、小食等供乘客品尝，例如美国各航空公司飞机餐通常分量较大，质量也比较好，一般包括沙拉、牛排或鸡排、马铃薯与冰激凌等。

（一）航空餐食的主要种类

（1）按照舱别分为头等舱、商务舱和经济舱餐食。

（2）按照餐食的种类，根据各国不同的航线要求，可以分为西餐、中餐，或者马来西亚菜、中国菜、日本菜、韩国菜等，或者可以分为糕点类、水果类、冷荤类、正餐类、饮料类。

（3）按照餐食的特点来分，可以分为坚果类、麸谷类、低盐类、减肥类。

（4）最普通的分法就是普通餐和特别餐。普通餐根据不同国家的特点，分为日餐、西餐、马来西亚餐、越南餐、泰国餐等，其没有什么特别的要求，绝大部分乘客都能接受；特别餐主要针对小孩以及吃一些东西过敏等有特别需求的人来配餐，主要为儿童餐、海鲜餐、穆斯林餐、糖尿病餐、低碳水化合物餐等。

（二）经济客位餐

国内航空公司一般经济客位的航空餐食包括一包餐前小食，如花生、蚕豆等，主食多选取鸡肉、猪肉、牛肉、鱼肉以及米饭、面条；部分航空公司还搭配有水果，如橘子、橙子、小盒包装的当地特色水果，以及面包、蛋糕、小包装的榨菜、辣椒酱等。国外航空公司经济舱餐食一般包括头盘或色拉；肉类主菜，例如以牛肉或鸡肉做主菜，伴以米饭、面条或意大利面/通心粉；亦有蛋糕、面包、三明治等，部分航空公司也会配上冰激凌作为甜品，如图4-3～图4-6所示。

图4-3　中国东方航空经济舱餐食

图4-4　英国航空经济舱餐食

图 4-5　新加坡航空经济舱餐食

图 4-6　阿联酋航空经济舱餐食

经济舱的餐食也会根据不同航空公司的特点、不同的航线、飞行时间的长短来供应。例如，中国香港的国泰航空公司是目前为数不多亦是首家在飞机上备有煎锅、烤面包机、饭煲，以及蒸汽烤箱的航空公司。虽然国泰的出品算不上有多高水平和精致，但胜在够新鲜，能够让乘客品尝上现点现做烤吐司、有机炒蛋、浓缩咖啡或卡布奇诺（Cappuccino）。新加坡航空公司的餐饮多次获得大奖，他们自 1998 年就成立了由各国顶级名厨组成的"国际烹饪顾问团"，其服务也是出了名的贴心，机上有中文服务，航程在 4 个小时及以上的乘客可以自行选择用餐时间，餐具和亚麻餐巾都是纪梵希设计的。新加坡航空公司由米其林主厨掌勺，经济舱的餐食包括金枪鱼苹果芹菜沙拉、肉配米饭、面包卷和绿茶蛋糕等。阿提哈德航空是阿联酋的国家航空公司，他们号称拥有最宽敞的经济舱座位，除了可以吃到阿拉伯风味的餐食外，也可以品尝到牛肉炒面、油菜、蘑菇、蛋面等中式口味的食物。阿提哈德航空还拥有"候令上餐"服务，经济舱旅客也可以不必受时间限制进餐，随时享用美食。

（三）商务/头等客位餐

商务/头等客位的航空餐食在菜式上比经济客位餐更加多元化，同样根据不同航空公司的特点、不同的航线、飞行时间的长短来供应。目前大部分航空公司的商务舱和头等舱餐食一般包括餐前小食、头盘、主菜、餐后甜点和水果等，部分航空公司还供应不同种类的汤、酒水。头盘除西式外，亦可能有寿司等不同特色的食物，主菜亦与餐厅类似，例如牛排、海鲜等。餐后甜点和水果也较经济舱的精致许多，如图 4-7～图 4-10 所示。

图 4-7　中国东方航空商务舱餐食

图 4-8　新加坡航空商务舱餐食

图4-9 英国航空商务舱餐食

图4-10 阿联酋航空商务舱餐食

由于饮食习惯的不同，我国的许多航空公司国内航班上的商务舱餐食和头等舱餐食多以中餐为主，搭配西餐或其他国家和地区有特色的餐食。以海南航空公司的头等舱为例，其早餐有包子、花卷、馒头、油条、肉夹馍、老婆饼、南瓜饼、水晶包、面条、海南腌粉、咸鸭等；午餐和晚餐则配备了一些特色菜肴，如文昌鸡、椰香鱼片、干果鸡丁、卤水鸡、烩海鲜、椰子饭、扬州炒饭等。

目前多家航空公司开通了提前预订餐食的服务，头等舱和商务舱的乘客可以根据自己的喜好通过电话、网络等多种方式来预订餐食。

（四）特殊餐食

考虑到乘客的年龄、宗教信仰、饮食习惯、身体状况、营养需求等多方面的因素，各个航空公司为满足乘客在饮食方面的特别需求，会提供一些特殊的餐饮产品，关于特殊餐食的知识，详见第六章。

二、常见航空餐食设计、搭配的原因

一般来说，航空餐食的保质期只有24小时，在送上飞机后，必须在4小时之内发放给乘客，否则考虑到食品卫生与安全等原因，只能当垃圾处理。由于经济舱的乘客比较多，航空公司大多只对经济舱乘客提供两个品种的餐食，而商务舱、头等舱的乘客人数较少，餐食品牌的选择就相对多一些。

如果不食用航空公司供应的餐食，乘客除了自带食品之外，就不可能有其他选择。也就是说，在飞机上，乘客不可能在其他地方购买食品，所以航空餐食的设计就需要能切合大部分乘客的口味。第一，在飞机上人的活动空间有限，不宜摄入太多高蛋白和高脂肪的食物。第二，任何气味浓烈的香料，始终都会有部分乘客不喜欢，所以航空餐食内一般不会有强烈刺激性的食物，如葱、蒜、韭菜等。第三，部分食材与香料、调料等，食用后会令人有口气，在乘客之间的距离比较近的飞机上，也不适宜食用。第四，在高空飞行时，由于气压减小，体内容易产生胀气，所以不宜食用易产生气体的食物，例如高纤维的蔬菜可能会引起胃胀气。第五，高空飞行会使人的味觉变得迟钝，肠胃变得敏感，所以在餐食调味时，有的航空公司会用小包装的咸菜、榨菜、辣椒酱等来做搭配，以满足不同乘客的

第四章 菜点知识

需求。基于以上原因,一般的航空餐食,通常包括:一份主食,如米饭、面条、意大利粉等;小分量的荤素搭配菜肴;小分量的蛋糕、面包;小分量的水果。这些食品大多数乘客都可以接受,也不会导致口气与胃胀气等现象。

三、常见航空餐食与餐具的搭配

经济舱使用的餐具一般是一次性的塑料餐具,也有部分航空公司使用可以回收的塑料餐具,颜色一般为白色、米色等浅色。商务舱、头等舱的餐具除使用质量较好的塑料制品之外,许多航空公司选择使用瓷质、玻璃质甚至水晶、金银器皿等,带给乘客不一样的用餐体验。因此,航空公司对餐具大小、颜色差别、图案位置、使用频率、损坏程度及使用舒适度等都需要设计和规划。例如,阿联酋航空公司将头等舱的美食盛放在皇家道尔顿的全新细白骨瓷系列餐具中,其纹饰细腻精致、简约大方,与阿联酋航空机上种类繁多的美食相得益彰。除此之外,桌布、餐巾、装饰物等一系列用品和配饰与美食的搭配也非常重要。

各航空公司可以根据所属国家和地区的特色、航空公司的特点、航线的不同来设计和搭配餐具以及其他用品,也可以在特色航班与不同的节日设计和使用不同的餐具,更可以针对不同的顾客群体来设计和搭配不同的餐具,如图4-11~图4-13所示。

图4-11 中国特色的头等舱餐具图

图4-12 阿联酋航空公司头等舱金质咖啡壶

图4-13 头等舱餐食及可爱玩偶装饰

 **课后阅读**

深航 2018 年度"安康杯"厨艺技能竞赛

为展现厨师精湛的业务技能,激发厨师的创新能力,丰富航班餐食品种,深航配餐部生产管理室联合配餐部党总支及团委,于 2018 年 11 月 8 日下午在试餐间隆重举行了以"匠心铸就梦想、技能点亮人生"为主题的第五届"安康杯"厨艺技能竞赛,如图 4-14 所示。

图 4-14　参赛现场图片 1

配餐部领导表示,开展厨艺技能比赛,旨在提高厨师专业技能,培养厨艺工匠,提升技能人才素质,促进厨艺交流及机上餐食创新、创造、创优的热情和活力。

作为落实"安康杯"活动压轴戏的厨艺技能竞赛,生产办公室精心筹划,64 位厨师以"营养、健康、绿色、创新"为产品设计思路,每人分别精心制作了一款头等舱餐食和一款经济舱餐食,共 128 款参赛作品。作品从航空配餐使用实际角度出发,地域和民族特色兼顾,技法娴熟细腻,色泽鲜亮,风味独特,从色、香、味、意、形、养、质等方面体现了菜品的意境和美妙,如图 4-15 所示。

(a)

图 4-15　参赛现场图片 2

图 4-15　参赛现场图片 2（续）

（摄影：谷强）

本次竞赛各厨艺高手大咖齐聚，犹如八仙过海，各显神通，煎、炸、烹、炒，雕、琢、刀、刻，冷暖之间，都亮出了绝活，尽显庖厨本色！充分展现了厨师们非凡的创造力和创新精神。怪味雪花牛、三色奇妙虾球、铁棍淮山烧鲍鱼、泰汁浸银鳕、蒜子河鳗、XO酱爆牛肉粒……看着这些充满诱惑的菜名，已让人口齿生香，垂涎欲滴。杏仁蛋糕，以其惟妙惟肖、栩栩如生的"狗狗"造型深得评委和观众的好评。黑金流沙包、墨鱼汁凤眼饺、焦色之恋、芝士焗蛋挞……这些味道鲜美、造型独特的厨艺作品，仿佛一件件艺术品呈现在展台上，真正打造了一场绝妙的味觉与视觉的饕餮盛宴，如图 4-16 所示。

图 4-16　参赛现场图片 3

（摄影：谷强）

本次比赛特邀中国烹饪大师、餐饮业国家级评委和深航国际酒店行政总厨担任专家评委，保证了竞赛结果的客观公正。根据比赛标准，评委们按色、香、味、型、质、养等方面，认真对菜品进行现场评判打分。热菜、冷荤、甜品成绩之外还有创新和难度加分，不但要求厨师技艺高人一筹，而且要有"令人眼前一亮的感觉"，也激励选手们敢于创新、敢于挑战难度，出精品、创佳作，如图4-17所示。

图4-17　参赛现场图片4

（摄影：谷强）

大众评审们细细品尝每一道"超颜值"美食后，纷纷把手中的"赞"投给了自己最心仪的作品。最终，经过评委和大众评审团的认真评判，评选出了厨艺比赛第一、二、三等奖和最赞热食奖、最赞面点奖和最赞冷盘奖，如图4-18所示。

图4-18　参赛现场图片5

本次厨艺技能竞赛活动只是"安康杯"竞赛活动的一个缩影，不仅展示了厨师们精湛的厨艺和风采，还激发了员工们爱岗敬业、苦练技能的学习积极性，提升了厨师们的专业素质，进一步打造了高品质的空中美食。我们相信，航空配餐的发展必将高屋建瓴，势如破竹。

材料来源：民航资源网．http://www.carnoc.com/aviationtravel/detail.html?pid=33&sid=33&id=470297

【本章小结】

本章主要讲述了空中乘务员在为乘客提供餐饮服务时需要掌握的菜点知识,重点讲述了中西餐菜点知识,同时,也对与乘务员工作息息相关的常见航空餐食搭配知识做了详细介绍。

【思考练习】

1. 请简述中国八大菜系的特点及代表菜。
2. 西餐有什么特点?
3. 试比较法国菜和意大利菜的特点并列举其代表菜。
4. 航空餐食的分类方法主要有哪些?如何搭配和设计航空餐食?

第五章

食品营养与卫生

第五章 食品营养与卫生

航空公司一般是根据飞行航班的线路以及季节性的天气变化，适量配备相应品种的航空餐饮。这种航空餐饮往往是统一配备的，具有一定的"机械性"。尽管航空配餐的生产流程十分严格，但也不能排除在生产、加工、运送等过程中发生食品变质等问题。因此，乘务员应当了解食品卫生与安全常识和航空配餐生产加工、运送的过程，掌握机上餐食管理知识和异常情况处理知识。同时，为了满足旅客的个性化需求，乘务员须掌握营养学的基本知识和相关理论，增强分析和解决飞行中膳食营养和饮食安全等问题的能力，从而减少因盲目配餐送餐所带来的问题。

学习目标

- 掌握食物营养、营养素的概念；
- 了解和掌握主要营养素的功能和食物来源；
- 掌握合理营养、中国居民的膳食指南、膳食宝塔的概念和观念；
- 掌握和了解不同国家的膳食结构特点；
- 掌握和了解特殊人群的营养与膳食特点。

导引案例

厦航率先推出航空营养健康餐

2017年8月8日，厦门航空发布《厦门航空"营养与健康"可持续发展规划》，并举办航空配餐美食节，推出来自不同国家的12位名厨研发的航空营养健康餐，如图5-1～图5-4所示。这是厦航响应《国民营养计划（2017—2030年）》，率先把航空餐从传统饮食服务向科学营养化服务转型的重要举措。这些精美的航空营养健康餐将逐步在飞机上与旅客见面。

图5-1 两位厦航员工在展示航空营养健康餐

图5-2 来自不同国家的12位厨师研发的航空营养健康餐

图5-3 不同国家的厨师展示为厦门会晤专门配置的航空美食　　图5-4 由俄罗斯红烩肉、中国水饺、南非巧克力蛋糕、印度飞饼和巴西烤翅组成的航空配餐

材料来源：新华社．http://www.xinhuanet.com//local/2017-08/08/c_1121450291_3.htm

第一节　营养与营养素

人体是由来自自然界的物质所组成的，包括水、蛋白质、脂类、碳水化合物、矿物质、维生素等。为了维持生命和健康，每个人每天都必须从外界摄入适量的食物，从中获得食物营养以保持人体和外界环境的能量和物质代谢平衡。随着人类物质生活的改善和食物需求层次的不断提高，人们对食物的要求已经由最初的维持自身基本需要，向关注食品品质、营养平衡、追求健康、获得感官和精神享受等方面发展。

一、营养

营养（Nutrition）是指人体为了满足机体生长发育、组织更新和良好健康状态等正常生理、生化和免疫功能的需要，从外界摄入、消化、吸收、代谢和利用食物中养分的生物学过程。

二、营养素

营养素（Nutrient）是指食物中可提供人体能量、构成或修复机体组织、调节生理功能的成分，即食物中对机体有生理功效且为机体正常代谢所需的化学成分。凡是能维持人体健康以及提供生长、发育和劳动所需要的各种物质称为营养素。营养素与基因的相互作用对人类的生长发育、健康长寿等都有潜在影响，可能对某些导致死亡的疾病发生、发展起着决定性作用。食物中营养素既发挥着不同的营养生理功能，又在代谢过程中密切联系，共同参与和调节生命活动，供给人体能量。作为人体的构造材料和生理生化过程的调节物质，对维持人体正常的生理功能，使机体活动能协调运转，发挥着重要作用。因此，营养素既是构成食物的基本单位,也是保证人体健康的物质基础。

三、食品中的主要营养素

人体需要的营养素目前已经知道的有几十种,重要的有蛋白质、脂类、碳水化合物、矿物质、维生素、膳食纤维和水,通常称为七大营养素。其中,人体每日需要量较大的蛋白质、脂类、碳水化合物这三种营养素,统称为宏量营养素,同时因为它们在人体中经过氧化分解可以释放出能量,满足人体需要,所以也被称为三大能量营养素。而维生素和矿物质每日的人体需要量相对较小,故统称为微量营养素。

尽管不同国家、地区和民族食物资源不尽相同,饮食结构存在差异,但人类对营养素的需要是共同的。其中,必需营养素,即人体内不能合成但又是维持生长、健康和存活过程中某些重要功能所必需的营养素,在食物中缺乏或比例不当可造成特异性缺乏病或死亡,且只有摄入足够的该营养素或其前体物质才可以有效预防,如今已确认的至少有四十多种,其中蛋白质、脂类和碳水化合物不仅是构成机体的成分,还可以提供能量。在人体必需的矿物质中,有钙、磷、钠、钾、镁、氯、硫等必需常量元素和铁、碘、锌、硒、铜、铬、钼、钴等微量元素。维生素可分为脂溶性维生素和水溶性维生素。维生素 A、维生素 D、维生素 E、维生素 K 是脂溶性维生素,维生素 B_1、维生素 B_2、维生素 B_6、维生素 B_{12}、维生素 C、泛酸、叶酸、烟酸、胆碱和生物素是水溶性维生素。除了这些营养素外,水也是人体必需的。另外,还有膳食纤维及其他植物化学物等膳食成分对维持健康也是必要的。

如表 5-1 所示为食品中的主要营养表。

表 5-1 食品中的主要营养表

基本营养物质		作　用	食品名称
蛋白质		(1) 构成与修复细胞组织 (2) 人体大部分分泌液的组成要素 (3) 帮助维持适当的体液平衡 (4) 帮助人体抵抗感染	肉类、禽类、鱼类、蛋、乳制品、谷类、麦类、豆类、动物肝脏、紫菜、坚果
脂肪		(1) 提供浓缩的能量(重量上相当于碳水化合物的两倍) (2) 帮助人体利用溶脂维生素(维生素 A、D、E、K) (3) 提供全身组织细胞膜结构要素	肉类、禽类、鱼类、蛋、乳制品、动物油、植物油
碳水化合物		(1) 给人体提供运动、循环的能量及热能 (2) 帮助人体有效地利用脂肪 (3) 储存蛋白质,用于组织的构成及修复	猪肉松、奶粉、糖、米、面、红豆、绿豆、马铃薯、木耳、海带、紫菜、冰激凌、点心
维生素	A	(1) 帮助维持眼部健康,增强眼睛在黑暗中的视力 (2) 帮助维持皮肤光滑健康 (3) 帮助维持口腔、鼻腔及消化系统的健康并抗感染 (4) 帮助正常的骨骼发育、牙齿形成	动物肝脏、鱼肝油、奶、蛋黄、胡萝卜、绿叶蔬菜、黄色瓜果

续表

基本营养物质		作　用	食品名称
维生素	B_1	(1) 增进正常的食物消化，帮助人体将食物中的碳水化合物转化为能量 (2) 帮助维护健康的神经系统	猪肉、禽类、鱼类、动物肝脏、动物肾脏、全麦面包、豆类、坚果、木耳、紫菜
	B_2	(1) 帮助人体细胞利用氧气，从食物中获取能量 (2) 帮助保持眼部健康 (3) 帮助保持口腔周围皮肤光滑	动物肝脏、牛奶、蛋、全谷类食品、绿色蔬菜、紫菜、啤酒
	B_3（烟酸）	(1) 帮助人体细胞利用氧气，从食物中获取能量 (2) 帮助维护健康的皮肤以及消化系统和神经系统 (3) 帮助维护全身细胞组织的生长	鱼类、禽类、动物肝脏、瘦肉、花生、谷物、豆类
	B_6	(1) 帮助人体利用蛋白质构成人体组织 (2) 帮助人体利用碳水化合物和脂肪产生能量 (3) 帮助维持皮肤以及消化和神经系统的康复	动物肝脏、禽类、全麦类食品、马铃薯、干豆、蔬菜、水果
	B_{12}	(1) 有助于人体细胞正常作用的发挥 (2) 帮助人体红细胞的再生	猪肉、动物肝脏、乳制品、蛋、酵母
	C	(1) 帮助合成人体细胞 (2) 增强细胞组织壁膜 (3) 强化正常的骨骼及牙齿形成 (4) 有助于恢复伤口及骨骼损伤 (5) 有助于铁的吸收 (6) 有助于抗感染	毛豆、西红柿、马铃薯、白萝卜、青椒等蔬菜，橘、柑等水果，栗子、大枣等干果
	D	(1) 帮助人体利用钙和磷构成与维护强壮的骨骼和牙齿 (2) 促进人体正常发育	动物肝脏、鲑鱼、鱼肝油、牛奶、谷物
	E	(1) 帮助促进血液循环 (2) 降低细胞需要氧量 (3) 延缓衰老，预防慢性疾病 (4) 加速伤口愈合	肉类、鱼类、全谷类食品、干豆、绿叶菜、坚果
	叶酸	(1) 帮助人体产生红细胞 (2) 帮助细胞内部的新陈代谢	动物肝脏、莴笋、橘子汁
钙		(1) 有助于强壮骨骼与牙齿 (2) 有助于改善神经、肌肉和心脏的正常功能 (3) 有助于正常的血液凝结	乳及乳制品、动物骨、豆类、木耳、紫菜、海带、坚果、酸味水果
铁		(1) 与蛋白质结合组成血红蛋白，将人体所需氧气输送到人体各个部位 (2) 有助于细胞对氧的吸收 (3) 预防缺铁性贫血	肉类、鱼类、动物肝脏、蛋黄、谷类、面包、豆类、木耳、海带、坚果
碘		(1) 帮助甲状腺发挥正常的作用 (2) 帮助预防某种甲状腺肿大症	海鱼、贝类、藻类

续表

基本营养物质		作　用	食　品　名　称
维生素	磷	（1）有助于强壮骨骼和牙齿 （2）构成所有人体细胞的必需成分 （3）帮助人体肌肉发挥正常功能 （4）有助于人体对糖分及脂肪的吸收和利用	肉类、禽类、鸡蛋、奶制品、坚果、干蚕豆以及豌豆类
纤维素		（1）帮助治疗糖尿病 （2）帮助预防和治疗冠心病 （3）有降压和抗癌作用，提高免疫力 （4）能够减少对脂肪的吸收，帮助减肥	未加工的麦麸、谷类、玉米、菠菜、芹菜、韭菜、花椰菜、苹果、香蕉、杏仁、果皮

此外，人体在生长过程中总是与外界环境发生着物质和能量的交换，人体组织中的元素种类和含量，与其生活的地球表层和生物圈的元素组成及膳食摄入有密切关系，皆是构成人体组织、维持机体代谢和生理功能所必需的元素。食物中的营养素除了碳、氢、氧、氮（如碳水化合物、脂肪、蛋白质、维生素等）以有机化合物的形式存在以外，其余元素不论其含量多少，统称为矿物质（Mineral），也称为无机盐或灰分。矿物质与有机营养素不同，它们既不能在人体内合成，除排泄外也不能在机体代谢过程中消失，但在人的生命活动中具有重要的作用。矿物质不能在人体中合成，必须从膳食和饮水中摄取。例如，钾可以从肉类、奶、谷类、豆类、绿色蔬菜、香蕉、柑橘等食物中获取；镁可以从鱼、奶、黄豆、绿色蔬菜、坚果等食物中获取；氟化物可以从鱼、黄豆、茶、咖啡等食物中获取；锌可以从瘦肉、鱼、牡蛎、蛋、坚果、全麦类等食物中获取；硒可以从肉类、鱼、乳制品、谷类等食物中获取；铜可以从动物肝脏、贝类、全谷类食品、豌豆、蘑菇、坚果、葡萄等食物中获取。

四、能量

能量也称热能、热卡、热量，是人体新陈代谢和维持生命活动的基础。人体内的能量，一方面作为能源以维持生命活动的正常进行；另一方面不断地释放出热量，维持人体体温的恒定。人体所需能量主要由来自食物中的碳水化合物、脂肪和蛋白质这三大宏量营养素提供。

为了维持能量代谢，人需要不断从外界摄取食物，摄入的营养在体内经过酶催化发生反应，能量逐步释放，产生高能化合物。例如，三磷酸腺苷（ATP）作为能量储存和传递物，将化学能转化为热量、机械能、电能、渗透能及组织合成和更新等所需能量，供机体生命活动需要。

人体能量需要量的多少，主要取决于三个方面：维持基础代谢所需的能量、从事各种活动所消耗的能量以及食物热效应，处于生长期还包括生长发育所需的能量。其中工作和生活中所消耗的能量在正常成人能量消耗中所占比例较大。为了维持能量的代谢平衡，人体每天摄入的能量应恰好满足这三方面的需要，才能使人拥有健康的体质。

1. 基础代谢

基础代谢（Basal Metabolism，BM），是指人体在基础状态下的能量代谢。即人体在清晨安静状态和 20～25℃环境下，清醒时的静卧和放松，距离前一天晚餐 12～14 小时后的能量消耗。此时能量仅用于维持体温和呼吸、血液循环及其他器官最基本的生理需要。人体的基础代谢不仅在个体之间存在差异，自身的基础代谢也常有变化，基础代谢的情况与人体表面积、性别、激素、季节与劳动强度等因素有密切关系。

2. 体力活动

除了睡眠，人总要进行各种体力活动，通常情况下体力活动所消耗的能量约占人体总能量消耗的 15%～30%，但随着人体活动量的增加，其能量消耗也将大幅度增加。肌肉越发达、体重越重、活动时间越长、强度越大，消耗能量越多。其中活动强度是主要影响因素。根据强度不同，一般将体力活动分为以下五个级别。

（1）极轻体力活动。心率<80b/min，能量消耗<2.5kcal/min，这类活动以坐姿和站立为主，如办公室工作、开会、开车、读书、缝纫、打牌、听音乐等。

（2）轻体力活动。心率 80～100b/min，能量消耗 2.5～5.0kcal/min，这类活动身体主要处于站立和走动状态，如走路、打扫卫生、打排球、打乒乓球等。

（3）中等体力活动。心率 100～120b/min，能量消耗 5.0～7.5kcal/min，包括上下楼、跑步、跳高、负重行走、重型机械操作、跳舞、骑自行车等。

（4）重体力活动。心率 120～140b/min，能量消耗 7.5～10.0kcal/min，例如负重爬山、农业劳动、手工挖掘、打篮球、踢足球等。

（5）极重体力活动。心率>140b/min，能量消耗>10.0kcal/min，例如非机械化劳动和高强度体育训练和比赛。

3. 食物热效应

食物热效应（Thermic Effect of Food，TEF）是指因摄食而引起的机体能量代谢的额外消耗，也称食物特殊动力作用（Specific Dynamic Action，SDA）。这是由于人体在摄食过程中，对食物中的营养素进行消化、吸收、代谢转化，同时引起体温升高和散发能量，需要额外消耗能量。它只是增加机体能量消耗，并非增加能量来源。

不同的产能营养素其食物热效应不同。一般情况下，蛋白质的食物热效应为本身产生能量的 30%～40%，脂肪的食物热效应为 4%～5%，碳水化合物的食物热效应为 5%～6%。膳食组成不同，食物的热效应也有差异。摄取普通混合膳食时的食物热效应约为 10%。

食物热效应与食物营养成分、进食量和进食频率有关。一般来说，含蛋白质丰富的食物最高，其次是富含碳水化合物的食物，最后才是富含脂肪的食物。吃得越多，能量消耗也越多；进食快者比进食慢者食物热效应高。这是因为进食快时人的中枢神经系统更活跃，激素和酶的分泌速度快、量更多，吸收和储存的速率更高，其能量消耗也相对更多。

4. 人体每日能量需要量

人体能量代谢的最佳状态是达到能量消耗与能量摄入的平衡，能量代谢失衡，即能量缺乏或过剩都对身体健康不利。如果人体每日能量摄入不足，机体会动用自身储备的能量甚至消耗自身的组织以满足生命活动的能量需要。人长期处于饥饿状态，机体会出现基础代谢降低、体力活动减少和体重下降，引起儿童生长发育停滞，成人消瘦和工作能力下降。相反，过多的能量摄入，则会以脂肪的形式在体内储存堆积，导致人体肥胖，并可成为心血管疾病、糖尿病、某些癌症等疾病的危险因素。因此，维持机体能量代谢的动态平衡是健康的基础。

能量需要量是指维持机体正常生理功能所需要的能量，它受年龄、性别、生理状态和活动强度等因素的影响而有所不同。DRIs 指膳食营养素参考摄入量（Dietary Reference Intakes），是在 RDAs 基础上发展起来的一组每日膳食营养素摄入量的参考值，包括以下四项内容。

（1）平均需要量（Estimated Average Requirement，EAR），是根据个体需要量的研究资料制定的；是根据某些指标判断可以满足某一特定性别、年龄及生理状况群体中 50%个体需要量的摄入水平，这一摄入水平不能满足群体中另外 50%个体对该营养素的需要。EAR 是制定 RDA 的基础。

（2）推荐摄入量（Recommended Nutrient Intake，RNI），相当于传统使用的 RDA，是可以满足某一特定性别、年龄及生理状况群体中绝大多数（97%~98%）个体需要量的摄入水平。长期摄入 RNI 水平，可以满足身体对该营养素的需要，保持健康和维持组织中有适当的储备。RNI 的主要用途是作为个体每日摄入该营养素的目标值。RNI 是以 EAR 为基础制定的。如果已知 EAR 的标准差，则 RNI 定为 EAR 加两个标准差，即 RNI = EAR+2SD。如果关于需要量变异的资料不够充分，不能计算 SD 时，一般设 EAR 的变异系数为 10%，这样 RNI = 1.2 × EAR。

（3）适宜摄入量（Adequate Intakes，AI），在个体需要量的研究资料不足时不能计算 EAR，因而不能求得 RNI 时，可设定适宜摄入量（AI）来代替 RNI。AI 是通过观察或实验获得的健康人群某种营养素的摄入量。例如纯母乳喂养的足月产健康婴儿，从出生到 4~6 个月，他们的营养素全部来自母乳。母乳中供给的营养素量就是他们的 AI 值，AI 的主要用途是作为个体营养素摄入量的目标。

AI 与 RNI 相似之处是二者都用作个体摄入的目标，能满足目标人群中几乎所有个体的需要。AI 和 RNI 的区别在于，AI 的准确性远不如 RNI，可能显著高于 RNI。因此使用 AI 时要比使用 RNI 更加小心。

（4）可耐受最高摄入量（Tolerable Upper Intake Level，UL），是平均每日可以摄入某营养素的最高量，这个量对一般人群中的几乎所有个体都不至于损害健康。如果某营养素的毒副作用与摄入总量有关，则该营养素的 UL 是依据食物、饮水及补充剂提供的总量而定；如果毒副作用仅与强化食物和补充剂有关，则 UL 依据这些来源来制定。

各类人群的推荐摄入量（RNI）和可耐受最高摄入量（UL）如表 5-2 所示。

表 5-2　各类人群的推荐摄入量（RNI）和可耐受最高摄入量（UL）

人　群	推荐摄入量 RNI（mg/d）	可耐受最高摄入量 UL（mg/d）
儿童（1～13岁）	600～1 200	1 500～2 000
少年（14～17岁）	1 000	2 000
成人（18～49岁）	800	2 000
老人（50岁以上）	1 000	2 000
孕妇	+0　　早期 +200　中晚期	2 000

+表示在同龄人群参考值基础上额外增加量

第二节　常见客舱食品的营养价值

食品营养价值（Food Nutritional Value）是食物中各种营养素的含量及其被人体消化、吸收利用程度高低的相对指标。食品营养价值的高低，取决于食品中营养素的种类是否齐全、数量的多少、相互比例是否适宜以及是否易被消化和吸收。迄今为止，为人类所知的人体所需的营养素大约有 50 种左右，大致可分为五大类：蛋白质脂肪糖类（碳水化合物）、矿物质（无机盐）、维生素、水和膳食纤维。但并非所有的营养素都同时具备以下三方面的生理功能，如糖类及脂肪以供给热能为主；蛋白质以构成身体组织为主；维生素和矿物质以调节生理功能为主。

判断食物的营养价值，不仅应考虑食物中各种营养素的含量，同时还必须考虑这些营养素在机体内能否被充分吸收利用。由于各种食物所含的营养成分不完全相同，可以说，除母乳外任何天然食物都不能完全提供人体所需的全部营养素，因而要提倡人们广泛食用多种食物，以满足人体对营养素的需要。一种食品如果富含某一种或几种营养素，且易被消化、吸收利用，那么这种食品就具有较高的营养价值。不同食品因营养素的构成不同，其营养价值也不同，如谷类食物，其营养价值体现在能供给较多的碳水化合物和能量，但是蛋白质方面的提供则较少；蔬菜水果能够提供丰富的维生素、矿物质以及膳食纤维，但是其蛋白质、脂肪含量极少。因此，食物的营养价值是相对的。即使是同一种食品，由于品种、部位、产地和烹调加工方法的不同，其营养价值也会存在一定的差异。

食品营养价值评价指标往往包括营养素的种类、含量以及质量。评定食品营养价值的意义：一是全面了解各种食品的天然组成成分，包括营养素、非营养素类物质、抗营养因素等，提出现有主要食品的营养缺陷，并指出改造和创制新食品的方向；二是了解在加工烹调过程中食品营养素的变化和流失，采取有效措施来最大限度地保存食品中的营养素含量，提高食品营养价值；三是指导人们科学地选购食品和合理配置营养平衡膳食，以达到增强体质及预防疾病的目的。

一、食品营养价值评价指标

（一）营养素的种类以及含量

对某食品进行营养价值评价时，应首先对其所含营养素种类和含量进行分析计价。一般来说，食品中所提供营养素的种类和含量越接近人体需要，该食品的营养价值越高。在日常生活和餐饮经营中通过查阅食物成分表，可初步评定食物的营养价值。

（二）营养素质量

在评价某食品或某营养素营养价值时，营养素的质与量是同等重要的。蛋白质的优劣体现在其氨基酸模式以及可被消化利用的程度，尤其是其氨基酸模式和必需氨基酸；脂肪的优劣则体现在脂肪酸的组成、脂溶性维生素的含量等方面。

营养学中一般采用营养质量指数（Index of Nutriti on Quality，INQ）来判断一种食品的营养价值。即营养质量指数=营养素密度÷能量密度。营养素密度是食品中某营养素供给量与该营养素供给量标准的比，而能量密度是食品所含能量占能量供给量标准的比。如果 INQ=1，表示食物的该营养素与能量含量达到平衡；INQ>1，说明食物该营养素的供给量高于能量的供给量，故 INQ>1 为营养价值高；INQ<1，说明此食物中该营养素的供给量少于能量的供给量，长期食用此种食物，可能发生该营养素的不足或能量过剩，该食物的营养价值低。

二、动物性食品的营养价值

动物性食品包括畜禽肉、蛋类、水产品、奶及这些食品的制成品。

（一）畜禽肉的营养价值

畜禽肉食品是人们膳食的重要组成部分。该类食品能供给人体优质蛋白质、脂肪、矿物质和维生素，是食用价值较高的食品。

1. 畜禽肉的组织结构

虽然畜禽肉种类很多，但其组织结构特性基本相同，一般由肌肉组织、脂肪组织和结缔组织构成。不同的组织有不同的结构特点以及由不同的化学成分组成。因此，它们具有不同的性质特点和食用价值。

（1）肌肉组织。肌肉组织是畜禽肉的主要构成部分，一般占其总重的 50%～60%，是最有食用价值的部分。肌肉组织主要由横纹肌组成，而构成横纹肌的最小结构单位为肌纤维。肌纤维含有蛋白质、矿物质等营养素和各种酶的主要成分，一般由结缔组织包围联结而组成肌肉组织。肌肉组织食用价值与肌纤维之间的结缔组织的多少有关，结缔组织属不完全蛋白质，且结缔组织越多，肌肉组织在烹调时越不易熟烂。

（2）脂肪组织。脂肪组织是决定肉品质的重要因素，它也决定肉的食用价值。脂肪组织一般沉积在皮下、肾脏周围及腹腔内肠膜的表面，一部分与蛋白质相结合存在于肌肉中，一般占肉体重量的 20%～30%。肌肉中的脂肪称为肌间脂肪，能使肉质柔滑而风味鲜美，因而食用价值很高。脂肪组织由脂肪细胞构成，细胞外围是由网状纤维所组成的脂肪细胞膜，内有一层凝胶状原生质。原生质中有一个细胞核，中间则为脂肪滴。

（3）结缔组织。结缔组织在畜禽体内连接着机体各部分，建立起软硬支架。在整个有机体内部都有结缔组织分布，如腱、筋膜、血管等。结缔组织有连接和保护机体组织的作用，一般占肉体重量的 9%～11%。结缔组织中的间质蛋白主要有两种，即胶原蛋白与弹性蛋白。胶原蛋白具有较大的机械牢固性，在一般条件下不溶解，在 70～100℃时变为胶质可以被消化，但营养价值远不如肌肉组织的蛋白质。弹性蛋白在高温 130℃时才能被水解，可视为无营养价值。胶原蛋白与弹性蛋白属不完全蛋白质，营养价值低且不易被消化，故结缔组织含量越少，肉的营养价值越高。

2. 畜禽肉的营养价值

畜禽肉类是指猪、牛、羊、鸡、鸭、鹅、鸽、鹌鹑等畜禽的肌肉、内脏及其制品，其主要提供蛋白质、脂肪、无机盐和维生素。动物肉因其种类、生长时间、肥瘦程度及部位的不同，其营养素的分布也不同。肥瘦不同的肉中脂肪和蛋白质的变动较大。动物内脏脂肪含量较少，而蛋白质、维生素、无机盐和胆固醇含量较高。畜禽肉类食品经适当加工烹调后不仅味道鲜美，饱腹作用强，而且易于消化吸收。

（1）蛋白质。畜禽肉类的蛋白质主要存在于动物肌肉组织和结缔组织中，含量占动物总重量的 10%～20%。例如，牛肉中蛋白质含量为 15%～20%，瘦猪肉为 10%～17%，羊肉为 9%～17%，鸡肉中含量可达 20%以上，鸭肉中含量为 15%～18%。按照蛋白质在肌肉组织中存在的部位不同，分为肌浆蛋白质（占 20%～30%）、肌原纤维蛋白质（占 40%～60%）、间质蛋白质（占 10%～20%）。畜禽肉的蛋白质中含有充足的必需氨基酸，其氨基酸模式接近人体氨基酸模式，因而易于消化吸收，所以营养价值很高，为利用率高的优质蛋白质；但存在于结缔组织中的间质蛋白，主要是胶原蛋白和弹性蛋白，其必需氨基酸组成不平衡，如色氨酸、酪氨酸、蛋氨酸含量很少，蛋白质的利用率低。此外，畜禽肉中还含有可溶于水的含氮浸出物，以及肌凝蛋白原、肌肽、肌酸、肌苷、嘌呤和氨基酸等非蛋白含氮浸出物，肉类蛋白质经烹调变性后，一些浸出物溶出，是肉汤鲜美的原因。成年动物肉体中浸出物的含量较幼年动物高，烹调加工后的味道更鲜美。

（2）脂肪。畜肉的脂肪含量因牲畜的肥瘦程度及部位不同有较大差异。例如，肥猪肉脂肪含量达 90%，猪里脊肉含脂肪 7.9%，猪前肘含脂肪 31.5%，猪五花肉含脂肪 35.3%。畜肉类脂肪以饱和脂肪酸为主，含量为 10%～30%，熔点较高，不易被肌体消化吸收，主要成分是甘油三酯，少量卵磷脂、胆固醇和游离脂肪酸。胆固醇多存在于动物内脏。例如，猪瘦肉胆固醇为 81mg/100g，猪脑为 2 571mg/100g，猪肝为 288mg/100g，猪肾为 345mg/100g；牛瘦肉为 58mg/100g，牛肝为 297mg/100g，牛脑为 2 447mg/100g。煮制的肉汤滋味与肉中脂肪含量有一定关系，脂肪含量少，肉质不仅发硬，而且汤味也较差。

（3）碳水化合物。畜肉中的碳水化合物以糖原（也称动物淀粉）形式存在于肌肉和肝脏中，含量极少，正常含量约占动物体重的 5%。屠宰后的动物肉在保存过程中，由于酶的分解作用糖原含量会逐渐下降。

（4）矿物质。畜肉中矿物质总含量占 0.8%～1.2%，多集中在内脏器官（如肝、肾）及肌肉中。其中钙含量低，为 7.9mg/100g；含铁、磷较多，铁以血红素铁的形式存在，因其生物利用率高，所以是膳食铁的良好来源。

（5）维生素。畜肉中含有丰富的脂溶性维生素和 B 族维生素，动物内脏（特别是肝、肾）含量更为丰富，如肝脏中富含维生素 A 和核黄素，如表 5-3 所示。

表 5-3　畜肉及内脏的主要营养素含量（每 100g 食部）

部　位	蛋白质（g）	脂肪（g）	能量（kcal）	胆固醇（mg）	VA（μgRE）	VB_1（mg）	VB_2（mg）	钙（mg）	铁（mg）
猪肉（肥瘦）	13.2	37	395	80	18	0.22	0.16	6	1.6
猪肉（里脊）	20.2	7.9	155	50	5	0.47	0.12	6	1.5
猪肝	19.3	3.5	129	288	4 972	0.21	2.08	6	22.6
猪肾	15.4	3.2	96	354	41	0.31	1.14	12	6.1
牛肉（里脊）	22.3	5	134	44	4	0.04	0.1	3	0.4
牛腩	17.1	29.3	332	44	Tr	0.02	0.06	6	0.6
牛臀肉	22.6	2.6	117	22	Tr	0.05	0.09	2	1.4
羊肉（肥瘦）	19	14.1	203	92	22	0.05	0.14	6	2.3

禽肉的营养价值与畜肉的不同在于脂肪含量较少，熔点较低，不饱和脂肪酸含量高（含有 20%的亚油酸），质地较畜肉细嫩而且含氮浸出物多，故禽肉炖汤的味道比畜肉更为鲜美，且更易于人体的消化吸收。禽肉中的维生素 B、维生素 B_2 和尼克酸也比一般肉类含量高，禽肉营养成分构成如表 5-4 所示。

表 5-4　鸡、鸭、鹅主要营养素的含量（每 100g 食部）

名　称	蛋白质（g）	脂肪（g）	钙（g）	铁（g）	视黄醇（μg）	VB_1（mg）	VB2（mg）	胆固醇（mg）
鸡	19.3	9.4	9	1.4	48	0.05	0.09	106
鸡肝	16.6	4.8	7	12.0	10 410	0.33	1.10	356
鸡胗	19.2	2.8	7	4.4	36	0.04	0.09	174
鸭	15.5	19.7	6	2.2	52	0.08	0.22	94
鸭肝	14.5	7.5	18	23.1	1 040	0.26	1.05	341
鸭胗	17.9	1.3	12	4.3	6	0.04	0.15	135
鹅	17.9	19.9	4	3.8	42	0.07	0.23	74
KFC 炸鸡	20.3	17.3	10.9	2.2	23	0.03	0.17	198

（二）蛋类的营养价值

蛋类主要是指鸡、鸭、鹅、鹌鹑等禽类的蛋，各种蛋的结构和营养价值基本相似。禽蛋具有营养价值高、物理属性特殊、相对其他动物食品性价比优越等特点，被广泛用于食品加工和烹调中。此外，禽蛋还可以制成皮蛋、咸蛋、干蛋粉等各种蛋制品。

1. 蛋的结构

各种蛋类都是由蛋壳、蛋清、蛋黄三部分组成。蛋黄是鸡蛋的胚胎组织，表面包有蛋黄膜，含有丰富的蛋白质、脂肪、维生素和矿物质。蛋清包括两部分，即外层的稀蛋清和包在蛋黄周围胶冻样的稠蛋清，蛋白质、矿物质含量较多。蛋壳的成分包括96%的碳酸钙、2%的碳酸镁、2%的蛋白质。蛋壳的颜色因鸡的品种而异，与蛋的营养价值无关。

2. 蛋的营养价值

蛋类含有丰富的营养成分，如蛋白质、脂肪、无机盐和维生素。蛋清和蛋黄在成分上有显著不同，蛋黄内营养成分的含量和种类比蛋清多，所以蛋黄的营养价值更高。

（1）蛋白质。蛋类一般含蛋白质约为12.8%。蛋清中含有卵白蛋白、黏蛋白、卵胶蛋白以及少量卵球蛋白。蛋黄中的蛋白质主要是卵黄磷蛋白和卵黄球蛋白。蛋类中所含蛋白质是完全蛋白质，营养学上通常把鸡蛋作为蛋白质中必需氨基酸含量的参考标准，其利用率为100%，是天然食物中生物学价值最高的蛋白质。

（2）脂肪。蛋类中的脂类含量为11%～15%，主要集中在蛋黄内，蛋清中很少。蛋中的脂肪呈乳融状，分散成细小颗粒，易于消化和吸收。其中，中性脂肪占62.3%，卵磷脂占32.8%，胆固醇占4.9%。这些成分对于人的大脑及神经组织的发育有重大作用。蛋黄中的脂肪主要由不饱和脂肪酸组成，例如，鸡蛋脂肪中含58%，鸭蛋脂肪中含62%，常温下为液体，易于消化和吸收。蛋黄中胆固醇含量较高，平均每个鸡蛋含200mg胆固醇。

（3）无机盐和维生素。禽蛋中含有较多的矿物质和维生素，如磷、镁、钙、硫、锌、铁等矿物质和维生素A、维生素D、硫胺素及核黄素等，多集中在蛋黄内。蛋黄中无机盐的含量为1.1%～1.3%，蛋清为0.6%～0.8%。蛋中含的磷很丰富，但含钙相对不足。蛋黄中的铁含量也较高（7mg/100g），但由于磷蛋白可干扰铁的吸收，使得铁的吸收率仅为3%。

（4）碳水化合物。蛋类含碳水化合物较少，蛋清中主要含甘露糖和半乳糖；蛋黄中主要是葡萄糖。各类禽蛋及蛋制品的营养成分大致相当，但也存在一些细微差异。各种常见禽蛋主要营养成分组成如表5-5所示。

表5-5 各种禽蛋主要营养素含量（每100g可食部）

名称	蛋白质（g）	脂肪（g）	碳水化合物（g）	能量（kcal）	视黄醇（μg）	硫胺素（m/g）	核黄素（mg）	钙（mg）	铁（mg）	胆固醇（mg）
鸡蛋	13.3	8.8	2.8	144	234	0.11	0.27	56	2	585
鸡蛋清	11.6	0.1	3.1	60	Tr	0.04	0.31	9	1.6	—
鸡蛋黄	15.2	28.2	3.4	328	438	0.33	0.29	112	6.5	1 510
鸭蛋	12.6	13	3.1	180	261	0.17	0.35	62	2.9	565
咸鸭蛋	12.7	12.7	6.3	190	134	0.16	0.33	118	3.6	647
松花蛋	14.2	10.7	4.5	171	215	0.06	0.18	63	3.3	608
鹌鹑蛋	12.8	11.1	2.1	160	337	0.11	0.49	47	3.2	515

（三）水产品的营养价值

水产品包括动物和植物两大类，动物类主要是各种鱼、虾、蟹、贝类；植物类包括海带、紫菜等。

1. 鱼类的营养价值

鱼肉的结构与畜禽肉类似，但因其具有畜禽肉类无法比拟的优点，所以营养价值更高。

（1）蛋白质。鱼类肌肉蛋白质含量一般为 15%～25%，而且氨基酸的组成与人体组织蛋白相接近，属完全蛋白质，是很好的食物蛋白质来源。鱼肉肌纤维细短，间质蛋白少，易被人体内蛋白酶分解而吸收。鱼肉结缔组织也较少，因而其肉质较畜禽肉细嫩，更易消化，吸收率很高（87%～98%），非常适合幼儿及老年人食用。鱼类蛋白质的氨基酸组成与畜禽肉相似，不同的是赖氨酸和亮氨酸含量较高，而色氨酸含量较低。存在于鱼类结缔组织和软骨中的含氮浸出物主要为胶原蛋白和黏蛋白，属于不完全蛋白，会使鱼汤冷却形成凝胶。

（2）脂肪。鱼类含的脂肪量一般比畜肉少很多，为 1%～3%，因而热量较低。不同鱼类的脂肪含量差别也较大，例如，鳗鱼、鲲鱼含脂肪超过 10%，而鳕鱼仅 0.5%。鱼类脂肪在鱼肉中含量很少，主要分布在皮下和内脏周围。鱼类脂肪大部分为不饱和脂肪酸，如黄鱼为 62%，带鱼为 61%，黄鳝为 69%。因此，鱼类脂肪熔点低，常温下多呈液态，消化吸收率达 95%。但鱼类脂肪很容易氧化和酸败，较难保存。

鱼类脂肪中含有的长链多为不饱和脂肪酸（n-3 系列脂肪酸），如二十碳五烯酸（EPA）和二十二碳六烯酸（DHA），能促进大脑、神经系统生长发育，维持视网膜正常功能，降低血脂，预防血栓，防治动脉粥样硬化、脑中风等心脏血管疾病。海产品多含有 DHA，以深海鱼类（如鲑鱼、鲭鱼、沙丁鱼、秋刀鱼）含量最多，尤其是在鱼眼球附近的脂肪组织。鱼类的胆固醇含量一般约为 100mg/100g，但鱼子含量较高，如鲳鱼子、虾子的胆固醇含量分别可达 1 070mg/100g 和 896mg/100g。

（3）矿物质。鱼肉中矿物质含量占 1%～2%，主要是磷，其含量可占总成分的 40%，此外钙、钾、镁、硒、锌、铜、铁、碘等含量也很丰富。例如，鱼肉中钙的含量较畜禽肉高，为钙的良好食物来源。

（4）维生素。鱼类含有丰富的维生素 A、维生素 D 和 B 族维生素，尤其是维生素 B 族，如黄鳝含维生素 B_2 为 2.08mg/100g，河蟹为 0.28mg/100g，海蟹为 0.39mg/100g。此外鱼类还含有水溶性维生素 B_1、B_2、烟酸及生物素等。鱼类肝脏中含有丰富的维生素 A 和维生素 D，特别是鲨鱼和鳕鱼中含量最高。鱼肉中含有硫胺素酶，能分解维生素 B，但加热可破坏硫胺素酶，所以鱼死后，应尽快加工烹调，及时破坏硫胺素酶，以防止维生素 B 的损失。主要水产品营养成分如表 5-6 所示。

表 5-6 主要水产品营养成分（每 100g 食部）

名称	食部（g）	热量（kcal）	蛋白质（g）	脂肪（g）	胆固醇（mg）	VA（μgRE）	VB$_1$（mg）	VB$_2$（mg）	钙（mg）	铁（mg）
草鱼	58	96	17.7	2.6	47	11	0.04	0.05	17	1.3
鲢鱼	61	84	16.3	2.1	38	20	0.01	0.05	53	1.5
鲫鱼	54	89	18.0	1.6	21	—	0.08	0.06	79	1.3
带鱼	70	108	17.6	4.2	52	19	0.02	0.08	431	1.1
小黄花鱼	62	114	17.0	5.1	76	94	0.03	0.08	191	0.7
鲭鱼	49	417	14.4	39.4	60	183	0.03	0.47	7	1.4
鲅鱼	80	121	21.2	3.1	95	19	0.03	0.04	35	0.8
鲈鱼	58	105	18.6	3.4	86	19	0.03	0.27	138	2.0
鲑鱼	72	139	17.2	7.8	68	45	0.07	0.18	13	0.3
舌鳎	68	83	17.7	1.4	82	6	0.04	0.06	57	1.5
金枪鱼	40	101	18.6	2.9	54	20	0.01	0.03	102	1.4
黄鳝	67	89	18.0	1.4	126	50	0.06	0.98	42	2.5
鲤鱼	54	109	17.6	4.1	84	25	0.03	0.09	50	1.0
斑节对虾	59	103	18.6	0.8	148	82	—	—	59	2.0
河虾	86	87	16.4	2.4	240	48	0.04	0.03	324	4.0
基围虾	60	101	18.2	1.4	181	—	0.02	0.07	53	2.0
虾皮	100	153	30.7	2.2	428	19	0.02	0.14	991	6.7
河蟹	42	103	17.5	2.6	267	389	0.06	0.24	126	2.9
梭子蟹	49	95	15.9	3.1	142	121	0.03	0.30	280	2.5
鲜扇贝	35	60	11.1	0.6	140	—	—	0.10	142	7.2
蛤蜊	39	6 217	10.1	1.1	156	21	0.01	0.13	133	10.9

此外，鱼肉搅碎后，各种成分即可溶出，除蛋白质、脂肪、色素外，其他溶出物统称为提出物，包括氨基酸、低分子肽、氧化三甲胺、甜菜碱、肌苷酸、有机酸等。提出物中有许多呈味物质，如谷氨酸及钠盐、低分子肽、5-肌苷酸、5-鸟苷酸等都是鲜味成分。

（5）常见鱼类食品的营养保健功能。带鱼肉质肥嫩、细腻鲜美，是一种物美价廉的大众食品。中医认为它具有补脾益胃、补虚益血、润肤美发等功效，适用于脾胃虚弱、消化不良、皮肤干燥、头发枯黄等症。带鱼富含蛋白质、钙、镁，还含有较丰富的铁、锌、铜、锰、钴、硒、维生素 A、维生素 B$_1$、维生素 B$_2$ 等。

甲鱼肉味鲜美，自古以来就是高级滋补佳肴。甲鱼营养丰富，蛋白质含量较高，有 22 种氨基酸，并含有脂肪、糖类和多种维生素，还含有钙、磷、铁、锌、硒等元素。甲鱼性平味甘，具有滋阴、清热、凉血、散结、益肾、健骨、活血及补中益气的功效，可用于肝肾阴虚所致疾病，如头晕眼花、腰膝酸痛、潮热、盗汗、崩漏失血等的辅助治疗。甲鱼可滋肝肾之阴、清虚劳之热、调节机体功能、增强免疫和防病能力，对老年体虚、精力衰竭、肝脾肿大等具有良好的辅助治疗作用。

2. 虾、贝、蟹类的营养特点

虾、贝、蟹为无脊椎动物，有淡水、咸水之分，种类繁多，味道鲜美，是名贵菜肴，营养价值与鱼类有很多相似之处。其主要营养特点如下。

（1）蛋白质含量较多。虾、贝、蟹类含蛋白质较多，鲜品一般都在 10%～20%，干品含蛋白质更高，鲍鱼干每 100g 可达 54.1g，鱿鱼干为 60g，墨鱼干为 65.3g，其蛋白质的氨基酸组成比较全面，因此营养价值较高。

（2）含有易被吸收的脂肪。虾、贝、蟹类脂肪含量不高，平均为 1%～3%，大部分为不饱和脂肪酸，易被人体吸收。

（3）含有丰富的维生素。对虾、河蟹等含有较丰富的维生素 A，维生素 B_2 的含量也不少。由于贝类以能合成维生素 B_2 的微生物为食物，所以其维生素 B_2 的含量也较高。

（4）含有大量矿物质和无机盐。虾、贝、蟹类均含有丰富的钙、磷、钾，尤以铁的含量较高；虾米、虾皮和螺肉含钙较高；海蟹、虾皮、虾米中含硒也较多；乌鱼子、海蛎肉中含锌较多。

（5）含有较多的鲜味成分。虾、贝、蟹类含有与鱼类相同的鲜味成分，其含有的甘氨酸、丙氨酸都具有很强的甜味和鲜味。贝类含有的琥珀酸钠使之形成特有的鲜味。

虾肉味道极其鲜美，富含营养，被称为海中"八珍"之一。虾肉中的蛋白质含量较高，尤其是海米和虾皮更高。由于虾肉中含有较多的蛋白质和游离氨基酸，因而具有特殊的鲜味。虾的脂肪含量较少，虾皮中含有丰富的钙质。

螃蟹味道鲜美、营养丰富，为上等名贵水产，有河蟹与海蟹之分。海蟹中所含的无机盐（如钾、钙、镁、硒等）均比河蟹高，而维生素的含量较河蟹低。蟹肉中的蛋白质含量与猪肉、牛肉、羊肉的含量相近，脂肪含量与鸡肉和其他鱼类也相近。蟹在晚秋季节最为肥美，有"秋风吹，蟹儿肥"之说。蟹肉性寒味咸，具有滋阴、清热、散血、养筋益气的功效，有利于跌打损伤、伤筋断骨、淤血肿痛的恢复，以及产妇的营养保健。

（四）奶及奶制品的营养价值

1. 奶及奶制品

哺乳动物分泌的奶是一种营养成分齐全、组成比例适宜、易消化吸收、营养价值高的天然食品。奶类食品中以牛奶最普遍，适合于任何人，尤其是婴幼儿、病人、老年人和体弱者。与人乳相比，牛奶含蛋白质较多，而乳糖低于人乳。

2. 奶的营养价值

奶类是由水、脂肪、蛋白质、乳糖、矿物质和维生素组成的复杂乳胶体。奶味温和，具有由低分子化合物（如丙酮、乙醛、二甲硫、短链脂肪酸和内酯）形成的特有香味。奶中的各种成分除脂肪含量变动较大外，其他成分基本上是稳定的，但也受季节、奶牛品种、饲料、产乳期等因素的影响而发生变化。奶中含有大约 17% 的固形物，主要提供优质蛋白质、脂肪、乳糖、维生素 A、核黄素和钙等。

（1）蛋白质。牛奶中蛋白质含量为 3%～3.5%，其氨基酸组成比例非常接近人体蛋白质的氨基酸模式,消化吸收率为 85%~89%,生物价为 85,均高于一般畜禽肉,为优质蛋白质。牛奶蛋白主要有 80%~82%的酪蛋白、11.5%的乳清蛋白和 3.3%的乳球蛋白。其中酪蛋白对促进大脑发育发挥重要作用;乳球蛋白多是牛奶中的生物活性物质,如免疫球蛋白、乳铁蛋白、溶菌酶等,具有抵抗细菌、病毒等致病原,激活体内免疫反应,调节肠道菌群,维持肠道健康等保健作用。牛奶中含有谷类食物的限制性氨基酸,可作为谷类食物的互补食品。

(2)脂肪。全脂牛奶中的脂肪含量为 3.5%~4.5%,以微粒状的脂肪球形态分散在乳浆中,是牛奶主要的香气成分。乳脂肪中脂肪酸种类远多于其他动植物脂肪酸,其组成优点是以中链脂肪酸为主,非常容易消化吸收。此外还含有少量的卵磷脂、胆固醇等。牛奶中所含的共轭亚油酸对抑制癌症和防治糖尿病有积极作用。牛奶中的不饱和脂肪酸在总脂肪酸中的比例非常低,高血脂人群应控制牛奶中的脂肪摄入。

(3)碳水化合物。牛奶中碳水化合物含量为 4.5%~5%,95%为乳糖,还有少量葡萄糖、果糖和半乳糖。乳糖是哺乳动物乳汁中特有的糖类,人体肠道中乳糖酶可以将乳糖分解为葡萄糖和半乳糖供人体吸收利用。乳糖有调节胃酸、促进胃肠蠕动和消化液分泌的作用,还能促进钙的吸收和帮助肠道乳酸杆菌繁殖,并抑制腐败菌的生长。但牛奶中乳糖的含量比人乳少,因此用牛乳喂养婴儿时除调整蛋白质含量和构成外,还应注意适当增加甜度。

有些成人摄入大量牛奶及奶制品后会出现胀气、腹泻,主要是因为消化道内乳糖酶的活性和含量降低,奶中的乳糖不能被最终分解成单糖,而是被肠道细菌分解转化为乳酸,出现上述症状,称之为"乳糖不耐症"。为避免发生乳糖不耐症,可选择喝酸奶。

(4)矿物质。牛奶中矿物质种类很多,含量为 0.7%~0.75%,尤以钙、磷、钾含量较高。例如,100mL 牛乳中含钙为 110mg,约为人乳的 3 倍,含磷量是人乳的 6 倍。牛乳中钙磷比例比较合理,消化吸收率较高,是钙和磷的良好食物来源。此外,牛奶中还含有锌、硒、铜、锰等微量元素。但牛奶中铁的含量低,用牛奶喂养婴儿时应注意铁的补充。

(5)维生素。奶中含有人体所需的多种维生素,是维生素 A、维生素 B_1、维生素 B_2 的重要来源。乳类及乳制品的主要营养成分如表 5-7 所示。

表 5-7 乳类及乳制品主要营养成分(每 100g 食部)

名 称	母 乳	牛 乳	鲜 羊 乳	牛 乳 粉	酸 奶	奶 酪	奶 油
能量(kcal)	65	54	59	484	72	328	879
蛋白质(g)	1.3	3.0	1.5	19.9	2.5	25.7	0.7
脂肪(g)	3.4	3.2	3.5	22.7	2.7	23.5	97.00
碳水化合物(g)	7.4	3.4	5.4	49.9	9.3	3.5	0.9
胆固醇(g)	11	15	31	68	15	11	209
维生素 A(μgRE)	11	24	84	77	26	152	297
维生素 B_1(mg)	0.01	0.03	0.04	0.28	0.03	0.06	—
维生素 B_2(mg)	0.05	0.14	0.12	0.68	0.15	0.91	0.01

续表

名　　称	母　乳	牛　乳	鲜羊乳	牛乳粉	酸　奶	奶　酪	奶　油
钙（mg）	30	104	82	1 797	118	799	14
磷（mg）	13	73	98	324	55	326	11
钾（mg）	—	109	135	1 910	150	75	226
铁（mg）	0.1	0.3	0.5	1.4	0.4	2.4	1.00
锌（mg）	0.28	0.42	0.29	3.71	0.53	6.97	0.09
硒（μg）	—	1.94	1.75	16.80	1.71	1.50	0.70

3. 奶制品的营养价值

奶制品包括巴氏杀菌乳（消毒牛乳）、奶粉、酸奶、还原奶、奶酪、炼乳、奶油等。

（1）巴氏杀菌乳。它是将新鲜生牛奶经过过滤、加热杀菌后分装出售的饮用奶。巴氏杀菌乳除维生素 B 和维生素 C 有损失外，营养价值与新鲜牛奶差别不大，市售巴氏杀菌乳中常用强化维生素 D 和维生素 B 等营养素。

（2）奶粉。根据食用要求，奶粉又分为全脂奶粉、脱脂奶粉、加糖奶粉、调制奶粉。全脂奶粉溶解性好，对蛋白质的性质、奶的色香味及其他营养素的影响较小。脱脂奶粉由于脱脂后其中的脂溶性维生素损失，仅适合于腹泻的婴儿及要求少脂膳食的人群。调制奶粉又称母乳化奶粉，是以牛奶为基础，按照人乳组成的模式和特点加以调制，使各种营养成分的含量比例接近母乳。例如，改变牛奶中酪蛋白的含量和酪蛋白与乳清蛋白的比例，补充乳糖，以适当比例强化各种维生素和强化微量元素等。

（3）酸奶。酸奶是一种发酵乳制品，是以新鲜奶或奶粉等为原料接种乳酸菌，经发酵制成。奶经过乳酸菌发酵后，乳糖变成乳酸，蛋白凝固和脂肪不同程度地水解，产生细小分子的凝块，能与体内酶充分接触，营养丰富，易于消化吸收，且风味独特，可刺激胃酸分泌，同时酸奶还有利于体内一些维生素的保存。乳酸菌中的乳酸杆菌和双歧杆菌为肠道益生菌，在肠道内可抑制肠道腐败菌的生长繁殖，防止腐败胺类产生，对维护人体的健康有重要作用。酸奶适合消化功能不良的婴幼儿和老年人，并能使成人原发性乳糖缺乏者的乳糖不耐症症状减轻。

（4）还原奶。还原奶是将脱脂奶粉按原比例加水，经过与黄油和一定比例的鲜奶混合、均质、杀菌等工艺制成的液态奶。其营养价值略逊于鲜牛奶。还原奶外包装上不允许标"鲜奶"，而应标"纯牛奶"。酸奶、冰激凌等奶制品大多以还原奶为原料加工制成。

（5）奶酪。奶酪是一种味美可口、具有很高营养价值的奶制品，它是鲜奶经过细菌发酵，有的加入凝乳酶或者是两种方法结合生成乳酸，使奶变成凝块，从凝块中去除乳清，再对奶酪做进一步处理制成。奶酪保留奶中几乎全部脂肪和蛋白质（酪蛋白），以及钙等矿物质，维生素 A、部分乳糖等营养成分，可较长时期保存。

（6）炼乳。炼乳是一种浓缩乳，按其成分可分为甜炼乳、淡炼乳、全脂炼乳、脱脂炼乳，若添加维生素 D 等营养物质可制成各种强化炼乳。甜炼乳为减压浓缩乳，制作时添加大量蔗糖，渗透压大，保质期长，但食用时需要加水稀释，造成蛋白质等营养成分含量相对较低，故不适合用于喂养婴儿。淡炼乳又称蒸发乳，是将牛奶浓缩装罐密封，经加热灭菌后的乳制品。与甜炼乳不同的是淡炼乳不加糖，进行了均质处理并密封高温消毒，但维生素 B 会受到损失。

（7）奶油。奶油是提取牛奶中的脂肪得到的制成品，一般脂肪含量占 80%～83%，含水量低于 16%，主要用于佐餐和面包、糕点制作。

三、植物性食品的营养价值

（一）谷类食品的营养价值

谷类食品主要包括小麦、稻米、玉米、小米、高粱等，其中以稻米和小麦为主，是膳食中的主食。我国居民膳食中 47.4%～60.7%的能量、55%的蛋白质、一些无机盐以及 B 族维生素主要来源于谷类食品。2002 年我国居民膳食调查结果显示谷类食品在膳食构成中的比重为 43.9%（按摄入食物重量），供能比例为 57%，其中城市居民为 47.4%，农村居民为 60.7%，在膳食结构中占有重要地位。

1. **谷粒结构和营养素分布**

各种谷类种子形态大小不一，但其结构基本相似，主要有谷皮、胚乳、胚芽三个部分，分别占谷粒重量的 13%～15%、83%～87%和 2%～3%。

谷皮为谷粒的外壳，主要成分是纤维素、半纤维素，也含有一定量的植酸、蛋白质、脂肪、无机盐、维生素等。磨粉后成为麸皮，主要作为饲料和高纤维食品的原料。

胚乳是谷粒的主要部分，含大量淀粉和一定量的蛋白质，而脂肪、无机盐、维生素、纤维素等含量都比较低。蛋白质主要分布在靠近胚乳周围的地方，越靠近胚乳中心，含量越低。谷皮和胚乳之间有一层糊粉层，含有较多的磷和丰富的 B 族维生素及无机盐，但在碾磨加工时，糊粉层易与谷皮同时脱落而造成营养素的损失，而且加工精度越高，损失越大。

胚芽位于谷粒的一端，富含脂肪、蛋白质、可溶性糖、无机盐、B 族维生素和维生素 E。胚芽质地较软而有韧性，不易粉碎，在加工时易与胚乳分离而丢失。在磨制精度低的面粉时，把胚芽磨入面粉中可提高面粉的营养价值，但由于其中的脂肪易变质，故不利于储藏。

2. **谷类的营养成分**

（1）蛋白质。谷类蛋白质的含量取决于谷类品种、气候、地区以及加工方法的差异，一般在 7%～16%，主要由谷蛋白、醇溶蛋白、白蛋白、球蛋白组成。一般谷类蛋白质的营养价值低于动物性食品，因为谷类蛋白的必需氨基酸组成不平衡，多数缺乏赖氨酸及苏氨酸，而且色氨酸、苯丙氨酸及蛋氨酸含量也偏低，赖氨酸通常为谷类蛋白质中的第一限制氨基酸。因此常采用氨基酸强化和蛋白质互补的方法来提高谷类蛋白质的营养价值。

（2）碳水化合物。谷类的碳水化合物主要为淀粉，大约占谷粒总重量的 70%～80%，集中在胚乳的淀粉细胞内，此外还有少量糊精、戊聚糖、葡萄糖、果糖、纤维素和半纤维素等。根据分子结构的不同，淀粉分为直链淀粉和支链淀粉，可直接影响食用风味。直链淀粉易溶于水，较黏稠，易消化，而支链淀粉则相反，如糯米中含支链淀粉较多。

（3）脂肪。谷类脂肪含量低，大米、小麦为 1%～2%，玉米和小米占 4%，集中在糊粉层和胚芽中，其中不饱和脂肪酸占 80%，主要为油酸、亚油酸和棕榈酸。玉米和小麦胚芽油中的亚油酸可占其不饱和脂肪酸的 60%。

（4）矿物质。谷类含矿物质为 1.5%～3%，主要在谷皮和糊粉层中，以磷和钙为主，但是由于在谷类中多以植酸盐形式存在，影响了其在人体内的消化吸收。

（5）维生素。谷类是膳食 B 族维生素的重要来源，如硫胺素、核黄素、烟酸、泛酸，主要分布在糊粉层和胚芽部，胚芽中还含有较丰富的维生素 E。但是，谷类加工的精度越高，保留的胚芽和糊粉层越少，维生素损失就越多。

常见谷类的营养成分如表 5-8 所示。

表 5-8 常见谷类的营养成分（每 100g 食部）

名 称	热能（kcal）	蛋白质（g）	脂肪（g）	碳水化合物（g）	维生素 B_1（mg）	维生素 B_2（mg）	维生素 E（mg）	钙（mg）	铁（mg）
小麦粉（标准粉）	354	15.7	2.5	70.9	0.46	0.05	0.32	31	0.6
小麦粉（标准粉）	361	12.3	1.5	74.9	0.11	0.03	0.32	27	0.7
粳米（极品粳米）	337	6.4	1.2	78.1	0.06	0.02	Tr	3	0.2
玉米面（黄）	339	8.5	1.5	78.4	0.07	0.04	0.98	22	0.4
黑大麦	297	10.2	2.2	78.3	0.54	0.14	—	20	6.5
小米（黄）	355	8.9	3	77.7	0.32	0.06	1.62	8	1.6
荞麦面	329	11.3	2.8	70.2	0.26	0.1	5.31	71	7

3. 各类谷物的营养价值

（1）小麦。小麦约含有 12%～14% 的蛋白质，而面筋占总蛋白质的 80%～85%，主要是麦胶蛋白和麦麸蛋白，它们遇水后膨胀成富有黏性和弹性的面筋质。此外，小麦粉中还含有脂肪、B 族维生素和维生素 E，由于脂肪、维生素和无机盐主要分布在小麦粒的胚芽和糊粉层中，因此小麦粉加工精度越高，面粉越白，其中所含的淀粉越多，而维生素和无机盐含量就越低。标准粉和普通粉除筋力和色泽不如精粉外，其营养价值则高于精粉。

（2）荞麦。荞麦的营养价值比米、面都高。荞麦的蛋白质中氨基酸构成比较平衡，维生素 B_1、维生素 B_2 和胡萝卜素含量相当高，还含有多种独特成分，如苦味素、荞麦碱、芦丁、槲皮素等类黄酮物质，可以预防心血管疾病、糖尿病、青光眼、贫血等。

（3）大米。大米中的蛋白质主要为谷蛋白。大米的营养价值与其加工精度有直接关系，以精白米和精米比较，精白米中蛋白质减少 8.4%，脂肪减少 56%，纤维素减少 37%，钙减少 43.5%，维生素 B_1 减少 59%，维生素 B_2 减少 29%，尼克酸减少 48%。

（4）玉米。玉米中含蛋白质为 8%～9%，主要为玉米醇溶蛋白，玉米蛋白质中赖氨酸和色氨酸含量约为 4.5%。玉米所含维生素 E 和不饱和脂肪酸主要集中在玉米胚芽中，主要为不饱和脂肪酸，还有谷固醇、卵磷脂等。

（5）小米。小米中蛋白质主要为醇溶谷蛋白，其中赖氨酸含量很低，而蛋氨酸、色氨酸和苏氨酸较其他谷类高。小米中含有较多的硫胺素、核黄素和 B-胡萝卜素等多种维生素。

（6）高粱米。高粱米中蛋白质含量为 9.5%～12%，主要为醇溶谷蛋白，其中亮氨酸含量较高，但其他氨基酸的含量较低。由于高粱米中含有一定量的鞣质和色素，因此，蛋白质的吸收利用率较低。高粱米中含脂肪和铁比大米高。

（7）黑米。黑米中蛋白质高于大米，所含锰、锌、铜等无机盐大都较大米高 1～3 倍，更含有大米所缺乏的维生素 C、叶绿素、花青素、胡萝卜素及强心甙等特殊成分，因而黑米比普通大米更具营养，是稻米中的珍品，被称为"补血米""长寿米"。我国民间就有"逢黑必补"之说。

4. 提高谷类营养价值的措施

（1）谷物发芽法和自然发酵法。这两种方法不仅简便易行，而且效果显著。以玉米为例，经发芽以后，玉米的相对营养价值可以提高 30%以上，其中赖氨酸含量提高 60%，蛋氨酸提高 4 倍，色氨酸提高 5.5 倍。

（2）通过基因技术和遗传控制，培育必需氨基酸含量高的谷类新品种。例如，美国已培育出高赖氨酸玉米，其胚乳蛋白质中赖氨酸含量高达 3.39%，比普通玉米高 70%，此外还含有较多的尼克酸。

（3）利用食物蛋白质的互补作用。谷类蛋白质中缺少赖氨酸、苯丙氨酸、蛋氨酸，玉米中缺少赖氨酸和色氨酸。豆类富含赖氨酸，缺少蛋氨酸。因此，可以把谷类与豆类食品相混合使蛋白质和氨基酸互相补充，以提高植物性食物蛋白质的生物效价。

（二）薯类的营养价值

薯类种类较多，主要包括马铃薯、红薯、芋头、山药、木薯等。薯类所含的营养成分较相似，都是富含淀粉的块根类，还含有大量的纤维素、半纤维素，蛋白质、脂肪、矿物质和维生素含量则相对较低，但它们也有不同之处。

1. 马铃薯

马铃薯又称土豆、洋芋等，与稻、麦、玉米、高粱一起称为全球五大作物。马铃薯中淀粉含量为 9%～20%，蛋白质含量为 1.5%～2.3%，脂肪含量为 0.1%～1.1%，粗纤维含量为 0.6%～0.8%。100g 马铃薯中所含的营养成分：能量为 318 千焦，钙为 5～8mg，磷为 15～40mg，铁为 0.4～0.8mg，钾为 200～340mg，碘为 0.8～1.2mg，胡萝卜素为 12～30mg，硫胺素为 0.03～0.08mg，核黄素为 0.01～0.04mg，尼克酸为 0.4～1.1mg。马铃薯既可作为蔬菜也可作为主食，因为一方面马铃薯中的淀粉含量远远高于蔬菜水果，具有谷类食品的特点，营养价值优于米、面；另一方面它又含有较多的矿物质、水溶性维生素及水分，又可作为蔬菜食用。马铃薯与谷类混食可以提高谷类蛋白质营养价值，与鲜牛奶搭配可以提供营养平衡的膳食。

2. 红薯

红薯又称地瓜、甘薯、番薯、山芋，其特点与马铃薯相似，主要被人们作为主食。红薯中含有多种人体需要的营养物质，每 100g 红薯可提供热能 99kcal，含 1.1g 蛋白质、24.7g 碳水化合物、0.2g 脂肪、1.6g 膳食纤维、125μgRE 维生素 A（胡萝卜素）、0.04mg 维生素 B_1、0.04mg 维生素 B_2、26mg 维生素 C、0.28mg 维生素 E、23mg 钙、0.5mg 铁。红薯丰富的 B-胡萝卜素和维生素 C 使其具有较高营养价值，而且颜色越深所含胡萝卜素及维生素 C 也越多，红心地瓜所含胡萝卜素及抗坏血酸最多。

与谷类食品不同的是，谷类的第一限制氨基酸赖氨酸在红薯中含量较丰富，两者可以很好地互补，所含能量也比一般米饭低。红薯中还含有一种类似雌性激素的物质，对保护皮肤、延缓衰老有一定作用。中医认为红薯具有"补虚气、益气力、健脾胃、强肾阴"和"活血、暖胃、益肺"的功效。红薯蛋白质中的黏蛋白能防疲劳，提高人体免疫力，促进胆固醇排泄，防止心血管脂肪沉积和动脉粥样硬化。另外，生、熟红薯对于肿瘤有较强的抑制作用。红薯既可作主食或与主食混食，又可当果蔬食用，经烘烤后的红薯，淀粉糊化，糖分增多，是一种美味食品。红薯还可以做成薯粉、果糖、酒类等食品，还可以晒干以便保存。

（三）豆类、豆制品及坚果类的营养价值

豆类按照营养组成特点分为两类：一是大豆类（黄豆、黑豆和青豆），含有较高的蛋白质和脂肪，碳水化合物相对较少；二是其他豆类（红豆、豌豆、蚕豆、绿豆、小豆、芸豆等），碳水化合物含量较高，蛋白质含量中等，含脂肪少量。豆类是我国居民膳食中植物性蛋白质和植物性脂肪的主要来源，也提供部分膳食纤维、矿物质和 B 族维生素。

1. 黄豆的营养价值

（1）蛋白质。每 100g 黄豆的蛋白质含量为 35g，是植物性食品中含蛋白质最多的，以球蛋白为主，营养价值接近于动物蛋白质，是动物性蛋白质比较理想的替代品。黄豆蛋白含有 8 种必需氨基酸，氨基酸组成接近人体需要，蛋白质的消化率和氮的代谢平衡几乎与牛肉相同，而且富含谷类蛋白较为缺乏的赖氨酸，是与谷类蛋白质互补的天然理想食品，但大豆中的蛋氨酸含量相对低。

（2）脂肪。黄豆中含脂肪 16%，有 85%是不饱和脂肪酸，其中亚油酸在 50%以上，具有较强的天然抗氧化能力，不含胆固醇，且能降低血清胆固醇。大豆油脂中还含有约 1.64%的磷脂和具有较强抗氧化能力的维生素 E。黄豆常作为食用油脂原料。

（3）碳水化合物。每 100g 黄豆中碳水化合物的含量为 34.2g，其中约 50%是可供利用的淀粉、阿拉伯糖、半乳聚糖和蔗糖，而另一半则是膳食纤维（15.5g），主要存在于黄豆细胞壁。每 100g 黄豆可提供能量 359kcal。

（4）维生素。黄豆中维生素以 B 族维生素最多，高于谷类，如 10g 黄豆中含 37μgRE 维生素 A（胡萝卜素）、0.43mg 硫胺素、0.2mg 核黄素、18mg 维生素 E、2.1mg 尼克酸。

（5）矿物质。黄豆中的钙、镁、磷、钾、铁等含量较高，是一类高钾、高镁、低钠食品，每 100g 黄豆中含钙 191mg、磷 465mg、钾 1 503mg、镁 199mg、铁 8.2mg、锌 3.31mg、硒 6.16mg。黄豆含铁量虽高，但生物利用率低，被吸收的绝对量少。

（6）黄豆中的抗营养因子。黄豆中含有一些抗营养因子，可影响人体对某些营养素的消化吸收。在食用大豆前，必须经适当的加工以消除这些抗营养因子，才能充分发挥其营养作用。

① 蛋白酶抑制剂。蛋白酶抑制剂是指存在于大豆、棉籽、花生、油菜籽等植物中，能抑制人体中胰蛋白酶、糜蛋白酶、胃蛋白酶等多种蛋白酶的一类物质。其中以抗胰蛋白酶因子最普遍，对人体胰蛋白酶的活性有部分抑制作用，妨碍蛋白质的消化吸收。因此，必须对大豆中的蛋白酶抑制因子进行钝化后方可食用，主要采取加热的方法处理。然而，近年研究表明，蛋白酶抑制剂作为植物化学物同时也具有抑制肿瘤和抗氧化的作用。

② 豆腥味。黄豆中含有很多酶，其中脂肪氧化酶是产生豆腥味及其他异味的主要酶类。用 95℃以上加热 10~15 分钟，再经乙醇处理后可钝化大豆中的脂肪氧化酶，可较好地脱去豆腥味。此外，通过生物发酵或酶处理也可以去除豆腥味。

③ 胀气因子。黄豆中的水苏糖和棉籽糖，在肠道微生物作用下可以产生胀气，故将两者称为胀气因子。经过加工制成豆制品时胀气因子可以被除去，如豆腐、豆芽、腐乳中的分离蛋白和浓缩蛋白中含量很少。

④ 植酸。黄豆与其他植物性食品一样，也含有相当数量的植酸。黄豆中存在的植酸可与锌、钙、镁、铁等螯合而影响它们被人体的吸收利用。为去除植酸，可通过发制豆芽，使植酸酶活性增强，植酸被分解，从而提高大豆中矿物质的生物利用率。

大豆中还有皂甙、大豆异黄酮、植物红细胞凝血素、抗维生素等抗营养因子。例如，植物红细胞凝血素是一种能够凝聚红细胞的蛋白质，能影响人体生长发育；抗维生素因子抑制某些维生素的吸收利用。但随着人类认识的深入，有些传统上被认为有害的植物化学物往往具有一定的医疗和保健作用，如大豆皂甙就具有降低血脂和血胆固醇的作用。

由于黑豆表皮含有一定量的花青素，使其呈现出黑色，但是黑豆中所含营养素及其营养价值与黄豆差异不大，具有相同的营养保健功能。

2. 我国传统豆制品的营养价值

豆制品所包括的范围，不仅是以大豆为原料的豆制品，还包括以其他豆类为原料生产的豆制品。大豆制品中有非发酵豆制品和发酵豆制品两种。非发酵豆制品有豆浆、豆腐、豆腐干、干燥豆制品等；发酵豆制品有腐乳、豆豉、臭豆腐等。各种大豆制品因加工方法的差异和含水量的高低，其营养价值差别较大。

（1）豆浆。每 100g 豆浆（水分 96.4%）中含蛋白质 1.8g、脂肪 0.7g、碳水化合物 1.1g、硫胺素 0.02mg、核黄素 0.02mg、维生素 E 0.8mg、钙 10mg、磷 30mg。豆浆中蛋白质的利用率可达 90%以上，营养成分丰富，在蛋白质的供给上不亚于牛奶。但脂肪和糖含量较低，维生素 B、维生素 A、维生素 D 比鲜奶少，其中的铁含量虽多但吸收率低。若有针对性地进行营养成分的补充，可以大大提高其营养价值。由于抗营养因子胰蛋白酶抑制剂的存在，必须彻底加热使其破坏后方可食用。

（2）豆腐。每 100g 北方豆腐中含有蛋白质 8.1g、脂肪 3.7g、碳水化合物 4.2g、硫胺素 0.04g、核黄素 0.03g、维生素 E 6.7mg、钙 138mg、磷 158mg，能提供 98kcal 的热量。豆腐中蛋白质消化吸收率要高于豆浆，可以达到 95%左右。

（3）豆芽。豆芽是由大豆、绿豆、黑豆等发制而成，干豆类几乎不含有维生素 C，但经过发制后的豆芽富含维生素 C，每 100g 黄豆芽中维生素 C 含量约为 8mg，绿豆芽约为 6mg。豆芽质地脆嫩，当新鲜蔬菜缺乏时，豆芽是提供抗坏血酸的良好来源。豆芽具有清热解毒、利水消肿、去除胃淤气等功效。虽然大豆芽在发制过程中，豆中的营养成分有不同程度地降解和消耗，但同时大豆中的胰蛋白酶抑制剂可因发芽而被部分去除，蛋白质利用率比未加工大豆提高 10%左右。此外，豆芽中的植酸可被酶降解，增加了矿物质的吸收利用率。

（4）腐乳。腐乳是将块状豆腐经初步发酵，用盐或盐水腌渍，再进行后期发酵制成。大豆蛋白经有益真菌发酵后，产生多种氨基酸、多肽等营养物质，变得更有利于人体吸收利用。

3. 大豆蛋白制品

大豆蛋白制品是应用现代科学技术对大豆进行深加工的产品，有大豆粉、大豆浓缩蛋白、大豆分离蛋白和组织化蛋白。常作为营养食品和保健食品的配料，在食品工业中有重要作用。大豆分离蛋白中蛋白质含量在 90%左右，可用来强化或制成各种植物性高蛋白食品。大豆浓缩蛋白中蛋白质含量约为 70%。

组织化蛋白是将豆粕粉、浓缩蛋白或分离蛋白除去纤维，加入各种调料或添加剂，经过高温高压膨化而成，可以做成各种形状，并有肉的口感，故称人造肉。

在肉类食物中添加一定数量的大豆分离蛋白，在既不影响动物性食品蛋白质的营养价值，也不影响食品的风味的同时，可以大大降低食品生产成本和提高植物蛋白质的转化效率，增加食品产量。此外，大豆蛋白还可以与谷类进行混合搭配以增加食品的营养价值。

4. 其他豆类的营养价值

其他豆类主要有豌豆、蚕豆、绿豆、红豆、豇豆、芸豆等。蛋白质含量为 20%左右，脂肪含量极少，碳水化合物含量占 55%～60%，其他营养素近似大豆。

（1）绿豆。绿豆又叫青小豆，是我国人民喜爱的药食兼用的豆类食物，含有丰富的营养成分。绿豆蛋白质的含量是大米的 3 倍，蛋白质功效比值是各种食用豆类中最高的。氨基酸种类齐全，赖氨酸含量比一般动物性食品还高。绿豆中的多种维生素以及钙、磷、铁等无机盐也都比大米多。因此，它不但具有良好的食用价值，还具有非常好的食补功能。

绿豆性味甘凉，有清热解毒之功，夏季饮用绿豆汤能够清暑益气、止渴利尿，不仅能补充水分，而且还能及时补充无机盐，对维持水液电解质平衡有着重要意义。绿豆还有解毒作用，经常在有毒环境下工作或接触有毒物质的人，应经常食用绿豆来解毒保健。

（2）红小豆。其又名赤豆、红豆，富含淀粉，因此又被人称为"饭豆"，具有"律津液、利小便、消胀、除肿、止吐"的功能，是人们生活中不可缺少的高蛋白、低脂肪、高营养、多功能的小杂粮。红小豆含有较多的皂角甙，可刺激肠道，它有良好的利尿作用，能解酒、解毒，对心脏病、肾病和水肿均有一定的作用。红小豆还含有较多的膳食纤维，具有良好的润肠通便、预防结石、健美减肥的作用。

每100g豆类的营养成分如表5-9所示。

表5-9 每100g豆类的营养成分

种类	蛋白质(g)	脂肪(g)	糖类(g)	纤维(g)	钙(mg)	磷(mg)	铁(mg)	VA(IU)	VB_1(mg)	VB_2(mg)	烟酸(mg)
大豆	40.0	18.0	27.0	3.5	190	500	7	10	0.5	0.2	3.0
豌豆	21.7	1.0	55.7	6.0	58	360	5	100	0.5	0.15	4.5
蚕豆	26.0	1.2	50.9	5.8	100	129	7	150	0.5	0.1	3.0
绿豆	23.0	1.7	54.7	4.0	110	430	6	100	0.5	0.24	3.0
豇豆	23.9	2.0	49.5	4.7	75	570	4	—	—	—	—
扁豆	19.6	1.6	54.5	5.9	75	570	4	—	—	—	—
红小豆	20.9	0.7	54.9	5.0	75	430	4	20	0.5	0.1	2.5

（四）蔬菜和水果的营养价值

蔬菜和水果种类繁多，是主要的副食品。我国栽培较普遍的蔬菜有60多种，分为根菜类、鲜豆类、茄果瓜菜类、葱蒜类、叶菜类、茎菜类、花菜类、水生蔬菜类、野生蔬菜类、食用菌类。蔬菜含有丰富的水分、水溶性维生素、膳食纤维和多种无机盐，是上述营养素的主要来源。此外，蔬菜还有促进肉、鱼、蛋等食物中蛋白质消化吸收的作用。有研究表明，单独吃肉类食品，蛋白质消化吸收率为70%，而肉菜同吃，蛋白质消化吸收率能达80%～90%。

水果分为仁果类、核果类、坚果类、浆果类、柑橘类、什果类，其营养成分和营养价值与蔬菜相似，是人体维生素和无机盐的重要来源。此外，水果普遍含有较多的碳水化合物和纤维素，还富含多种具有生物活性的特殊物质、各种有机酸、芳香物质和天然色素等成分，这些成分使其具有良好的感官性状，对增进食欲、促进消化、丰富食品多样性具有重要意义。

1. 碳水化合物

蔬菜和水果所含碳水化合物包括单糖、双糖、果糖、淀粉、纤维素和果胶等。所含糖的种类和数量因果蔬种类和品种不同而有很大的差别。水果含糖一般比蔬菜多。例如，水果中葡萄、苹果、西瓜等含有较多的单糖和双糖，蔬菜中的胡萝卜、西红柿、南瓜等含有较多的单糖和双糖，苹果和梨以含果糖为主，桃、李、柑橘主要含蔗糖，葡萄、草莓则以葡萄糖和果糖为主。蔬菜水果所含的纤维素、半纤维素、木质素和果胶是人们膳食纤维的主要来源。

2. 维生素

新鲜蔬菜、水果富含各种维生素，是人体维生素 C、胡萝卜素、核黄素和叶酸等水溶性维生素的主要来源。维生素 C 在蔬菜的叶、花、茎内含量较丰富，深绿色蔬菜的维生素 C 含量较浅色蔬菜高，叶菜中的含量较瓜菜中高。水果中含维生素 C 最多的有新鲜大枣，每 100g 含量高达 540mg，此外山楂、柑橘也含有较为丰富的维生素 C。

胡萝卜素在绿色、黄色或红色蔬菜中含量较多，如胡萝卜、南瓜、苋菜、菠菜、韭菜和油菜等蔬菜中含量丰富，而含胡萝卜素较多的水果有山楂、杏、橘等。绿叶蔬菜中，如空心菜、菠菜、油菜、雪里蕻、苋菜等还含有较多的核黄素，但只能满足人体对核黄素的部分要求。

3. 矿物质

蔬菜、水果中含有丰富的矿物质，如钙、磷、铁、钾、钠、镁、铜、锰等，是人体矿物质的主要来源。但蔬菜中存在的草酸、植酸会与钙和铁形成络合物沉淀，影响人体对钙和铁的吸收。因此在选择蔬菜时，不能只考虑其钙的绝对含量，还应注意蔬菜中草酸的含量。食用含草酸多的蔬菜时可先将蔬菜在开水中烫一下，去除部分草酸。水果中的钙与铁的含量一般低于蔬菜，但水果中，特别是香蕉中含有丰富的钾。

4. 芳香物质、有机酸和色素

蔬菜、水果中常含有各种芳香物质和色素，使食品具有特殊的香味和颜色，可赋予蔬菜、水果以良好的感官性状。芳香物质为油状挥发性化合物，主要成分为醇、酯、醛和酮等。

水果富含有机酸，能刺激人体消化腺的分泌，增进食欲，有利于食物的消化。有机酸还可使食物保持一定的酸度，对其所含的维生素 C 具有保护作用。水果中的有机酸以苹果酸、柠檬酸和酒石酸为主，此外还有乳酸、琥珀酸、延胡索酸等。有机酸因水果种类、品种和成熟度不同而异。未成熟的果实中琥珀酸和延胡索酸含量较多，柑橘类和浆果类中柠檬酸含量丰富。

此外，蔬菜水果中还含有一些酶类、杀菌物质和具有特殊生理活性的植物化学物。例如，萝卜中含有淀粉酶，生食有助于消化；大蒜中含有植物杀菌素和含硫化合物，具有抗菌消炎、降低胆固醇的作用；苹果、洋葱、甘蓝、西红柿等含有的类黄酮为天然抗氧化剂，除具有保护心脑血管、预防肿瘤等功能外，还可以保护维生素 C、维生素 E、维生素 A 等不被氧化破坏；南瓜、苦瓜已被证实有明显降低血糖的作用等。

野菜、野果在我国资源丰富，种类繁多。某些野菜含有丰富的胡萝卜素、维生素 B_2、维生素 C 和叶酸，钙、铁含量也较多。野果的特点是富含维生素 C、胡萝卜素、有机酸和植物化学物。常见蔬菜、水果的营养成分如表 5-10 所示。

表 5-10 常见蔬菜、水果的营养成分（每100g 食部）

食物名称	膳食纤维（g）	胡萝卜素（μg）	硫胺素（mg）	核黄素（mg）	叶酸（mg）	维生素C（mg）	钙（mg）	磷（mg）	钾（mg）
白萝卜	1.8	—	0.02	0.01	6.8	19.0	47.0	16.0	167.0
胡萝卜	3.2	4 107.0	—	0.02	4.8	9.0	38.0	38.0	119.0
四季豆	4.7	96.0	0.02	0.05	27.7	—	47.0	47.0	196.0
绿豆芽	1.3	11.0	0.02	0.02	6.1	4.0	19.0	19.0	32.0
茄子（紫皮）	3.0	—	0.03	0.03	6.3	—	21.0	21.0	147.0
番茄	1.9	375.0	0.02	0.01	5.6	14.0	24.0	24.0	179.0
甜椒	1.3	76.0	0.02	0.02	3.6	130.0	—	—	—
秋黄瓜	0.9	40.0	0.02	0.01	—	—	23.0	23.0	141.0
南瓜	2.7	1 518.0	0.03	0.04	31.7	5.0	16.0	56.0	445.0
大葱	2.4	64.0	0.06	0.03	11.5	3.0	63.0	25.0	110.0
韭菜	3.3	1 596.0	0.04	0.05	61.2	2.0	44.0	45.0	241.0
小白菜	1.9	1 853.0	0.01	0.05	57.2	64.0	117.0	26.0	116.0
油菜	2.0	1 083.0	0.02	0.05	103.9	—	148.0	23.0	175.0
菜花	2.7	11.0	0.04	0.04	13.5	32.0	31.0	32.0	206.0
西兰花	3.7	151.0	0.06	0.08	29.8	56.0	50.0	61.0	179.0
油麦菜	2.1	751.0	0.03	0.07	77.9	2.0	60.0	26.0	164.0
空心菜	4.0	1 714.0	0.03	0.05	78.9	5.0	115.0	37.0	304.0
小西瓜	0.4	58.0	0.02	0.02	1.7	2.0	6.0	9.0	177.0
香蕉（红皮）	1.8	36.0	0.02	0.02	11.2	4.0	9.0	17.0	208.0
芒果	—	2 080.0	0.03	0.01	—	14.0	7.0	12.0	153.0
冬枣	3.8	—	0.08	0.09	29.9	243.0	16.0	29.0	195.0
苹果	1.2	20.0	0.06	0.02	—	4.0	4.0	12.0	119.0
梨	3.1	33.0	0.03	0.06	—	6.0	9.0	14.0	92.0
桃	1.3	20.0	0.01	0.03	—	7.0	6.0	20.0	166.0
杏	1.3	450.0	0.02	0.03	—	4.0	14.0	15.0	226.0
葡萄	0.4	50.0	0.04	0.02	—	25.0	5.0	13.0	104.0
柑橘	0.4	890.0	0.08	0.04	—	28.0	35.0	18.0	154.0

（五）某些植物性食物的营养保健价值

1. 食用菌类的营养价值及营养保健功能

食用菌类包括各种菌菇、黑木耳等，具有独特的香气和鲜味，是一类高蛋白质、低脂肪食物，富含大量人体所需的氨基酸、维生素、无机盐和酶类，特别是所含的特殊物质具有重要的药用价值。例如，香菇中的核酸类物质，对胆固醇有溶解作用，有助于防治心血管病；麦角固醇作为维生素D原可预防佝偻病；糖苷等物质具有抗癌作用。

菌菇类有蘑菇、草菇、平菇、香菇等，一般都含有多种维生素。菌菇类食品含有多糖体，能增强人体免疫力、促进抗体的形成，被认为是当前世界上最好的免疫促进剂，并且菌菇类食品也具有抗癌作用。

（1）蘑菇。蘑菇性凉味甘，素有"高级佳肴"的美称，被誉为"山珍佳品"，国际上称之为保健食品。蘑菇所含营养丰富，虽然蛋白质含量不多，但具有人体必需的 8 种氨基酸和含氨物质，特别是含有一般生物少有的伞菌氨酸、口蘑氨酸等成分。常吃蘑菇可增强人体抗病能力，起到预防人体各种黏膜和皮肤发炎及毛细血管破裂的作用，还能降低血液中胆固醇的含量，预防动脉硬化和肝硬化以及体虚纳少等病症。

（2）金针菇。金针菇含有蛋白质、脂肪、碳水化合物、钙、磷、钾、镁等成分。特别是金针菇的纯蛋白含量超过了所有食用菌类纯蛋白的含量，尤以精氨酸、赖氨酸含量丰富，具有促进记忆、开发智力的作用。特别是对儿童智力开发有着特殊的功能，被称为"增智菇"。金针菇不但食用价值很高，而且还有很好的药用价值，成年人和老年人长期食用金针菇，可预防和治疗肝炎及胃肠道溃疡病，降低胆固醇。

（3）香菇。香菇营养丰富，含有 30 多种酶和 18 种氨基酸，其中有 7 种是人体必需氨基酸。香菇多糖和蘑菇多糖能提高机体的免疫能力，具有抗癌作用。香菇中还含有能降低血脂的物质香菇素，适宜高脂血症患者食用。香菇含钙、磷较丰富。

（4）黑木耳。黑木耳含有丰富的蛋白质、木糖和少量脂肪，所含矿物质有钙、磷、铁等，尤以铁的含量最为丰富，为各种食品含铁之冠（185mg/100g），还含有维生素 B_1、维生素 B_2、胡萝卜素、卵磷脂。我国中医认为，黑木耳具有滋阴养胃、润肺补脑、补气益智、活血养颜、凉血止血等功效。黑木耳还能减少血液的凝块，可用于冠心病的辅助治疗。

（5）猴头菇。猴头菇是一种名贵的食用菌，营养丰富，每 100g 所含的蛋白质是香菇的 2 倍；含氨基酸多达 17 种，包括 8 种必需氨基酸；还含有多种无机盐及维生素。近年来，还发现猴头菇对皮肤、肌肉癌肿有明显的抗癌功能。

（6）银耳。银耳具有滋补保健作用，历来与人参、鹿茸等并列，被称为"菌中明珠"。银耳含有蛋白质和多种氨基酸，且以含较多谷氨酸和赖氨酸而著称。银耳能增强人体的免疫力，调动淋巴细胞，加强白细胞的吞噬能力，兴奋骨髓造血机能。银耳还具有清肺热、养胃阴、润肾燥的功效。

2. 野菜的营养价值和营养保健功能

野菜是指在田野山间自然生长，未经人工栽培、施肥、施药，没有农药和化肥污染的天然植物食物资源。野菜的营养价值很高，能提供优质蛋白质，还含有丰富的维生素以及人体所需的钾、钙、磷、镁、铁、锰、锌等多种微量元素。同一般蔬菜相比，有的天然野菜的蛋白质要高出 20%。野菜品种繁多，有的是乔木植物的嫩尖、叶或花，有的是果实，有的是一年或多年生草本植物，有的是根茎类，还有的是蕈菇类。许多野菜在我国古代医书和食疗集中早有记载。

（1）蕨菜。蕨菜自古以来就是我国民间喜食的时鲜野菜。根据科学分析，蕨菜富含蛋白质、脂肪、碳水化合物、钙、磷、铁、胡萝卜素等，具有很高的营养价值。蕨菜具有安神、降压、利尿、解毒、驱虫等功效。

（2）苦菜。苦菜所含营养成分相当可观，除蛋白质、脂肪、碳水化合物、钙、磷外，还有维生素及其他营养成分。具有清热解毒的功效，可入药，能治疗痢疾、肝硬化以及痔疮等，还能治疗"苦夏症"。

（3）马齿苋。马齿苋不仅滋味鲜美、滑润可口，而且营养价值也比较高。马齿苋中含有蛋白质、脂肪、糖、钙、磷、铁、胡萝卜素、维生素等物质，对大肠杆菌、痢疾杆菌、伤寒杆菌均有一定的抑制作用，对血管有显著的收缩作用。此外，马齿苋中还含有较多的 n-3 脂肪酸，可预防血小板凝聚、冠状动脉痉挛和血栓的形成，降低心脏病的风险。

（4）荠菜。初春时期的野荠菜，生长周期短，叶绿鲜嫩、味道纯美、营养丰富。据测定，荠菜含有蛋白质、脂肪、碳水化合物、多种维生素和无机盐类，具有清热解毒、降压、止血、兴奋神经、缩短体内凝血时间的功效。荠菜所含的胡萝卜素几乎与胡萝卜含量相当。因其含有十多种人体必需氨基酸，所以吃起来味道鲜美，烹调后能起到调味素的作用。此外，荠菜还有降血压的作用，可防止高血压和中风。

虽然各种野菜营养丰富并且多具有一定的保健和药用价值，但大部分可食性野菜，如马齿苋、蒲公英等往往含有较多的亚硝酸盐和硝酸盐，对人体健康具有危害。灰菜、野苋菜、榆叶、洋槐花等野菜含有较多的光敏物质，过多食用可引起食用者植物神经紊乱，易发生皮炎。为了防止因吃野菜而发生的诸多不适或中毒，食用前应多浸泡、煮烂、弃汤而食，或晾晒 1～2 天后再吃，并且食用量不宜过大。

3. 常见坚果和干果类食品的营养价值和营养保健功能

坚果类包括花生、葵花子、核桃、杏仁、松子及榛子等，是人们爱吃的食品。坚果类食品均含有丰富的蛋白质和脂肪，蛋白质含量一般在 12%～25%，油脂含量可高达 44%～70%，既是主要的日常零食，也是提取植物性油脂的主要原料。

（1）花生。花生是主要的坚果类食品，含有 18 种氨基酸，其中 8 种是人体必需氨基酸。花生中的碳水化合物含量较低，主要为淀粉、蔗糖和纤维素等。花生中无机盐含量丰富，如钙、磷、钾、铜、铁、锌、镁等。花生中 B 族维生素含量也较多，花生仁上的种皮中所含的硫胺素、核黄素就占总量的 25%。此外，花生还含有维生素 E 和维生素 K 等。花生油是营养价值较高、醇香的食用植物油，其中不饱和脂肪酸占 80%。

（2）杏仁。杏仁的营养丰富而均衡，每 100g 杏仁中含蛋白质 25g 左右，包括 18 种氨基酸，脂肪 50g 左右（亚油酸 8～12g）、苦杏仁甙 3g、膳食纤维 8.8g。此外，它还含有丰富的 B 族维生素、维生素 C 和维生素 E，以及钙、钾、磷、镁、锌、铜、硒等微量元素。由于富含维生素 E，它能促进皮肤微循环，有美容功效。杏仁有降低血脂、胆固醇和甘油三酯指数的作用，能预防心脑血管疾病。

（3）莲子。莲子的主要营养成分有淀粉、棉籽糖、蛋白质、脂肪、钙、磷、铁、烟酸、维生素 C、维生素 B 等。莲子性平、味甘涩，具有养心、益肾、止咳、去热、开胃、润肌肤、黑发、益寿等功效。

（4）核桃。核桃不仅味美，而且营养价值也很高，被誉为"万岁子""长寿果"。核桃含有 60%～70%脂肪、15%～20%蛋白质、10%左右碳水化合物、6.7%纤维素，还含有多种人体必需的微量元素、B 族维生素和维生素 E，可防止细胞老化、健脑、增强记忆力及延缓衰老。核桃仁中的维生素 E 和亚麻油酸是很好的肌肤美容剂，经常食用有润肤乌发的作用。核桃还能减少肠道对胆固醇的吸收，适合动脉硬化、高血压和冠心病病人食用。此外，核桃还具有缓解疲劳和压力、补肾固精、润肠通便、壮实身体的作用。

（5）白果。白果营养极为丰富，是一种高级滋补品，含有蛋白质、脂肪、碳水化合物、钙、磷、铁、胡萝卜素以及多种氨基酸，还有少量的氰甙、赤霉素等物质。白果中的白果酸是一些细菌和真菌（如结核杆菌、皮肤真菌、葡萄球菌等）的抑制剂。传统中医学认为白果味甘苦带涩，性平小毒。其主要功能是敛肺气，定喘嗽，止带浊，缩小便，有化痰、止咳、补肺、通经、利尿等功效。

（6）山楂。山楂又名红果，是我国特有的果品，营养丰富。山楂果肉、核仁内含有大量的纤维素、不饱和脂肪酸、胶原蛋白及硒、铁、锌等微量元素，中医中常用于消食开胃、利尿、活血化瘀、振神清脑、防暑降温。现代医学也证明，山楂有增强心肌收缩力、防止冠心病之效。山楂中的不饱和脂肪酸和黄酮类化合物有明显的软化血管、降血脂、降血压、降胆固醇作用。

（7）大枣。大枣又称红枣、干枣等。大枣营养丰富，主要成分有蛋白质 3.3%、碳水化合物 73%，还含有大量的维生素 C、维生素 B_2、维生素 PP、有机酸，以及钙、铁、磷、钾等微量元素。大枣性温味甘，有润心肺、止咳、补五脏、治虚损、除胃肠癖气的作用，可补脾胃、安心神、养血护肝、滋肾强身、养气生津、润肺止咳，是良好的滋补品。

4. 植物性水产品的营养价值和营养保健功能

（1）食用藻类。海藻属于海洋植物，也被称为海洋蔬菜，有 70 多种海藻可供人类食用，如海带、紫菜、石花菜、裙带菜等。海藻营养价值高，如海带和紫菜，每 100g 分别含蛋白质 8.2g 和 28.2g、脂肪 0.1g 和 0.2g、碳水化合物 56.2g 和 48.5g、纤维素 9.8g 和 4.8g，以及多种矿物质和维生素，热量分别为 258kcal 和 309kcal。褐藻类植物如海带、裙带菜、鹿角菜等都含有褐藻酸、甘露醇、纤维素等。褐藻酸有降脂、止血、抗放射线辐射及预防白血病的作用。

（2）藕。藕含有大量淀粉、蛋白质，还有少量的天门冬素、维生素 C、焦性儿茶酚、新绿原酸、过氧化酶等。藕性寒味甘，具有健脾、开胃、益血、生肌、止泄的功效，是清热解毒、补中养神、益气力、除百病、抗衰老的上等佳品。

（3）荸荠。荸荠主要成分为淀粉，有少量蛋白质和其他营养成分，特别是含矿物质、维生素丰富，另外还含有一种抗菌成分——荸荠英。其性寒味甘，具有清热、化痰、消积的功效，还能治温病中的消渴、黄疸、热淋、痞积、目赤、咽喉肿痛等症。

四、其他食品的营养价值

(一)油脂的营养价值

食用油脂包括植物油和动物脂肪。植物油有豆油、花生油、菜籽油、芝麻油、玉米油、葵花子油、橄榄油、棕榈油、核桃油等;动物脂肪包括动物体脂、乳脂和鱼类脂肪。

植物油含有较多不饱和脂肪酸和维生素 E,动物的储存脂肪中几乎不含维生素,但动物肝脏中的脂肪和奶油中含有较丰富的脂溶性维生素,如维生素 A 和维生素 D。

动物油脂中含饱和脂肪酸和胆固醇较多,食用过多会导致血液中胆固醇水平升高。植物油中的亚油酸等不饱和脂肪酸能使肝内胆固醇分解为胆酸并促使其排泄,从而降低血浆中胆固醇的含量,可预防血管硬化症和冠心病的发生。

由于植物油脂中脂溶性维生素含量较低,因此不能忽视动物性油脂的营养价值,特别是已经产生脂溶性维生素缺乏症的人,如有皮肤粗糙、视力差、夜盲症等症状的人,更要进食一定量的动物油脂。

1. 花生油

花生油属于优质食用油,每 100g 花生油中含脂肪 99.9g(不饱和脂肪酸 82.2g)、维生素 E 51.63mg,适宜冠心病、高血脂和高血压患者食用。

2. 豆油

豆油较其他油脂的营养价值更高,每 100g 豆油中含有脂肪 99.9g、胡萝卜素 0.52mg、维生素 E 137.19mg。中医认为豆油性味甘辛温,能驱虫润肠,常用于肠道梗阻、大便秘结等症的治疗。

3. 菜籽油

菜籽油又称菜油,是从菜籽中榨出来的油。菜籽油所含脂肪酸大部分为不饱和脂肪酸,另外菜籽油中还含有维生素 E,对高血脂病人有着良好的保健作用。

4. 芝麻油

芝麻油是芝麻的种子榨取的油。中医认为芝麻油甘凉,能润燥通便、解毒生肌,常用于治疗肠燥、便秘、蛔虫积食、腹痛、疮肿溃疡、皮肤皲裂和熬制膏药等,是一种高级食用油。芝麻油有很强的抗氧化能力,因其含有天然的抗氧化剂——芝麻酚。它的不饱和脂肪酸中油酸为 38%,亚油酸为 46%,比花生油、菜籽油的含量都高。另外,芝麻油还含有棕榈酸、芝麻素、维生素 E 等,对心血管病患者非常有益。

5. 色拉油

色拉油即生拌油,是采用菜籽油、大豆油、花生油等混合,运用脱胶脂、脱酸、脱蜡、脱色、脱臭等工艺后制成。其油质清澄透明、色泽浅淡,入锅中加热不变色、不变焦、无油烟,使菜肴鲜亮有美感,且风味淡雅。我国市场上的色拉油大多数以菜籽油为原料精制而成,也有一部分是以大豆油为原料。色拉油在加工时,已在高温、真空条件下除去了产生油烟的成分,也除去了异味。一般来说,大豆色拉油比菜籽色拉油的营养价值高,尤其适合中老年人食用。

6. 猪油

猪油是从猪的脂肪组织(如板油、肠油、皮下脂肪层的肥膘)中提炼出来的动物性油脂,其中从板油熬炼出来的猪油质量最好。猪油在液态时透明清澈,在 10℃以下呈白色膏状,具有清香味道。每 100g 猪油中含脂肪 88.8g、胆固醇 85mg、维生素 B 20.01mg、尼克酸 0.1mg。猪油的熔点比羊油、牛油都低,易被人体吸收。猪油中的胆固醇和花生四烯酸等特殊物质在植物油中是不存在的,这些物质是人脑和神经细胞的重要成分。

(二)调味品的营养价值

调味品是烹饪过程中主要用于调配食物口味的一类原料,有的来源于天然的植物花蕾、种子、皮、茎、叶等,有的来自天然的矿物性物质,还有的是人工酿造和提炼的产品。

1. 食盐

食盐的主要成分是氯化钠,粗盐中还有少量的碘、钙、镁、钾等。长期的高盐饮食与高血压等心血管疾病的患病风险密切相关。正常人每日需食盐的量不超过 6g 为宜,对于已患高血压的病人每天应控制在 3~5g,患心脏病、肾脏病、肝脏病也应限制食盐摄入量,以防病情加重。

2. 酱油

酱油是用脱脂大豆加面粉为原料酿造而成的营养价值较高的调味品。在酿造发酵过程中,原料中蛋白质分解成胨、肽和氨基酸等产物,赋予酱油独有的味道。初制的酱油中含有蛋白质、碳水化合物、钙、磷和维生素 B 等营养成分。由于酱油中添加了较多的盐,所以高血压、心脏病患者应尽量少食酱油。

3. 食醋

食醋是以粮食、糖、酒等为原料,经发酵配制而成。食醋按原料不同分为米醋、糖醋和酒醋等。醋中主要含有 3%~5%的醋酸。食醋是烹饪中的重要调味品之一,以酸味为主,且有芳香味,能去腥解腻,增进鲜味和香味,并在食物加热过程中保护维生素 C 不受破坏,还可以使烹饪原料中的钙质溶解而利于人体吸收,对细菌有一定的杀灭和消毒作用。

4. 味精

味精是以淀粉为原料,用微生物发酵,经提取、浓缩、结晶等过程制成的,主要成分是谷氨酸钠。味精含鲜味与溶解度有很大关系,在弱酸和中性溶液中溶解度最大,具有强烈的肉鲜味;在碱性溶液中不但没有鲜味,反而有不良气味;高温会导致味精变性,失去鲜味甚至产生毒性,所以不易过早地加入处在高温下的菜肴中。使用味精还应适量,用量多会产生一种似咸非咸、似涩非涩的怪味道。

味精不仅是很好的鲜味调味品,也是一种很好的营养品。进入胃内就还原成为谷氨酸被人体直接吸收,对改善细胞的营养状况,防止儿童发育不良,治疗神经衰弱都有一定作用。

5. 葱、姜、大蒜、辣椒

葱、姜、大蒜含有丰富的各类挥发性的生物活性物质,在中式烹调中是极其重要的调味品,应用十分广泛,尤其是在烹调肉、禽、鱼类食品和调制凉菜时。

(1)大蒜。大蒜为百合科葱属植物蒜的鳞茎,营养成分十分丰富,除含有糖、蛋白质、脂肪、维生素和矿物质外,还含有具特殊生物活性作用的成分蒜素和超氧化物歧化酶(SOD)等。大蒜不仅具有较高的营养价值,而且具有很高的食疗作用。临床研究表明,大蒜中的大蒜素及其降解物能够抗癌、杀菌,具有预防痢疾、冠状动脉硬化、心脏病,杀死结核杆菌,清除体内淤血等功效。

(2)姜。姜是一味极为重要的调味品,它可以将自身的辛辣味和特殊芳香渗入菜肴中,使之鲜美可口,味道清香。生姜具有解毒杀菌的作用,吃松花蛋或鱼蟹等水产时,通常会放上一些姜末、姜汁。姜还具有促进血行、祛散寒邪的作用,饮热姜汤对着凉、感冒能起到很好的预防和治疗作用。生姜中的姜辣素进入人体后,能产生一种抗氧化酶,抗氧自由基的效果超过维生素 E。常吃姜可以预防机体发生癌症,抵抗衰老。烂姜、冻姜不要吃,因为姜变质后会产生致癌物。

(3)葱。葱可作调味品用于煎炒烹炸、生食或拌凉菜,同时具有防治疫病的功效。葱含有刺激性气味的挥发油,能祛除菜肴中的异味,产生特殊香气。它还含有前列腺素 A,有舒张小血管、促进血液循环的功效,有助于防止血压升高所致的头晕,使大脑保持灵活和预防老年痴呆。经常吃葱的人,可降低胆固醇水平,强壮体质。葱含有微量元素硒,可降低胃液内的亚硝酸盐含量,对预防胃癌及多种癌症有一定作用。葱中的挥发性辣素有较强的杀菌作用。

(4)辣椒。辣椒含有辣椒素,能增强胃肠蠕动,促进消化液分泌,增进食欲,加速新陈代谢以达到减肥作用。辣椒素还可以促进荷尔蒙分泌,对皮肤有很好的美容保健作用。辣椒含有丰富的维生素 C,可以控制心脏病及冠状动脉硬化,降低胆固醇。它还含有较多抗氧化物质,可预防癌症及其他慢性疾病。

(三)酒类的营养价值

我国的酒类根据制造方法的不同分为三类,即蒸馏酒、发酵酒和配制酒。酒对人体产生作用的主要成分是乙醇,少量乙醇可兴奋神经中枢,促进血液循环和增强物质代谢;过量饮酒对人体有害,严重的可造成酒精中毒致死。孕妇、儿童不宜饮酒。

蒸馏酒中以白酒居多。白酒种类很多,风味各异,乙醇含量在 20%~60%。白酒的香味成分非常复杂,一般由醇、酯、醛类物质组成,起呈香作用。白酒具有高能量的营养特点，少量饮用具有刺激食欲、补充能量、舒筋活血的功效，过量饮用则会对身体健康造成危害。

啤酒属发酵酒，是世界上饮用最广、消费量最多的酒。啤酒营养丰富，除含有乙醇和二氧化碳外，还含有果糖、麦芽糖和糊精等碳水化合物，以及无机盐，如钙、磷、钾、镁、锌等，素有"液体面包"的美誉。啤酒在发酵过程中产生多种氨基酸、脂肪酸以及醇、醛、酮类物质，构成独特的风味。优质啤酒在一定程度上会刺激胃液分泌，促进消化和利尿。适量饮用啤酒对预防肾脏病、高血压、心脏病有一定的作用。

葡萄酒是果酒中最有代表性的一种。其香味成分主要来自丙醇、异戊醇和乳酸乙酯。其营养成分有酒精、有机酸、挥发酯、多酚及丹宁物质，丰富的氨基酸、糖、多种维生素，还有钾、钙、镁、铜、锌、铁等无机盐。经常饮用葡萄酒，不仅能为人体提供多种营养素和能量，还有预防肝病和心脏病、抗衰老、美容养颜的作用。

黄酒是中国最古老的饮料酒，它具有独特的风味和很高的营养价值。黄酒含有糖类、糊精、有机酸、维生素等营养物质，其氨基酸含量居各种酿造酒之首。我国传统中医学常将黄酒用作药引，具有很好的补益增效作用。

（四）茶饮料的营养价值

1. 茶的化学成分

茶叶中化学成分种类繁多，组成复杂。研究表明，茶叶的化学成分有 500 种之多，其中有机化合物达 450 种以上，无机化合物约有 30 种。茶叶中的化学成分归纳起来可分为水分和干物质两大部分。干物质一般占鲜叶重的 22%～25%，包括有机质和矿物质，有机质占 93% 以上。

（1）水分。水分是茶树生命活动中必不可少的成分，是制茶过程中一系列化学变化的重要介质。制茶过程中茶叶色香味的变化就是伴随着水分变化而变化的。因此，在制茶时常将水分的变化作为控制品质的重要生化指标。

（2）蛋白质与氨基酸。茶叶中的蛋白质含量占干物质总量的 20%～30%，氨基酸含量占干物质总量的 1%～4%。茶叶中的氨基酸有茶氨酸、谷氨酸等 25 种以上，其中茶氨酸含量约占氨基酸总量的 50% 以上。氨基酸尤其是茶氨酸是形成茶叶香气和鲜爽度的重要成分。

（3）生物碱。茶叶中的生物碱包括咖啡因、可可碱和茶碱，其中以咖啡因的含量最多，约占干物质的 2%～5%，是形成茶叶滋味的重要物质，其他含量甚微，所以茶叶中的生物碱含量常以测定咖啡因的含量为代表。咖啡因对人体有多种药理功效，如提神、利尿、促进血液循环、助消化等。

（4）茶多酚。茶多酚是茶叶中 30 多种多酚类物质的总称，包括儿茶素、黄酮类、花青素和酚酸等四大类物质。茶多酚的含量占干物质总量的 20%～35%。而在茶多酚总量中，儿茶素约占 70%，它是决定茶叶色、香、味的重要成分，其氧化聚合产物茶黄素、茶红素等，对红茶汤色的红艳度和滋味有决定性作用。黄酮类物质是形成绿茶汤色的主要物质之一。花青素呈苦味，花青素过多会降低茶叶的品质，影响红茶汤色的红艳度，会造成绿茶滋味苦涩。

（5）糖类。茶叶中的糖类包括单糖、双糖和多糖三类，占干物质总量的 20%～25%。单糖和双糖易溶于水，含量为 0.8%～4%，是组成茶叶滋味的物质之一。茶叶中的多糖是衡量茶叶老嫩度的重要成分。茶叶中的水溶性果胶是形成茶汤厚度和外形光泽度的主要成分之一。

（6）有机酸。茶叶中的有机酸是形成茶香气的主要成分之一，现已发现茶叶香气成分中有机酸的种类达 25 种。有些有机酸本身虽无香气，但经氧化后转化为香气成分，如亚油酸等；有些有机酸是香气成分的良好吸附剂，如棕榈酸等。

（7）脂类。茶叶中的脂类物质包括脂肪、磷脂、甘油酯、糖脂和硫酯等，含量占干物质总量的 8%左右，对形成茶叶香气有着积极作用。

（8）色素。茶叶中的色素包括脂溶性色素和水溶性色素两部分，含量仅占茶叶干物质总量的 1%左右。脂溶性色素不溶于水，有叶绿素、叶黄素、胡萝卜素等。水溶性色素有黄酮类物质、花青素及茶多酚氧化产物。绿茶、红茶、黄茶、白茶、青茶、黑茶六大茶类的色泽均与茶叶中色素的含量、组成、转化密切相关。

（9）芳香物质。茶叶中的芳香物质是指茶叶中挥发性物质的总称。通常茶叶含有的香气成分化合物达 5 300 余种（绿茶 100 种以上，红茶 300 种以上），鲜叶中的芳香物质以醇类为主，低沸点的青叶醇具有强烈的青草气，高沸点的沉香醇、苯乙醇等具有清香、花香等特性。成品绿茶的芳香物质以醇类和吡嗪类的香气成分含量较多，红茶香气成分以醇类、醛类、酮类、酯类等香气化合物为主，它们多是在烘炒过程中或加工过程中氧化而成。

（10）维生素。茶叶中含有丰富的维生素，其含量占干物质总量的 0.6%～1%。其中脂溶性维生素以维生素 A 含量较多，但由于其不溶于水，饮茶时不能被直接吸收利用。水溶性维生素以维生素 C 含量最多，一般每 100g 高级绿茶中含量可达 250mg 左右，最高的可达 500mg 以上。

除以上化学成分外，茶叶中还含有丰富的酶类和无机化合物。茶叶加工就是利用酶的特性，钝化或激发酶的活性而获得各类茶特有的色香味。茶叶中的无机化合物占干物质总量的 3.5%～7.0%，其中水溶性和不溶性成分分别占 2%～4%和 1.5%～3.0%。

2. 茶的营养功能

（1）补充人体需要的多种维生素。茶叶中含有多种维生素，经常喝茶是补充水溶性维生素的好办法，每人每日只要喝 10g 左右的高档绿茶，就能满足人体对维生素 C 的日需要量。

（2）补充人体需要的蛋白质和氨基酸。茶叶中能被直接吸收利用的水溶性蛋白质含量约 2%，茶叶中的氨基酸丰富，多达 20 几种，其中异亮氨酸、苏氨酸、赖氨酸等是人体必需氨基酸，可作为人体日需要量的补充来源。

（3）补充人体需要的矿物质元素。茶叶中含有人体所需的大量矿物质，每克绿茶中平均含锌量达 73μg，高的可达 252μg。

3. 茶的保健功能

茶不仅具有提神清心、清热解暑、消食化痰、去腻减肥、解毒醒酒、生津止渴、降火明目等功能，还对现代疾病，如辐射病、心脑血管病、癌症等有疗效。茶叶具有药理作用的主要成分是茶多酚、咖啡因、脂多糖等。

（1）延缓衰老，抑制心血管疾病和预防癌症。茶多酚具有很强的抗氧化性和生理活性，是人体自由基的清除剂，其抗衰老效果比维生素 E 强 18 倍。茶多酚可降低血液黏稠度，抑制动脉粥样硬化，阻断亚硝胺的形成，并且有直接杀伤癌细胞和提高机体免疫能力的功效。

（2）预防和治疗辐射损伤，抑制和抵抗病原菌。根据临床试验，用茶叶提取物对肿瘤患者的轻度放射病和白细胞减少症状疗效明显。茶多酚有较强的收敛作用，对病原菌、病毒有明显的抑制和杀灭作用，对消炎止泻有明显效果。

（3）醒脑提神，利尿解乏。茶叶中的咖啡因能增强大脑皮层的兴奋过程，起到提神益思、清心的效果；咖啡因还可以刺激肾脏，促使尿液迅速排出体外。

（4）美容减肥，护齿明目。茶多酚具有消毒、灭菌、抗皮肤老化、减少日光中的紫外线辐射对皮肤的损伤等功效。喝茶还可以增强分解脂肪的能力，有助于减肥。

此外，经常饮茶对减少眼疾、护眼明目、降低龋齿发病率都有积极显著的作用。

第三节　膳食指南和平衡膳食宝塔

一、合理营养

在现代生活中，人们的饮食观念随着生活水平的提高和饮食科学的发展而不断更新，对膳食的要求不再满足于吃饱、吃好，健康营养正逐渐成为人们餐饮消费的价值取向，在追求食物美味的同时，更注重食物的合理选择和搭配，以达到营养和健康的要求。

现代医学证明，人类各种疾病的发生，或多或少都与人体内元素平衡失调有关，如心血管病就与钾、镁、锌、硒的不足有关。所以，人体内元素的平衡（即营养平衡）是至关重要的。

（一）合理营养与平衡膳食

所谓合理营养是指依据基础营养理论，通过制定合理的膳食结构和膳食制度，以及科学的膳食加工烹调手段，为人们提供总能量和各种营养素充足且比例适宜、适合人体消化机能和感官需要、卫生和安全的食物，以达到满足人体营养生理需要与膳食摄入的各种营养素之间的平衡，保持人体健康的目的。

合理营养首先就是要通过膳食调配合理掌握膳食中各种食物的种类、数量、质量及比例，使食物中的营养素达到平衡，并通过科学的烹调加工来改善食品的营养、感官性状和卫生质量，避免烹调过程中营养素的损失或有害物质的形成，以满足人体生理和心理需要。其次，应建立合理的膳食结构和膳食制度。

平衡膳食是指符合营养供应量标准的多样化的膳食，它既能满足人体对各种营养素的需要，防止营养缺乏，又能避免因营养素摄入过量而引起的疾病，达到合理营养、促进健康的目的。合理营养是健康的物质基础，而平衡膳食又是合理营养的根本途径。膳食平衡主要通过合理的膳食结构、合理的膳食制度、合理制定食谱、合理选料与切配、合理烹调制作等环节来实现。

1. 合理的膳食结构

膳食结构一般是指膳食中所包括的食物种类、数量、质量及其在膳食中所占的比重。合理的膳食结构应满足以下需求。

（1）供给人体所需的各种营养素。膳食里面的营养素应全面、比例合理、质量好、容易消化，保证人体维持各种正常的生理功能。

（2）各种营养素之间的比例要均衡。热能营养素达到一个合适的比例才能有利于人体健康，预防疾病的发生。一般认为，食物中三大热能营养素摄入量的合理比例为：碳水化合物占 60%～70%，脂肪占 20%～25%，蛋白质占 10%～15%。现在中国城市居民由脂肪产生的能量已经达到了 35.4%，这意味着城市居民发生心脑血管疾病的危险性大大增加。例如，蛋白质来源中，优质蛋白质要达到全部蛋白质的 30%～50%，8 种必需氨基酸要占到全部氨基酸的 40%左右。

（3）食物应多样化。合理的营养来自于合理的膳食，食物要多样化，以谷类为主；多吃蔬菜、水果和薯类；常吃乳类、豆类及其制品；经常吃适量鱼、禽、蛋、瘦肉，少吃肥肉和荤油；吃清淡少盐的膳食；吃清洁卫生、不变质的食物。只有这样才能有效地预防高血压、心脏病、脑血管疾病、糖尿病以及肿瘤等的发生。

2. 合理的膳食制度

所谓膳食制度是指把每天的食物定质、定量、定时地分配食用的习惯做法。在一天内的不同时间，人的生理状况不同，机体对能量和营养素的需要也不完全相同。因此，针对人们的生理状况、消化特点、不同生活工作及学习情况，合理安排一天的餐次，两餐间隔时间和每餐的数量和质量，拟定出适合不同个体生理需要的膳食制度是极为重要的。确定膳食制度要注意以下几个方面。

（1）每日餐次。目前我国居民的生活习惯一般是正常成人每日三餐，对于婴幼儿、某些疾病患者等特殊人群可适当调整。

（2）用餐时间。每日用餐时间应与每日作息时间相适应，做到三餐定时。进餐间隔时间不宜过长，也不能太短，因为一般混合性膳食的胃排空时间为 4～5 小时，因此三餐间隔以 4～5 小时为宜。大多数人一天主要活动在上午，因而要特别注意吃早餐，不吃早餐会降低工作学习效率，还会损害身体健康。

（3）食物分配。各餐的食物数量分配应根据劳动和活动需要的生理状况安排，比较合理的能量分配应是午餐稍多，早餐和晚餐较少。通常早餐摄入的能量应占全天总能量的

25%~30%，午餐占 40%，晚餐占 30%~35%。

3. 合理制定食谱

食谱的基本内容包括依据营养学原理合理确定和搭配每天主副食品的种类与数量，选择原料和加工烹调的方法，确定菜肴的名称。编制食谱的目的是为了使人体有计划地得到所需要的能量和营养素。食谱一般有一日食谱或每周食谱等，可根据不同需要来定。

4. 合理选料与切配

合理选配食品原料同样是具体实施平衡膳食的重要环节，对食物原料进行合理选择、整理、清洗和刀工切配，除了对菜肴的质与量、感官性状、食品成本等有重要影响外，与菜肴的营养卫生有着更密切的关系。在选料和切配时要注意：必须高度重视原料的卫生要求和新鲜度；清洗切配过程中要注意减少营养素的损失；要重视合理配菜，使菜肴的营养成分更趋合理。

5. 合理烹调制作

合理烹调就是运用科学的烹调方法，对食物进行烹调和消毒，使制成的饮食产品具有色、香、味、形、质都良好的感官性状，营养充足并易于消化吸收，合乎安全要求。在食物加工的过程中还必须注意运用科学合理的技术工艺和方法，尽量减少营养素的损失。例如，做米饭时尽量减少淘米次数，不要用力搓洗，不要丢弃米汤；油炸面食会破坏面粉中的维生素，应尽量减少采用；蔬菜最好先洗后切，急火快炒，尽量不采用先焯水再炒的方法；煮菜汤时应在水开后下菜，煮的时间不宜太长。

（二）不同国家的膳食结构

由于世界各国（地区）在自然环境条件、历史文化、经济发展水平、民俗生活和饮食习惯上的差异，各国、各地区、各民族人群的膳食结构也有明显的不同。从营养学角度，一般将不同国家（地区）居民的膳食结构归纳为以下四种。

1. 动植物食物平衡的膳食结构

以日本为代表的膳食结构中动物性和植物性食物比较均衡；膳食能量能满足人体需要又不至于过剩；蛋白质、脂肪、碳水化合物的功能比例合理；膳食纤维和铁、钙等较充足；动物脂肪不高，可避免营养缺乏和营养过剩；动物性食物中水产品占较大比重。此类膳食结构已成为世界各国的参考。

2. 动物性食物为主的膳食结构

以欧美发达地区为代表的膳食结构，属于营养过剩型的膳食，特点为"三高一低"，即高热能、高蛋白、高脂肪和低纤维。动物性食物及食糖摄入量大，谷物消费量少。营养过剩导致的膳食相关疾病，如肥胖、高血压、糖尿病和肿瘤等成为主要健康问题。

3. 植物性食物为主的膳食结构

不发达国家和地区居民的膳食结构以植物性食物为主、动物性食物为辅；膳食能量基本可满足人体需要；蛋白质、脂肪摄入量均低；铁、钙、维生素 A 摄入不足。营养缺乏病是主要营养问题。

4. 地中海式膳食结构

这是地中海地区居民特有的，膳食富含植物性食物，如蔬菜、水果、豆类、果仁等；食物加工程度低，新鲜度高；橄榄油是主要的食用油；每天食用适量的奶酪和酸奶；每周食用适量的鱼、禽、蛋；新鲜水果为每日餐后食品；牛肉、猪肉、羊肉每月食用几次；大部分成年人有饮葡萄酒的习惯。此种膳食结构中含有的饱和脂肪酸低，尽管人均食用油摄入量比美国、日本等国居民都高得多，但心血管疾病发病率明显低。

中国居民传统膳食结构以植物性食物为主，动物性食物为辅，表现为高碳水化合物、高膳食纤维、低动物性食物的特点。南方居民多以大米为主食，北方居民则多以小麦、玉米为主食，摄入谷类食物和蔬菜较多，因而膳食纤维丰富。但随着经济发展和居民生活水平的提高，我国部分居民的膳食结构已经呈现出高蛋白、高脂肪、高能量、低膳食纤维的特点。要想做到合理的膳食营养，应从四方面入手：（1）合理的膳食结构，保证膳食中各种营养素的质与量和均衡的比例；（2）合理的膳食制度，一日三餐做到定质、定量、定时；（3）合理的食谱，做到主副食的多样化；（4）合理的加工烹调方式。

二、膳食指南与膳食宝塔

（一）膳食指南概述

膳食指南是政府或者有关组织机构根据营养学原理制定的用以指导人们合理选择与搭配食物的原则和陈述性建议。制定膳食指南的目的在于通过倡导平衡膳食和合理营养，改善和优化饮食结构，以减少与膳食有关的疾病发生。它对于促进全民健康，指导食品工业、餐饮业生产经营发挥着重要的作用。

最早的膳食指南出现在 1918 年的英国。20 世纪 30 年代，国际联盟向大众推荐的膳食中包括一些有利于健康的食物，如牛乳、叶菜、鱼、肉、蛋等，当时称为"食物目标"（食物指南）。1968 年，瑞典提出要把饱和脂肪酸限制在总能量的 25%～35%，当时称为"膳食目标"。1980 年，美国农业部和卫生部联合颁布了美国的第一个膳食指南，以后每 5 年修订一次。每一次修订都根据美国营养调查结果和营养科学的发展进行改进和完善，20 世纪 70 年代末以来，许多国家都相继制定了各自的膳食指南，如加拿大、新西兰、法国等。

国民营养与健康状况是反映一个国家或地区经济与社会发展、卫生保健水平和人口素质的重要指标。努力提高中华民族的营养水平和健康素质既是全面建设小康社会的重要组成部分，也是综合国力竞争的核心指标。20 世纪 90 年代以来，我国社会经济快速发展，城乡居民的膳食状况明显改善，国民整体营养水平大大提高，营养不良患病率下降。然而，部分人群膳食结构不合理及体育活动减少，引起肥胖、高血压、糖尿病、高脂血症等慢性疾病患病率快速增加；与此相反，贫困农村地区部分人群营养缺乏问题仍然存在，这些都成为威胁国民健康的突出问题。中国营养学会于 1989 年提出了第一个膳食指南，1997 年和 2007 年正式发布《中国居民膳食指南（1997）》和《中国居民膳食指南（2007）》。

2010 年，中国营养学会依据当前中国居民膳食和营养摄入情况，以及存在的突出问题，结合营养素需要量和食物成分的新知识，对《中国居民膳食指南（2007）》进行了修订和补充，《中国居民膳食指南（2011）》正式发布并出版。新的膳食指南以先进的科学证据为基础，密切联系当前我国居民膳食营养的实际，建议居民选择平衡膳食、注意食品卫生、进行适当的身体活动、保持健康体重，对各年龄段的居民摄取合理营养，避免由不合理的膳食带来疾病具有普遍的指导意义。2017—2018 年，国家卫生健康委员会发布了《中国居民膳食营养素参考摄入量》第 1 部分宏量营养素、第 2 部分常量元素、第 4 部分脂溶性维生素、第 5 部分水溶性维生素等推荐性卫生行业标准。

（二）中国居民的膳食指南

最新版《中国居民膳食指南》由一般人群膳食指南、特定人群膳食指南和中国居民平衡膳食宝塔三部分组成。该指南对 6 岁以上正常人群的膳食结构提供了 10 条建议。特定人群膳食指南是根据孕妇、乳母、婴幼儿、学龄前儿童、少年儿童和老年人等特定人群的生理特点及其膳食营养需要而制定。为了更简便地帮助人们在日常生活中实践膳食指南的建议，《中国居民平衡膳食宝塔》以直观的形式，告诉居民每日应摄入的食物种类、合理数量及适宜的身体活动量和饮水量，强调控制食盐摄入，并提供了食物同类互换的基本方法。

1. 食物多样，蔬菜为主，粗细搭配

人类的食物是多样化的。各种食物所含的营养成分不完全相同，每种食物都至少可提供一种营养物质，但任何一种天然食物都不能提供人体所需的全部营养素。平衡膳食必须由多种食物组成，才能满足人体各种营养需求，达到合理营养、促进健康的目的。多样化的食物结构可分为以下五大类。

（1）谷类及薯类。谷类包括米、面、杂粮等，薯类包括马铃薯、甘薯等，主要提供碳水化合物、植物蛋白质、膳食纤维及 B 族维生素。

（2）动物性食物。包括肉、禽、鱼、奶、蛋等，主要提供动物蛋白质、脂肪、矿物质、维生素 A、B 族维生素和维生素 D。

（3）豆类和坚果。包括大豆、其他干豆类及花生、核桃、杏仁等坚果类，主要提供植物蛋白质、脂肪、膳食纤维、矿物质、B 族维生素和维生素 E。

（4）蔬菜、水果和菌藻类。主要提供膳食纤维、矿物质、维生素 C、胡萝卜素、维生素 K 及有益健康的植物化学物质。

（5）纯能量食物。包括动植物油、淀粉、食用糖和酒类，主要提供能量。动植物油还可以提供维生素 E 和必需脂肪酸。

谷类食物是中国传统膳食的主体，是人体能量的主要来源，也是最经济的能源食物。

根据中国居民营养与健康状况调查的结果,在一些比较富裕的家庭中,动物性食物的消费量已超过了谷类的消费量,这类膳食结构提供的能量和脂肪过高,而膳食纤维过低,对一些慢性病的预防不利。坚持以谷类为主,保持每天适量的谷类食物摄入,可避免高能量、高脂肪和低碳水化合物膳食结构的弊端,一般成年人每天摄入 250~400g 为宜。另外还应注意粗细粮搭配,经常吃一些粗粮、杂粮和全谷类食物(每天最好能吃 50~100g),这类食物往往保留了谷类精制加工过程中丢失的大量维生素、矿物质和膳食纤维。

2. 多吃蔬菜、水果和薯类

新鲜蔬菜、水果是人体平衡膳食的重要组成部分,是维生素、矿物质、膳食纤维和植物化学物质的重要来源,水分多、能量低。薯类含有丰富的淀粉、膳食纤维以及多种维生素和矿物质。富含蔬菜、水果和薯类的膳食对保持身体健康,保持肠道正常功能,提高免疫力,降低患肥胖、糖尿病、高血压等慢性疾病风险具有重要作用。推荐我国成年人每天吃蔬菜 300~500g,最好深色蔬菜约占一半,水果 200~400g,并注意增加薯类的摄入。

3. 每天吃奶类、豆类及其制品

奶类富含优质蛋白质、维生素和钙质,营养成分齐全,组成比例适宜,容易消化吸收。从中国居民营养与健康状况调查结果显示,我国城乡居民钙摄入量与奶类制品摄入量均不足,应大大提高奶类的摄入量。建议每人每天饮奶 300g 或相当量的奶制品,饮奶量更多或有高血脂和超重肥胖倾向者应选择减脂、低脂、脱脂奶及其制品。

大豆含丰富的优质蛋白质、必需脂肪酸、B 族维生素、维生素 E 和膳食纤维等营养素,且含有磷脂、低聚糖,以及异黄酮、植物固醇等多种植物化学物质,是优质蛋白质的重要来源。为提高农村居民的蛋白质摄入量及防止城市居民过多消费肉类带来的不利影响,应适当多吃大豆及其制品,建议每人每天摄入 30~50g 大豆或相当量的豆制品。

4. 常吃适量的鱼、禽、蛋和瘦肉

鱼、禽、蛋和瘦肉均属于动物性食物,是人类优质蛋白质、脂类、脂溶性维生素、B 族维生素和矿物质的良好来源,是平衡膳食的重要组成部分。动物性食物中蛋白质不仅含量高,而且氨基酸组成更适合人体需要,尤其富含赖氨酸和蛋氨酸,如与谷类或豆类食物搭配食用,可明显发挥蛋白质的互补作用。但动物性食物一般都含有一定量的饱和脂肪酸和胆固醇,摄入过多可能增加患心血管病的危险性。

鱼类脂肪含量一般较低,且含有较多的多不饱和脂肪酸,有些海产鱼类富含二十碳五烯酸(EPA)和二十二碳六烯酸(DHA),对预防血脂异常和心脑血管病等有一定作用。禽类脂肪含量也较低,且不饱和脂肪酸含量较高,其脂肪酸组成也优于畜类脂肪。蛋类富含优质蛋白质,各种营养成分比较齐全,是很经济的优质蛋白质来源。畜肉类一般含脂肪较多,能量高,但瘦肉脂肪含量较低,铁含量高且利用率好。肥肉和荤油为高能量和高脂肪食物,摄入过多往往会引起肥胖,并且是某些慢性病的危险因素,应当少吃。

目前我国部分城市居民食用动物性食物较多,尤其是食入的猪肉过多,应调整肉食结构,适当多吃鱼、禽肉,减少猪肉摄入。相当一部分城市和多数农村居民平均吃动物性食

物的量还不够，应适当增加。推荐成人每日摄入量：鱼虾类 50～100g、畜禽肉类 50～75g、蛋类 25～50g。

5. 减少烹调油用量，吃清淡少盐膳食

脂肪是人体能量的重要来源之一，并可提供必需脂肪酸，有利于脂溶性维生素的消化吸收，但是脂肪摄入过多是引起肥胖、高血脂、动脉粥样硬化等多种慢性疾病的危险因素之一。膳食盐的摄入量过高与高血压的患病率密切相关。2002 年中国居民营养与健康状况调查结果显示，我国城乡居民平均每天摄入烹调油 42g、食盐 12g，远高于合理的摄入水平，导致我国居民相关慢性疾病的发病率迅速增加。食用油和食盐摄入过多是我国城乡居民共同存在的营养问题。因此，应养成吃清淡少盐膳食（少食太油腻、太咸食物，过多动物性食物和油炸、烟熏、腌制食物）的习惯。每人每天烹调油用量不超过 25g 或 30g；食盐摄入量不超过 6g（包括酱油、酱菜、酱中的食盐量）。

6. 食不过量，天天运动，保持健康体重

进食量和运动是保持健康体重的两个主要因素，如果进食量过大而运动量不足，多余的能量就会转化为体内脂肪，造成超重或肥胖；相反，若食量不足，可引起体重过低或消瘦。体重过高和过低都是不健康的表现，易患多种疾病，缩短寿命。所以，应保持进食量和运动量的平衡，使摄入的各种食物所提供的能量能满足机体需要，而又不造成体内能量过剩，使体重维持在适宜范围。运动不仅有助于保持健康体重，还能够降低患高血压、中风、冠心病、II 型糖尿病、结肠癌、乳腺癌和骨质疏松等慢性疾病的风险；同时还有助于调节心理平衡，有效消除压力，缓解抑郁和焦虑症状，改善睡眠。应改变久坐少动的不良生活方式，养成天天运动的习惯。

7. 三餐分配要合理，零食要适当

合理安排一日三餐的时间及食量，进餐定时定量，可根据职业、劳动强度和生活习惯进行适当调整。一般情况下，早餐安排在 6:30—8:30，午餐安排在 11:30—13:30，晚餐安排在 18:00—20:00 为宜。要天天吃早餐并保证其营养充足，午餐要吃好，晚餐要适量。不暴饮暴食，营造轻松愉快的就餐氛围。可以合理选用零食，但应计入全天能量摄入之中。

8. 每天足量饮水，合理选择饮料

水是膳食的重要组成部分，是一切生命必需的物质，在生命活动中发挥着重要功能。水的需要量主要受年龄、环境温度、身体活动等因素的影响。一般来说，健康成人每天需要水 2 500mL 左右。在温和气候条件下生活的轻体力活动的成年人每日最少饮水 1 200mL，在高温或强体力劳动的条件下应适当增加。

饮料多种多样，需要合理选择。如乳饮料和纯果汁饮料含有一定量的营养素和有益膳食成分，适量饮用可以作为膳食的补充；有些饮料添加了一定的矿物质和维生素，适合热天户外活动和运动后饮用；有些饮料只含糖和香精香料，营养价值不高；多数饮料都含有一定量的糖，大量饮用会造成体内能量过剩；含糖饮料饮后应及时漱口刷牙以保护牙齿健康；每天喝大量含糖的饮料代替喝水，是一种不健康的习惯。此外，为了延长饮料产品的保质期和改进品相，瓶装饮料往往添加了一些人工防腐剂和色素成分，过多饮用对身体不利，因此应尽量选择新鲜果蔬饮料。

9. 饮酒应限量

无节制的饮酒，会使人食欲下降，食物摄入量减少，以致发生多种营养素缺乏、急慢性酒精中毒、酒精性脂肪肝等疾病，严重时还会造成酒精性肝硬化。过量饮酒还会增加患高血压、中风等疾病的危险，另外饮酒还会增加患某些癌症的危险。若饮酒应尽可能饮用低度酒，并控制在适当的限量以下，建议成年男性一天饮用酒的酒精量不超过 25g，成年女性一天饮用酒的酒精量不超过 15g。孕妇和儿童、青少年应忌酒。

10. 吃新鲜卫生的食物

食物放置时间过长就会引起变质，可能产生对人体有毒有害的物质。另外，食物中还可能含有或混入各种有害物质，如致病微生物、寄生虫和有毒化学物等。吃新鲜卫生的食物是防止食源性疾病、实现食品安全的根本措施。

三、中国居民平衡膳食宝塔

中国居民平衡膳食宝塔（以下简称膳食宝塔，如图 5-5 所示）是根据《中国居民膳食指南》的核心内容，结合中国居民膳食的实际状况，把平衡膳食的原则转化成各类食物的重量，便于人们在日常生活中实行。

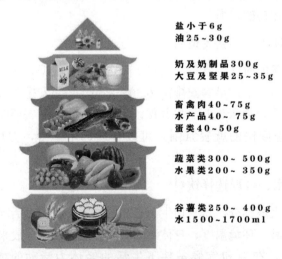

图 5-5 中国居民平衡膳食宝塔

（一）中国居民平衡膳食宝塔说明

1. 平衡膳食宝塔结构

膳食宝塔共分 5 层，包含我们每天应吃的主要食物种类。膳食宝塔各层位置和面积不

同,直观反映出各类食物在膳食中的地位和应占的比重。从塔底到塔尖依次为:

第一层是谷薯类食物,每人每天应该吃 250～400g。

第二层是蔬菜和水果,每天应该分别吃 300～500g 和 200～350g。

第三层是鱼、禽、肉、蛋等动物性食物,每天应该吃 120～200g(鱼虾类 40～75g,畜禽肉类 40～75g,蛋类 40g～50g)。

第四层是奶类和豆类食物,每天应吃相当于鲜奶 300g 的奶类及奶制品和相当于干豆 25～35g 的大豆及其制品。

第五层塔顶是烹调油和食盐,每天烹调油 25～30g,食盐不超过 6g。

膳食宝塔中所标示的各类食物建议量的能量水平在 7 550～10 900kJ(1 800～2 600kcal)。

膳食宝塔没有建议食糖的摄入量,因为我国居民现在平均吃糖的量还不多,对健康的影响还不大。但多吃糖有增加龋齿的危险,尤其是儿童、青少年不应吃太多的糖和含糖高的食品及饮料。

新的膳食宝塔图增加了水和身体活动的图像说明,强调足量饮水和增加身体活动的重要性。一般情况下,成年人每日至少饮水 1 500～1 700mL。饮水应少量多次,要主动,不要感到口渴时再喝水。

2. 膳食宝塔建议的食物量

膳食宝塔建议的各类食物摄入量都是指食物可食部分的生重。各类食物的重量不是指某一种具体食物的重量,而是该类食物的总量。因此在选择具体食物时,实际重量可以在互换表中查询。如建议每日 300g 蔬菜,可以选择 100g 油菜、50g 胡萝卜和 150g 圆白菜,也可以选择 150g 韭菜和 150g 黄瓜。

1)谷类、薯类及杂豆

谷类包括小麦面粉、大米、玉米、高粱等及其制品。如米饭、馒头、烙饼、玉米面饼、面包、饼干、麦片等。薯类包括红薯、马铃薯等,可替代部分粮食。杂豆包括大豆以外的其他干豆类,如红小豆、绿豆、芸豆等。建议量是以原料的生重计算,如面包、切面、馒头应折合成相当的面粉量来计算,而米饭、大米粥等应折合成相当的大米量来计算。

谷类、薯类及杂豆食物的选择应重视多样化,粗细搭配,适量选择一些全谷类制品、其他谷类、杂豆及薯类,每 100g 玉米糁和全麦粉所含的膳食纤维比精面粉分别多 10g 和 6g 左右,因此建议每次摄入 50～100g 粗粮或全谷类制品,每周 5～7 次。

2)蔬菜和水果

蔬菜包括嫩茎、叶、花菜类、根菜类、鲜豆类、茄果、瓜菜类、葱蒜类及菌藻类。深色蔬菜是指深绿色、深黄色、紫色、红色等颜色深的蔬菜,一般含维生素和植物化学物质比较丰富。因此在每日建议的 300～500g 新鲜蔬菜中,深色蔬菜最好占一半以上。新鲜水果每天 200～350g。蔬菜和水果各有优势,不能完全相互替代。

3）肉类、水产品类、蛋类和乳类

肉类主要包括猪肉、牛肉、羊肉、禽肉及动物内脏类，建议每天摄入 50～75g。目前我国居民的肉类摄入以猪肉为主，但猪肉含脂肪较高，应尽量选择瘦畜肉或禽肉。动物内脏有一定的营养价值，但因胆固醇含量较高，不宜过多食用。

水产品类包括鱼类、甲壳类和软体类动物性食物。其特点是脂肪含量低，蛋白质丰富且易于消化，是优质蛋白质的良好来源。建议每天摄入量为 75～100g，有条件的居民可以多吃一些。

蛋类包括鸡蛋、鸭蛋、鹅蛋、鹌鹑蛋、鸽蛋及其加工制成的咸蛋、松花蛋等，蛋类的营养价值较高，建议每日摄入量为 25～50g，相当于半个至 1 个鸡蛋。

乳类有牛奶、羊奶和马奶等，最常见的为牛奶。乳制品包括奶粉、酸奶、奶酪等，不包括奶油、黄油。建议量相当于液态奶 300g，酸奶 360g，奶粉 45g，有条件的居民可以多吃。

4）大豆及坚果类

大豆包括黄豆、黑豆、青豆，其常见的制品包括豆腐、豆浆、豆腐干及千张等。推荐每日摄入 30～50g 大豆，以提供蛋白质的量计算，40g 干豆相当于 80g 豆腐干、120g 北豆腐、240g 南豆腐、650g 豆浆。坚果包括花生、瓜子、核桃、杏仁、榛子等，由于坚果的蛋白质与大豆相似，有条件的居民可以吃 5～10g 坚果替代相应量的大豆。

5）烹调油和食盐

烹调油包括各种烹调用的动物油和植物油。植物油包括花生油、豆油、菜籽油、芝麻油、调和油等，动物油包括猪油、牛油、黄油等。每天烹调油的建议摄入量不超过 25g 或 30g，尽量少食用动物油。烹调油也应多样化，食用多种植物油。

健康成年人一天食盐（包括酱油和其他食物中的食盐）的建议摄入量应少于 6g。一般 20mL 酱油中含 3g 食盐，10g 黄酱中含盐 1.5g，如果菜肴需要用酱油或酱类调味，应按比例减少食盐用量。

（二）中国居民平衡膳食宝塔的应用

1. 确定适合自己的能量水平

膳食宝塔中建议的每人每日各类食物适宜摄入量范围适用于一般健康成人，在实际应用时要根据个人年龄、性别、身高、体重、劳动强度、季节等情况适当调整。年轻人、身体活动强度大的人需要的能量高，应适当多吃些主食；年老、活动少的人需要的能量少，可少吃些主食。由于人们膳食中脂肪摄入的增加和日常身体活动减少，许多人目前的能量摄入超过了自身的实际需要。对于正常成人，体重是判定能量平衡的最好指标，每个人应根据自身的体重及变化适当调整食物的摄入，尤其是含能量较多的食物。

2. 根据自己的能量水平确定食物需要

膳食宝塔建议的每人每日各类食物适宜摄入量范围适用于一般健康成年人，按照 7 个能量水平分别建议了 10 类食物的摄入量，应用时要根据自身的能量需要进行选择（见

表 5-11）。建议量均为食物可食部分的重量。

表 5-11 按照 7 个不同能量水平建议的食物摄入量（g/d）

能量水平	1600kcal	1800kcal	2000kcal	2200kcal	2400kcal	2600kcal	2800kcal
谷类	225	250	300	300	350	400	450
大豆类	30	30	40	40	40	50	50
蔬菜	300	300	350	400	450	500	500
水果	200	200	300	300	400	400	500
肉类	50	50	50	75	75	75	75
乳类	300	300	300	300	300	300	300
蛋类	25	25	25	50	50	50	50
水产品	50	75	75	75	75	100	100
烹调油	20	25	25	25	30	30	30
食盐	6	6	6	6	6	6	6

膳食宝塔建议的各类食物摄入量是一个平均值。每日膳食中应尽量包含膳食宝塔中的各类食物，但无须每日都严格按照膳食宝塔建议的各类食物的量来摄入。例如烧鱼比较麻烦，就不一定每天都吃 50～100g 鱼，可以改成每周吃 2～3 次鱼、每次 150～200g 较为切实可行。重要的是一定要经常遵循膳食宝塔各层中各类食物的大体比例。在一段时间内，比如一周，各类食物摄入量的平均值应当符合膳食宝塔的建议量。

3. 食物同类互换，调配丰富多彩的膳食

人们吃多种多样的食物不仅是为了获得均衡的营养，也是为了使饮食更加丰富多彩，以满足人们的口味享受。膳食宝塔包含的每一类食物中都有许多品种，虽然每种食物都与另一种不完全相同，但同一类中各种食物所含营养成分往往大体上近似，在膳食中可以互相替换（见表 5-12）。

表 5-12 常见各类食物的互换表

谷类、薯类食物互换表（能量相当于 50g 米、面的食物）					单位：g
食物名称	市品重量	食物名称	市品重量	食物名称	市品重量
稻米或面粉	50	烙饼	70	面条（挂面）	50
油条	45	烧饼	60	面条（切面）	60
米饭（粳米）	110	米饭（籼米）	150	馒头	80
米粥	375	面包	55	饼干	40
花卷	80	鲜玉米	350	白薯、红薯	190
蔬菜类食物互换表（市品相当于 100g 可食部重量）					单位：g
食物名称	市品重量	食物名称	市品重量	食物名称	市品重量
菠菜、油菜、小白菜	120	萝卜	105	大白菜	115
圆白菜	115	西红柿	100	黄瓜	110
柿子椒	120	芹菜	150	花菜	120
蒜苗	120	茄子	110	韭菜	110
冬瓜	125	莴笋	160	藕	115

续表

水果类食物互换表（市品相当于100g可食部重量）					单位：g
食物名称	市品重量	食物名称	市品重量	食物名称	市品重量
苹果	130	柑橘、橙	130	梨	120
菠萝	150	草莓	105	猕猴桃	120
香蕉	170	桃	120	芒果	150
鲜枣、柿子	115	西瓜	180	葡萄	115

肉类食物互换表（市品相当于50g生鲜肉）					单位：g
食物名称	市品重量	食物名称	市品重量	食物名称	市品重量
瘦猪肉（生）	50	猪肉松	30	猪排骨	85
整鸡、整鸭、整鹅（生）	75	鸡肉（生）	50	羊肉（生）	50
烧鸡、烧鸭、烧鹅	60	炸鸡	70	鸡腿（生）	90
鸭肉（生）	50	酱肘子	35	烤鸭	55
广式香肠	55	瘦牛肉（生）	50	火腿肠	85
酱牛肉	35	鸡翅（生）	80	牛肉干	30

鱼虾类食物互换表（市品相当于50g可食部重量）					单位：g
食物名称	市品重量	食物名称	市品重量	食物名称	市品重量
鲤鱼	90	草鱼	85	鲢鱼	80
带鱼	65	大黄鱼	75	鲫鱼	95
武昌鱼	85	鲈鱼	85	鲅鱼	60
鲳鱼	70	花鲢鱼	80	墨鱼	70
虾	80	蛤蜊	130	蟹	105

大豆类食物互换表（相当于50g大豆的豆类食物）					单位：g
食物名称	市品重量	食物名称	市品重量	食物名称	市品重量
黄豆、青豆、黑豆	50	素鸡	105	腐竹	35
豆腐丝	80	南豆腐	280	北豆腐	145
内酯豆腐	350	豆浆	730	豆腐干	110

乳类食物互换表（相当于100g鲜牛奶的乳类食物）					单位：g
食物名称	市品重量	食物名称	市品重量	食物名称	市品重量
鲜牛奶（羊奶）	100	奶酪	10	酸奶	100
奶粉	15				

应用膳食宝塔可把营养与美味结合起来，按照同类互换、多种多样的原则调配一日三餐。同类互换就是以粮换粮、以豆换豆、以肉换肉。例如，大米可与面粉或杂粮互换；馒头可与面条、烙饼、面包等互换，大豆可与豆制品互换；瘦猪肉可与鸡、鸭、牛、羊、兔肉互换；鱼可与虾、蟹等水产品互换；牛奶可与羊奶、酸奶、奶粉或奶酪等互换。

多种多样就是选用品种、形态、颜色、口感多样的食物和变换烹调方法。例如，每日吃40g豆类及豆制品，可以全换成相当量的豆浆或豆干，今天喝豆浆，明天吃豆干；也可以分量互换，如1/3豆浆、1/3腐竹、1/3豆腐，早餐喝豆浆，午餐吃凉拌腐竹，晚餐再喝碗酸辣豆腐汤。

4. 要因地制宜充分利用当地资源

我国幅员辽阔,各地的饮食习惯及物产不尽相同,只有因地制宜,充分利用当地资源,才能有效地应用膳食宝塔。例如,牧区奶类资源丰富,可适当提高奶类摄入量;渔区可适当提高鱼及其他水产品摄入量;农村山区则可利用山羊奶以及花生、瓜子、核桃、榛子等资源。在某些情况下,由于地域、经济或物产所限无法采用同类互换时,也可以暂用豆类代替乳类、肉类;或用蛋类代替鱼、肉;不得已时也可以用花生、瓜子、榛子、核桃等坚果代替大豆或肉、鱼、奶等动物性食物。

5. 要养成习惯,长期坚持

膳食对健康的影响是长期的结果。应用平衡膳食结构、膳食宝塔需要自幼养成习惯,并坚持不懈。膳食宝塔提出了一个在营养上比较理想的膳食模式,同时注意了运动的重要性。目前,我国居民的食物摄入量与膳食宝塔的建议量仍有一定差距,城市和农村居民有不同的特点,城乡居民均应增加蔬菜、水果、奶类、豆类、鱼虾类的摄入量,减少烹调油的摄入量。农村居民肉类食物的平均摄入量基本与建议量持平,城市居民膳食的肉类摄入量较高,应适当减少。

第四节 营养食谱

一、营养食谱的含义

营养食谱是依据《中国居民膳食营养素参考摄入量》《中国居民膳食指南》《中国居民膳食宝塔》的标准和建议,以及就餐者的营养需要量、饮食习惯、食物的供应状况等,将一天或一周各餐主、副食的食物原料品种、数量,各种食物的烹调方法,进餐时间等做详细的计划,并以表格的形式展示给就餐者及食物加工人员。

(一)制定营养食谱的目的

食谱编制是合理营养的具体措施,是社会营养学的重要工作内容。食谱编制是将《中国居民膳食指南》和"推荐的每日膳食中营养素供给量"具体落实到用餐者的每日膳食中,使其按照自身的营养需要摄入合理的热能和各种营养素,以达到平衡膳食、合理营养、促进健康的目的。因此,食谱的编制是营养学最终目的的体现,也是营养学实践性的集中反应。

(二)食谱的编制原则

1. 有利于营养平衡

由于膳食的科学搭配,注重多种、适量食物的合理组合,有利于人体对蛋白质、脂肪、碳水化合物、矿物质等各种营养素的摄入,从而与机体生理需求保持基本平衡。

2. 食物营养互补

由于膳食的科学搭配，注重多种食物的主副搭配、荤素搭配、粗细搭配等，使得各种食物营养素的营养优势互补。如由肉类与豆制品组成的菜肴，使动物蛋白与植物蛋白有机地结合，能使蛋白质对机体健康发挥更好的作用。

3. 提高食物营养价值

食物营养价值的高低，取决于食物中所含营养素是否与人体所需模式相近，如越接近则营养价值越高。膳食的科学搭配正是为了提高食物的营养价值。如按照人体所需蛋白质氨基酸模式，单纯进食谷类会缺少其中的赖氨酸，而硫氨基酸含量相当丰富，但如果单纯进食豆类则与谷类正好相反。如果采用粮豆混食则可使所摄入的蛋白质氨基酸模式接近人体所需模式，进而大大提高粮豆混食主食的营养价值。

4. 增进食物协同作用

膳食的科学措配，可以产生一种营养物质促进另一种营养物质在体内消化、吸收与利用过程的积极效果，从而增进营养和促进身体健康。机体获取到均匀、全面的营养素，有利于食物营养协同作用的有效发挥。如维生素 A 促进蛋白质的合成，维生素 C 促进铁吸收，维生素 D 促进钙的吸收等。

5. 避免食物相克现象

由于各种食物在其化学性质、性味特点、矿物元素等方面有它的各自特点，有可能带来一些不应有的食物相克现象，造成食物营养价值降低或产生相应的食物毒副反应。讲究膳食的科学搭配，可以避免常见的食物相克现象。

6. 提高营养美食效果

对各种食物的主料、副料、点缀料进行科学组合，注重色、香、味、形、质的菜肴风味，可以大大增进营养美食的食疗和欣赏效果，并间接提高食物的消化吸收率。

讲究膳食的科学搭配，可积极有效地增进营养和促进健康。如果不讲究膳食的科学搭配，日常所摄入的食物营养不平衡，就有可能造成机体对食物营养摄入过剩或缺乏，从而导致诸如缺铁性贫血、骨质疏松、肥胖、糖尿病、冠心病等营养性疾病，影响人体健康水平，甚至生命质量及其寿命长短。

（三）营养食谱的分类

根据时间的长短，食谱有日食谱、周食谱、十日食谱、半月食谱和月食谱等，更短或更长的膳食安排营养学意义不大，也没有操作的实用性。按就餐的对象有个体食谱和群体食谱。按目的，食谱有普通食谱、特殊食谱（例如为达到某些治疗或诊断目的而设计的膳食计划）。

营养食谱编制需要考虑的因素有许多，并且不同的使用对象需要不同，其计算标准也不同，才能充分体现其对健康的重大促进作用。

二、营养食谱的计算方法

科学编制营养食谱的方法基本上有计算法和食品交换法两种。计算法是依据计算得到人体能量需要量，根据膳食组成，计算蛋白质、脂肪和碳水化合物的供给量，参考每日维生素、无机盐供给量，查阅食物营养成分表，选定食物种类和数量的方法。食品交换法是根据不同能量需要，按蛋白质、脂肪和碳水化合物的比例计算出各类食物的交换份数，并按每份食物等值交换选择，再将这些食物分配到一日三餐中，即得到营养食谱。营养食谱的计算基本步骤如下。

（一）确定用餐对象全日能量供给量

1. 确定能量

确定能量有两种方法：① 计算法，即根据标准体重和每千克体重所需能量计算；② 直接查表法，即按照被编制者的性别、年龄、劳动分级等，直接在《中国居民膳食营养素参考摄入量》中对号入座应用 RNI 或 AI 为营养目标。原则上健康成人可直接查表。

2. 确定能量的依据

个体就餐对象：应根据用餐者的劳动强度、年龄、性别情况，查《中国居民膳食营养素参考摄入量》中能量的推荐摄入量就可以确定。如办公室男性职员按轻体力劳动计，其能量供给量为 2 400kcal。

集体就餐对象：以就餐人群的基本情况或平均数值为依据，包括人员的平均年龄、平均体重，以及 80%以上就餐人员的活动强度。如就餐人员的 80%以上为中等体力活动的男性，则全日所需能量供给量标准为 2 700kcal。

3. 计算三种能量营养素全日应提供的能量并换算成需要量

能量的主要来源为蛋白质、脂肪和碳水化合物。为了维持人体健康，这三种能量营养素占总能量的比例应当适宜，一般蛋白质占 10%～15%，脂肪占 20%～30%，碳水化合物占 55%～65%，以每日摄入总热量数乘以三大产能营养素各自的比例，可得三大产能营养素的一日能量供给量。例如，已知某男子每日能量需要量为 2 700kcal，若三种产能营养素占总能量的比例取中等值分别为蛋白质占 15%、脂肪占 25%、碳水化合物占 60%，则每日三种能量营养素各应提供的能量为：蛋白质 2 700kcal×15%=405kcal；脂肪 2 700kcal×25%=675kcal；碳水化合物 2 700kcal×60%=1 620kcal。依据蛋白质、脂肪、碳水化合物的生理卡价 4.0kcal/g、9.0kcal/g、4.0kcal/g，可计算出每日蛋白质、脂肪、碳水化合物的需要量为：蛋白质 405kcal÷4.0kcal/g=101g；脂肪 675kcal÷9.0kcal/g=75g；碳水化合物 1 620kcal÷4.0kcal/g=405g。

4. 计算三种能量营养素每餐需要量

原则上三大能量营养素按照早餐 30%、午餐 40%、晚餐 30%的比例分配，依上例，可计算出每餐能量营养素的分配数量：（1）早餐。蛋白质 101g×30%=30g；脂肪 75g×30%=23g；碳水化合物 405g×30%=122g。（2）午餐。蛋白质 101g×40%=40g；脂肪 75g×40%=30g；碳水化合物 405g×40%=162g。（3）晚餐。蛋白质 101g×30%=30g；脂肪 75g×30%=23g；碳水化合物 405g×30%=122g。

5. 主副食品种和数量的确定

已知三种能量营养素的需要量，根据《中国食物成分表》，就可以确定主食和副食的品种和数量。

（1）主食品种、数量的确定。由于粮谷类是碳水化合物的主要来源，因此主食的品种、数量主要根据各类主食原料中碳水化合物的含量、用餐者的饮食习惯来确定，北方习惯以面食为主，南方则以大米居多。

根据上一步的计算，早餐中应含有碳水化合物 122g，若以米粥和馒头为主食，并分别提供 20%和 80%的碳水化合物。查《中国食物成分表》得知，每 100g 小米粥含碳水化合物 8.4g，每 100g 馒头含碳水化合物 44.2g，则

所需小米粥重量=122g×20%÷(8.4g/100g)=290g

所需馒头重量=122g×80%÷(44.2g/100g)=221g

（2）副食品种、数量的确定。根据三种产能营养素的需要量，首先确定了主食的品种和数量，接下来就需要考虑蛋白质的食物来源了。蛋白质广泛存在于动植物性食物中，除了谷类食物能提供的蛋白质，各类动物性食物和豆制品是优质蛋白质的主要来源。因此副食品种和数量的确定应在已确定主食用量的基础上，依据副食应提供的蛋白质质量确定。其计算步骤如下：计算主食中含有的蛋白质重量；用应摄入的蛋白质重量减去主食中蛋白质重量，即为副食应提供的蛋白质重量；设定副食中蛋白质的 2/3 由动物性食物供给，1/3 由豆制品供给，据此可求出各自的蛋白质供给量；查表并计算各类动物性食物及豆制品的供给量；设计蔬菜的品种和数量。

以上一步的计算结果为例，已知该用餐者午餐应含碳水化合物 162g。假设以馒头（富强粉）、米饭（大米）为主食，并分别提供 50%的碳水化合物，由《中国食物成分表》得知，每 100g 馒头和米饭含碳水化合物分别为 44.2g 和 25.9g，按上一步的方法，可算得馒头和米饭所需重量分别为 183g 和 313g。由《中国食物成分表》得知，100g 馒头（富强粉）含蛋白质 6.2g，100g 米饭含蛋白质 2.6g，计算出主食中蛋白质含量=183g×(6.2g/100g)+313g×(2.6g/100g)=20g。

以上一步的计算结果为例，已知该用餐者午餐应含蛋白质 40g，则副食中蛋白质含量为 40g−20g=20g。设定副食中蛋白质的 2/3 应由动物性食物供给，1/3 应由豆制品供给，因此，动物性食物应含蛋白质重量为 20g×2/3=13g，豆制品应含蛋白质重量为 20g×1/3=7g。若选择的动物性食物和豆制品分别为猪肉（脊背）和豆腐干（熏），由《中国食物成分表》可知，每 100g 猪肉（脊背）中蛋白质含量为 20.2g，每 100g 豆腐干（熏）的蛋白质含量为 15.8g，则

猪肉（脊背）重量=13g÷(20.2g/100g)=64g

豆腐干（熏）重量=7g÷(15.8g/100g)=44g

6. 蔬菜量的确定

确定了动物性食物和豆制品的数量，就可以保证蛋白质的摄入，最后微量营养素和膳食纤维的量选择蔬菜补齐。蔬菜的品种和数量可根据不同季节市场的蔬菜供应情况，以及考虑与动物性食物和豆制品配菜的需要来确定。根据平衡膳食的要求，设计食谱时，必须调配足够的蔬菜和水果，以保证各种维生素和无机盐的摄取，通常每人每日进食蔬菜量应为 50g，其中最好有一半是绿叶菜类。由于各种蔬菜各有其不同的营养特点，故以少量多品种的方式进行配制。

7. 确定纯能量食物的量

油脂的摄入应以植物油为主，有一定量动物脂肪摄入。因此以植物油作为纯能量食物的来源。由《中国食物成分表》可知每日摄入各类食物提供的脂肪含量，将需要的脂肪总含量减去食物提供的脂肪量即为每日植物油供应量。

（二）编制食谱

根据计算的每餐的主副食、蔬菜等的用量，编制一日食谱并进行核算，确定编制的食谱是否科学，并按照《中国食物成分表》或者《食物互换表》的标准，考虑食材供给和价格、就餐者的习惯和偏好，对三餐中同类的主副食品种和数量进行互换，以达到食物多样化的目的。为了让编排的食谱不但符合平衡膳食的要求，还更能被就餐者接受，要注意以下几个方面。

（1）早餐时许多人因为时间比较紧张，往往食欲不佳，因此食物的量不宜过多，一般情况下主食以一到两种为宜；中国居民的早餐往往蛋白质的供给不足，因此早餐中除谷类食物外，还要有牛奶（或豆浆）和鸡蛋以及适量的蔬菜或水果，应控制咸菜的摄入。

（2）午餐在一天食物和营养素的供给中起着承上启下的作用，主食可以有一到两种；副食的品种可略多于晚餐，可以两荤两素再加汤。

（3）晚餐要尽量清淡。主食一到两种；副食仍可以两荤两素，但在原料的选择上以鱼、虾为主。

（4）主食选择时，尽量选标准米、标准面，少选精白米、精白面；同时每周吃三四次粗粮、杂粮。

（5）在编排一周食谱时，根据就餐者的膳食习惯，应了解与掌握本地区的食物资源供应和价格变化状况等。选择食物品种应注意食物的来源和品种的多样性，做到有主有副、有精有粗、有荤有素、有干有稀，保证人体的各种营养需要。食物调整的基本原则是主食粗细合理安排，合理选择食物原料和烹调方法，菜肴品种、色、香、味、形经常变化，尽量做到一周内没有过多的重复。一周食谱应做到有些营养素的供给量必须每天都达到需要量，如蛋白质、水溶性维生素等，但有些营养素（如维生素 A、维生素 D、钙、铁等）只要在一周内平衡，也能满足人体的需要。

（6）贫困地区的居民或素食者，通常膳食中优质蛋白质的供给不足，同时钙和铁等矿物质、维生素 A、维生素 B 的供给也不足。食谱中的这些营养物质如果不能达到供给量标准的 80%～90%，则需要设法弥补，注意搭配性价比高的大豆及其制品以增加优质蛋白质和钙等营养素的供给量。

三、食谱的营养评价

食谱的营养评价是以膳食中营养素含量占供给量标准的百分比来评价的。各种营养素摄取量不一定每日必须达到供给量的 100%才算满意，因为所定的供给量标准比一般平均需要量高一些。在各种营养素中，能量供给量与需要量差别不大，故在评价膳食营养时，首先考虑能量。一般能量摄取量为供给量标准的 90%以上可认为正常，低于 90%即为摄入不足。其他营养素摄取量如占供给量的 80%以上，一般可以保证大多数人不致发生营养素缺乏；长期低于这个水平可能使一部分人体内营养储存降低，有的甚至出现营养缺乏症状；低于 60%则可认为营养相对严重不足。因此，在对每日膳食食谱进行营养评价时，需要计算出各种营养素摄取量占供给量标准的百分比并加以评价，如低了 20%以上，则要修改食谱或补充加餐。

四、特殊人群的营养与膳食

按照食品对人体的营养价值，可将食品分为以下八类。

（一）谷类食品

谷类食品是指禾本科作物的种子，主要有稻米、面粉、玉米、小米、高粱等，占中国人热能来源的 70%左右。谷类含 6%～10%的蛋白质；含 70%～80%的碳水化合物；含一定量的膳食纤维，磷、钙、铁等无机盐类生物利用率低；含维生素 B_1 和烟酸较多，但必须经加碱处理才能被人体利用，含维生素 B_2 少。玉米、小米含少量胡萝卜素。谷类种子碾磨过细将损失较多的维生素和无机盐，糙米的出米率以 92%～95%、小麦的出粉率以 81%～85%为宜。过分洗米、弃米汤、不适当地加碱等也会损失营养素。

（二）豆类食品

豆类食品是指豆科作物种子及其制品，也包括其他油料作物。大豆含蛋白质 35%～40%，为营养价值较高的优质蛋白质，特别是赖氨酸较多，是弥补各类蛋白质营养欠缺的理想食品；含油脂 17%～20%，其中含人体必需脂肪酸亚油酸约 50%，是任何其他油脂所不能比拟的；含 30%左右的碳水化合物，其中人体不能利用的占一半，所以考虑大豆的营养价值时，碳水化合物以折半计算为宜；含钙、铁、锌、维生素 B_1、维生素 B_2 和烟酸；还含有抗营养因素，对人体有不良的生理作用，但经适当处理（如湿热、发酵、发芽等）后可基本消除。大豆加工成豆制品后，消化率可由整大豆的 60%提高到 90%左右。其他豆类和坚果如小豆、绿豆、花生、葵花籽等也与大豆相似，但其蛋白质营养价值稍低。

（三）蔬菜、水果

蔬菜、水果是人体胡萝卜素、维生素 C 和钙、铁、钾、钠等元素的重要来源，其所含的膳食纤维、有机酸、芳香物质等也有益于增进食欲，促进消化。含维生素 C 较多的蔬菜主要是叶菜类，如花椰菜、甘蓝等，特别是蔬菜代谢旺盛部分，如嫩叶、幼芽和花部含量较多；水果中则以柑橘、山楂、鲜枣及猕猴桃等含量最多。深绿和黄红颜色的蔬菜、水果含胡萝卜素较多，如苋菜、韭菜、胡萝卜、甘薯和杧果、杏等。蔬菜、水果常因加工烹饪不当而损失营养素，如切洗流失、加热氧化、金属离子触媒破坏等，应引起注意。有些野菜、野果常含丰富的维生素和无机盐类，是大有开发利用前途的食物资源。某些蔬菜习惯上废弃的部分，如萝卜缨、芹菜叶中分别含有较多的钙、胡萝卜素、维生素 B_1、维生素 B_2 和维生素 C 等，应注意充分加以利用。

（四）畜禽肉类食品

此类食品可供给人体优质蛋白质和部分脂肪，无机盐含量不多但易于吸收利用，同时也是维生素 A 和维生素 B_2 的重要来源。猪肉蛋白质含量较低，而且所含较多饱和脂肪对人体健康不利，而鸡肉或草食动物肉的蛋白质含量高，所以营养学家、畜牧学家与食品生产经营部门均主张用鸡肉代替猪肉。

（五）鱼类等水产食品

此类食品在蛋白质营养价值方面可与畜禽肉类媲美，所含脂肪 70%～80%为不饱和脂肪酸，胆固醇含量也较低，所以远比畜禽肉类脂肪好，含铁、钙等无机盐和微量元素比畜禽肉类高几倍至十几倍，含丰富的碘、较多的维生素 B 和烟酸。鱼肝富含维生素 A 和维生素 D。鱼类以外的海产动物，营养价值与鱼类相似。海产植物如海带、紫菜等含有 10%～30%的蛋白质，也含较多的钙、铁、碘和维生素。海产品中的砷均是有机砷形式，对人体无害，但有的海产品含粗纤维较多，影响消化。

（六）蛋类食品

鸡、鸭、鹅蛋的化学组成基本相似。鲜蛋含蛋白质为 13%～15%，其营养价值最高，为营养学实验研究中的理想蛋白质，含维生素 A、维生素 D 和维生素 B 较多。鲜蛋含有抗生物素蛋白和抗胰蛋白酶因素，又易受微生物污染，故不宜生食。蛋白的烹调方式对其营养价值影响不大。

（七）奶类食品

人和各种动物奶分别对其各自的初生子代营养价值最高，对异己子代的营养价值较低，所以对婴儿应强调母乳喂养，用牛奶时应仿人奶组成调整其营养成分，主要是加水稀释酪蛋白，补充乳（蔗）糖和维生素 A、维生素 D 等。牛奶含蛋白质和钙较多，也是维生素 A、维生素 B_2 的良好来源，但含铁少，若不补铁，易引起缺铁性贫血。奶粉和炼乳的营养成分与鲜奶基本相同。

（八）加工食品

加工食品主要有罐头、食用油脂、酒类、饮料、调味品和糖果糕点等，其营养价值主要取决于其原料组成，对人类营养素来源不占重要位置。日常食用的主要食物营养成分如表 5-13 所示。

表 5-13 主要食物营养成分表（每 100g 食物所含的成分）

类别	食物名称	蛋白质（g）	脂肪（g）	碳水化合物（g）	热量（kcal）	无机盐类（g）	钙（mg）	磷（mg）	铁（mg）
谷类	大米	7.5	0.5	79	351	0.4	10	100	1.0
	小米	9.7	1.7	77	362	1.4	21	240	4.7
	高粱米	8.2	2.2	78	385	0.4	17	230	5.0
	玉米	8.5	4.3	73	365	1.7	22	210	1.6
	大麦仁	10.5	2.2	66	326	2.6	43	400	4.1
	面粉	12.0	0.8	70	339	1.5	22	180	7.6
干豆类	黄豆（大豆）	39.2	17.4	25	413	5.0	320	570	5.9
	青豆	37.3	18.3	30	434	5.0	240	530	5.4
	黑豆	49.8	12.1	19	384	4.0	250	450	10.5
	赤小豆	20.7	0.5	58	318	3.3	67	305	5.2
	绿豆	22.1	0.8	59	332	3.3	34	222	9.7
	花豇豆	22.6	2.1	58	341	2.5	100	456	7.9
	豌豆	24.0	1.0	58	339	2.9	57	225	0.8
	蚕豆	28.2	0.8	49	318	2.7	71	340	7.0
鲜豆类	青扁豆荚（鹊豆）	3.0	0.2	6	38	0.7	132	77	0.9
	白扁豆荚（刀子豆）	3.2	0.3	5	36	0.8	81	68	3.4
	四季豆（芸豆）	1.9	0.8	4	31	0.7	66	49	1.6
	豌豆（淮豆、小寒豆）	7.2	0.3	12	80	0.9	13	90	0.8
	蚕豆（胡豆、佛豆）	9.0	0.7	11	86	1.2	15	217	1.7
	菜豆角	2.4	0.2	4	27	0.6	53	63	1.0
豆类制品	黄豆芽	11.5	2.0	7	92	1.4	68	162	6.4
	豆腐浆	1.6	0.7	1	17	0.2	—	—	—
	北豆腐	9.2	1.2	6	72	0.9	110	110	3.6
	豆腐乳	14.6	5.7	5	30	7.8	167	200	12.0
	绿豆芽	3.2	0.1	4	30	0.4	23	51	0.9
	豆腐渣	2.6	0.3	7	41	0.7	16	44	4.0
根茎类	小葱（火葱、麦葱）	1.4	0.3	5	28	0.8	63	28	1.0
	大葱（青葱）	1.0	0.3	6	31	0.8	12	46	0.6
	葱头（大蒜）	4.4	0.3	23	111	1.3	5	44	0.4
	芋头（土芝）	2.2	0.3	16	74	0.8	19	51	0.6
	红萝卜	2.0	0.4	5	32	1.4	19	23	1.9
	荸荠（乌芋）	1.5	0.1	21	91	1.5	5	68	0.5
	甘薯（红薯）	2.3	0.2	29	127	0.9	18	20	0.4

续表

类别	食物名称	蛋白质（g）	脂肪（g）	碳水化合物（g）	热量（kcal）	无机盐类（g）	钙（mg）	磷（mg）	铁（mg）
根茎类	藕	1.0	0.1	6	29	0.7	19	51	0.5
	白萝卜	0.6	—	6	26	0.8	49	34	0.5
	马铃薯（土豆、洋芋）	1.9	0.7	28	126	1.2	11	59	0.9
叶菜类	黄花菜（鲜金针菜）	2.9	0.5	12	64	1.2	73	69	1.4
	黄花（金针菜）	14.1	0.4	60	300	7.0	463	173	16.5
	菠菜	2.0	0.2	2	18	2.0	70	34	2.5
	韭菜	2.4	0.5	4	30	0.9	56	45	1.3
	苋菜	2.5	0.4	5	34	2.3	200	46	4.8
	油菜（胡菜）	2.0	0.1	4	25	1.4	140	52	3.4
	大白菜	1.4	0.3	3	19	0.7	33	42	0.4
	小白菜	1.1	0.1	2	13	0.8	86	27	1.2
	洋白菜（椰菜）	1.3	0.3	4	24	0.8	100	56	1.9
	香菜（芫荽）	2.0	0.3	7	39	1.5	170	49	5.6
	芹菜茎	2.2	0.3	2	20	1.0	160	61	8.5
菌类	蘑菇（鲜）	2.9	0.2	3	25	0.6	8	66	1.3
	口磨（干）	35.6	1.4	23	247	16.2	100	162	32.0
	香菌（香菇）	13.0	1.8	54	384	4.8	124	415	25.3
海藻类	木耳（黑）	10.6	0.2	65	304	5.8	357	201	185.0
	海带（干，昆布）	8.2	0.1	57	262	12.9	2 250	—	150.0
	紫菜	24.5	0.9	31	230	30.3	330	440	32.0
茄瓜果类	南瓜	0.8	—	3	15	0.5	27	22	0.2
	西葫芦	0.6	—	2	10	0.6	17	47	0.2
	瓠子（龙蛋瓜）	0.6	0.1	3	15	0.4	12	17	0.3
	丝瓜（布瓜）	1.5	0.1	5	27	0.5	28	45	0.8
	茄子	2.3	0.1	3	22	0.5	22	31	0.4
	冬瓜	0.4	—	2	10	0.3	19	12	0.3
	西瓜	1.2	—	4	21	0.2	6	10	0.2
	甜瓜	0.3	0.1	4	18	0.4	27	12	0.4
	菜瓜（地黄瓜）	0.9	—	2	12	0.3	24	11	0.4
	黄瓜	0.8	0.2	2	13	0.5	25	37	0.4
	西红柿（番茄）	0.6	0.3	2	13	0.4	8	32	0.4
水果类	柿	0.7	0.1	11	48	2.9	10	19	0.2
	枣	1.2	0.2	24	103	0.4	41	23	0.5
	苹果	0.2	0.6	15	60	0.2	11	9	0.3
	香蕉	1.2	0.6	20	90	0.7	10	35	0.8
	梨	0.1	—	12	49	0.3	5	6	0.2
	杏	0.9	—	10	44	0.6	26	24	0.8
	李	0.5	0.2	9	40	—	17	20	0.5
	桃	0.8	0.1	7	32	0.5	8	20	1.0
	樱桃	1.2	0.3	8	40	0.6	6	31	5.9
	葡萄	0.2	—	10	41	0.2	4	15	0.6

续表

类别	食物名称	蛋白质（g）	脂肪（g）	碳水化合物（g）	热量（kcal）	无机盐类（g）	钙（mg）	磷（mg）	铁（mg）
干果及硬果仁	花生仁（炒熟）	26.5	44.8	20	589	3.1	71	399	2.0
	栗子（生及熟）	4.8	1.5	44	209	1.1	15	91	1.7
	杏仁（炒熟）	25.7	51	9	597	2.5	141	202	3.9
	菱角（生）	3.6	0.5	24	115	1.7	9	49	0.7
	红枣（干）	3.3	0.5	73	309	1.4	61	55	1.6
畜类	牛肉	20.1	10.2	—	172	1.1	7	170	0.9
	牛肝	18.9	2.6	9	135	0.9	13	400	9
	羊肉	11.1	28.8	0.5	306	0.9	11	129	2
	羊肝	18.5	7.2	4	155	1.4	9	414	6.6
	猪肉	16.9	29.2	1.1	335	0.9	11	170	0.4
	猪肝	20.1	4.0	2.9	128	1.8	11	270	25
乳类	牛奶（鲜）	3.1	3.5	4.6	62	0.7	120	90	0.1
	牛奶粉	25.6	26.7	35.6	48.5	—	900	—	0.8
	羊奶（鲜）	3.8	4.1	4.6	71	0.9	140	—	0.7
飞禽	鸡肉	23.3	1.2	—	104	1.1	11	190	1.5
	鸭肉	16.5	7.5	0.1	134	0.9	11	145	4.1
蛋类	鸡蛋（全）	14.8	11.6	—	164	1.1	55	210	2.7
	鸭蛋（全）	13	14.7	0.5	186	1.8	71	210	3.2
	咸鸭蛋（全）	11.3	13.2	3.3	178	6	102	214	3.6
爬虫	田鸡（青蛙）	11.9	0.3	0.2	51	0.6	22	159	1.3
	甲鱼	16.5	1	1.5	81	0.9	107	135	1.4
蛤类	河螃蟹	1.4	5.9	7.4	139	1.8	129	145	13.0
	明虾	20.6	0.7	0.2	90	1.5	35	150	0.1
	青虾	16.4	1.3	0.1	78	1.2	99	205	0.3
	虾米（河产及海产）	46.8	2	—	205	25.2	882	—	—
	田螺	10.7	1.2	3.8	69	3.3	357	191	19.8
	蛤蜊	10.8	1.6	4.8	77	3	37	82	14.2
鱼类	鲫鱼	13	1.1	0.1	62	0.8	54	20.3	2.5
	鲤鱼	18.1	1.6	0.2	88	1.1	28	17.6	1.3
	鳝鱼	17.9	0.5	—	76	0.6	27	4.6	4.6
	带鱼	15.9	3.4	1.5	100	1.1	48	53	2.3
	黄花鱼（石首鱼）	17.2	0.7	0.3	76	0.9	31	204	1.8
油脂及其他	猪油（炼）	—	99	—	891	—	—	—	—
	芝麻油	—	100	—	900	—	—	—	—
	花生油	—	100	—	900	—	—	—	—
	芝麻酱	20.0	52.9	15	616	5.2	870	530	58
	豆油	—	100	—	900	—	—	—	—

五、各种饮料的营养

（一）瓶装饮用水

常见的瓶装饮用水有矿泉水、纯净水、矿物质水等。纯净水是经过纯化处理的水，去除了对人体有害的微生物、有机物等，非常"纯净"，方便人们出门在外时饮用。但是，不要长期单一饮用纯净水。因为纯净水不易通过细胞膜，会导致一些营养元素的流失，有些人可能还会感到喝纯净水不能解渴，长期饮用纯净水还会感觉乏力、免疫能力下降，甚至引发动脉粥样硬化等疾病。选择含有一定矿物质的天然水、矿物质水是比较健康的，饮用矿物质水，不仅能够解渴补水，还能补充人体必需的矿物质和微量元素，弥补少量出汗所丢失的元素。

（二）碳酸饮料

饮用碳酸饮料有利于消暑、排汗、散发热量。这类饮料的主要成分是水、二氧化碳、碳水化合物，还含有一定的咖啡因、磷酸等成分。碳酸饮料含有咖啡因，大量饮用不利于身体健康，另外，碳酸饮料里有甜味剂、碳酸、香精和色素，长期大量饮用会有副作用。研究表明，碳酸饮料中含有磷酸成分，会影响人体对钙的吸收，引起钙、磷比例失调，破坏人体骨骼健康，易导致骨质流失。

（三）果蔬饮料

果蔬饮料是由新鲜、冷藏的水果或蔬菜加工制成的饮料。果蔬饮料中往往含有或添加多种维生素和矿物质，这些成分有利于维护人体健康。果蔬饮料在制作过程中需要经过多道工序，会加入各种添加剂，如果胶、山梨酸钾、稳定剂、食用色素和食用香精等。如果大量饮用果蔬饮料，会出现食欲下降，导致人体必需的蛋白质、脂肪和微量元素的缺乏。果蔬饮料含糖较多，热量较高，多喝会造成热量摄入增加，有控制体重需求的女士要少喝。值得一提的是，即使果蔬汁的营养较为丰富，也不能用果蔬汁代替水果。果蔬汁在加工过程中虽能保持水果的多种营养成分，但去除了大部分纤维素和果胶，而这些营养素具有促进消化、润肠排毒的作用。因此，新鲜水果所具有的促进消化和润肠通便的作用，果蔬汁就没有。

（四）乳品饮料

乳品饮料是以鲜乳或乳制品为原料经发酵或未经发酵加工制成的，含有一定的蛋白质、脂肪、铁及维生素、乳酸菌等。饮用乳品饮料，可增加人体肠道有益菌群，起到调理肠胃、刺激食欲、促进消化吸收等作用，并且，由于其口味独特，受到了越来越多的人追捧。但乳品饮料中的乳成分并不高，一般仅占 5%左右，其营养价值远不及牛奶和酸奶，所以，不能因为饮用乳品饮料而忽视了蛋白质的摄入，当然更不能用乳品饮料代替牛奶、酸奶。乳酸奶饮料含糖量较高，一般达到 10%～13%，如果饮用量过多也会造成热量摄入过多，引起肥胖。

（五）茶饮料

清新的茶饮料是在茶汤中加入少许糖、蜂蜜等加工而成的，既符合中国人传统饮茶习惯，又减少了冲泡的烦琐，为出行者提供诸多方便。并且，爽口的茶饮料具有利尿、防暑降温的功效，比较适合夏天饮用。同时茶饮料和茶水相似，含有一定的维生素，可保护皮肤，减少紫外线辐射。还有一些凉茶，如被人们推崇的王老吉凉茶，在饮料中添加了多种中草药成分，这些中草药成分具有清热祛湿、解毒、预防上火等作用，如金银花、菊花、夏枯草等。虽然茶饮料中茶的功效已经淡化了很多，但由于不同品种的茶叶区别较大，因此在选择饮料时还要根据自己的喜好和自身体质来选择。尤其是凉茶，脾胃虚寒、体质较差的人不宜多喝。

（六）运动饮料

运动饮料具有特殊功能，是适合一定人群在运动前、中、后饮用的饮料，其营养成分与普通饮料有较大的区别。运动饮料中没有碳酸气，避免了胃肠不适，也不含酒精，不含咖啡因。运动饮料具有一定的针对性，因此也不能不加控制地饮用。

在运动而大量流汗的情况下，建议选择运动饮料，其中的电解质、维生素和无机盐可以迅速补充人体机能，对运动中的能量供给和运动后的体力恢复有很好的帮助。在不运动和没有大量流汗的情况下饮用运动饮料，会摄入过多热量、电解质，需要适量控制。

（七）功能饮料

一些功能饮料中含有一定量的咖啡因成分，有兴奋神经的作用，一些功能饮料还具有抗疲劳、提高免疫力等作用。功能性饮料要有针对性地选择，含有咖啡因、有兴奋神经作用的功能饮料，儿童、孕妇应慎饮。

第五节　食品卫生与安全常识

一、食品中可能存在的有害因素

食物是人类生存的基本要素，但是食用或者处理不当也会给人的身体健康带来一定的危害，一般来说，食品可能带来的危害来自以下几个方面。

（1）食品自身含有的有毒有害物质，如毒草、莽草、发芽的马铃薯、苦杏仁、河豚、鳇鱼、毒蚌等。

（2）食品在生产（养殖）、加工、储运过程中被有毒有害物质污染，如生物性污染、化学性污染和放射性污染。

(3) 使用了不卫生的设备、容器或用具来加工或者存放食品。
(4) 生熟食品交叉污染。
(5) 误用了有毒有害的原料，或者使用了腐败变质的原料。
(6) 储存方式不适当，食品在放置过程中变质。
(7) 食品加工烹调方法不当。
(8) 食用者自身体质对某种食品过敏。

二、部分食品的危害

（一）植物性食品的危害

1. 含亚硝酸盐类蔬菜的危害

大量食用含硝酸盐较多的蔬菜，如菠菜、白菜、青菜、甜叶菜、萝卜叶、韭菜等可引起硝酸盐类中毒，通常称为肠原性青紫病、紫绀病或乌嘴病。当蔬菜储存过久，开始腐烂变质时，其硝酸盐的含量非常多，腌制的蔬菜在一周左右亚硝酸盐的含量激增；烹调后蔬菜存放过久，特别是在温暖的环境中，菜中的硝酸盐也会还原为亚硝酸盐，凡此种种，均可引起中毒，通常在食后 1~3 小时或 24 小时内发病，病势凶猛，病情发展快。中毒者起初有头痛、头晕、乏力、心跳加速、呼吸困难、恶心、呕吐、腹疼、腹泻等症状，随即出现本病特征性症状：皮肤青紫，口唇部最为明显，严重时舌尖、指甲、血液呈深棕色。最为严重的可因循环障碍、缺氧、呼吸麻痹而死亡。因此，应注意蔬菜的储存管理，防止腐烂，杜绝使用腐烂蔬菜原料，对硝酸盐含量多的蔬菜，应焯水后再行烹制。

2. 含氰甙类食物的危害

木薯、桃、杏、梅子、李、枇杷、樱桃、杨梅等果仁内均含有氰甙，人食用后，氰甙在消化道中遇水，可产生有毒的氢氰酸，氢氰酸能阻止细胞内呼吸，使机体陷入窒息，并麻痹呼吸及血管运动中枢，最终可能导致中毒者死亡。木薯中含亚麻苦甙，水解后也释放氢氰酸，因其须在肠内分解，故发病较慢。该病潜伏期短，食后 1~2 小时即出现恶心、流涎、口苦涩、舌尖麻木等症状，并伴有呕吐、腹泻、头晕、头痛、呼吸困难、呼气有苦杏仁味。中毒严重者会出现昏迷、痉挛、瞳孔扩大、休克甚至呼吸和心跳停止而死亡。避免此类中毒应禁止食用生木薯，不吃苦杏仁、苦桃仁。木薯煮食前应先去皮、切片，用清水浸泡一昼夜，去水再煮熟食用。甜杏仁须限量食用，食用时必须加热炒透，使氰甙素发挥掉。

3. 发芽土豆的危害

发芽土豆内龙葵碱含量非常多，一方面会刺激消化道黏膜，另一方面可麻痹呼吸中枢，溶解红血球，并可引起脑水肿和充血。一般食用后 10 分钟至数小时发病。中毒者咽喉部、口腔黏膜有烧灼感，上腹部不适，恶心、呕吐、腹疼、腹泻，过多食用会引起发热、昏迷、抽搐、呼吸困难，重症因心脏衰竭、呼吸中枢麻痹而死亡。因而土豆应储存在低温、干燥、避免日光照射的地方，以防止发芽。发芽或皮色变黑绿的土豆不能食用。发芽很小的土豆食用前应剔去芽及芽基，削净皮，烹调时要煮熟，不宜用来炒丝、炒片，最好加醋以破坏龙葵碱。

4. 毒蘑菇的危害

毒蘑菇又称毒蕈，在我国，毒蘑菇有 100 种左右，但多数种类的毒性轻微或尚不能确定，常引起人严重中毒的有 10 种，分别是褐鳞环柄菇、肉褐鳞环柄菇、白毒伞、鳞柄白毒伞、毒伞、秋生盔孢伞、鹿花菌、包脚黑褶伞、毒粉褶菌、残托斑毒伞等。临床表现根据毒素成分有不同的差别，中毒症状分为胃肠炎型、神经精神型、溶血型、脏器损害型等。

5. 菜豆的危害

菜豆包括四季豆、刀豆、芸豆、豆角等，常因烹调时未能煮透，食后引起中毒，此类中毒是由于红细胞凝集素的凝血所致。一般食后 2～4 小时发病，开始时头晕、腹胀，之后恶心、呕吐，有的伴有腹疼、腹泻。该病病情短，多数中毒者可不经治疗在当天恢复。食用菜豆时应炒熟煮透至青绿色消失，无苦味，无生硬感，最好不要做凉拌菜。

6. 大白菜中毒

大白菜若保管不善会腐烂，细菌将大白菜所含的无毒硝酸盐还原成有毒的亚硝酸盐，亚硝酸盐能使血液中的血红蛋白失去携氧能力，引起人体缺氧。人若食用腐烂的大白菜，在 2～3 小时内就会出现头痛、头晕、恶心、呕吐、心跳加快、皮肤呈轻度紫色等中毒症状，严重的还会发生昏迷、瞳孔散大，甚至死亡。

7. 鲜黄花菜的危害

如食用多量未经煮泡去水或者急炒加热不彻底的新鲜黄花菜，可因其所含的秋水仙素碱而引起中毒。最快食用后数分钟，最慢十余小时后出现恶心、呕吐、上腹部不适、口渴等症状，严重者出现头晕、头疼、腹痛、腹泻等症状，一般可自愈。因此，食用新鲜黄花菜时，应先用水浸泡，或用沸水烫过，去水后再进行烹调。

8. 白果的危害

白果中有种能溶于水，加热即被破坏的白果毒素，所以食用前可用清水浸泡 1 小时以上，再加热煮熟，均可大大提高食用白果的安全性。食用加热不透的白果可以导致中毒，严重时可致死。一般生食 5～10 粒即可中毒，在食用后 3～4 小时发病，中毒者初期恶心、呕吐，后头痛、抽搐、呼吸困难、皮肤黏膜发紫，严重者会因昏迷、瞳孔扩大、心力及呼吸衰退而死亡。因此，白果不能生食，也不得食用加热不透的白果，儿童更要限量食用。

9. 未熟豆浆的危害

生黄豆中含有一种有毒的胰蛋白酶抑制物，进入人体后可抑制人体蛋白酶的活性。此类中毒通常是因为饮用未煮开的豆浆而引起的，多在食后半小时至 1 小时内出现恶心、呕吐，严重者会出现腹泻，一般停止饮用后当天自愈，因此，豆浆必须煮沸方可食用。

10. 细菌性和霉菌性食物的危害

食品因放置时间过长、操作中不注意卫生、没有烧熟煮透等原因，会造成细菌大量繁殖产生毒素；发霉的食品因寄生菌大量繁殖产生毒素。人食用后会出现头痛、头晕、恶心、呕吐、腹痛、腹泻等中毒症状，严重的会引发痢疾等肠道传染病，甚至死亡。

（二）有毒动物食物的危害

1. 河豚的危害

河豚身体浑圆，头脑部大，腹尾部小，背上有鲜艳的彩色斑纹，体表无磷、光滑或有细刺，门牙上下各两枚，腹部可膨气如球。河豚体内含有河豚毒素，毒素比较稳定，盐腌、日晒、加热烧煮均不能消除。鱼体中的血、卵巢、皮、肝的毒力最强，肾、肠、鳃、脑、髓次之，肌肉毒力较小，红鳍豚等少数品种肌肉基本无毒。河豚毒素的主要作用是影响钠离子对细胞膜的透过性，阻断神经的兴奋传导。一般人食用后半小时至 3 小时发病，初期会出现口渴、唇舌和手指等处发烧等中毒症状，随后引起四肢麻痹，共济运动失调，全身瘫软，心跳初期加快，然后减慢，血压下降，瞳孔先收缩后放大，重症多因窒息而死亡。

2. 含高组胺鱼类的危害

一般皮青肉红的鱼，如鲐鱼、竹夹鱼、秋刀鱼、金枪鱼、鲭鱼、鲣鱼、沙丁鱼等，体内含有大量组氨酸。当鱼体被莫根氏变形杆菌、无色杆菌、多种葡萄球菌、埃希氏大肠杆菌、普通变形杆菌污染时，可使鱼体内组氨酸形成大量组胺。人食用后半小时至 4 小时出现中毒症状，全身潮红、似酒醉状、头痛、头晕、心跳加快、呼吸急迫有胸闷感。部分病人出现结膜充血、视力模糊、唇肿、舌麻、恶心、呕吐、发荨麻疹等症状。对这类鱼在烹调前要洗干净，加热要充分，用煎、炸与加醋的方法可以减少组胺的含量。但是如果发现上述皮青肉红的鱼类眼珠变红、色泽不鲜艳、鱼体没有弹性时，应禁止食用。

3. 鱼肝的危害

鲨鱼、鲅鱼、虹鱼、旗鱼、鳇鱼、鳕鱼、硬鳞脂鱼等的肝脏内含有大量高级不饱和脂肪酸组成的油脂，这些油脂易与外界异物结合形成鱼油毒素，当人们食用含有鱼油毒素的鱼肝即可引起中毒。鱼肝中毒多发生在食用后 1～6 小时，中毒者会出现头晕、头痛、脸部和四肢浮肿、恶心、呕吐、乏力等症状。不同鱼类鱼肝中毒都有其特有症状，如鲅鱼鱼肝中毒会导致口渴，唇干，腕、踝以下整片皮肤脱落以及其他部位的鳞状皮屑脱落，重症的脱发、脱眉。旗鱼鱼肝中毒时，有胸闷、剧烈呕吐、体温上升等症状。鲨鱼、虹鱼鱼肝中毒常有体温上升、食欲消失等症状。

4. 动物甲状腺的危害

甲状腺位于动物喉部下方气管两侧，能分泌甲状腺激素，食用少量的甲状腺素就会中毒。甲状腺素耐高温，加热至 600℃才会被破坏，因而一般烹调不能使其破坏。临床症状按食入量多少有较大差别，主要表现为眩晕、头痛、心悸、胸闷、烦躁、气急、恶心呕吐、腹痛、腹泻、乏力、出汗、大片脱发。有的中毒者会出现皮肤出血性丘疹、发痒、水泡。食用大量甲状腺的中毒者会出现高热、心动过速、出汗脱水等症状。孕妇可发生流产，婴儿亦可通过母乳中所含甲状腺素而出现中毒。因此，食用前对动物的颈部肉和气管、肺脏应仔细检查，发现未剔净的甲状腺应立即摘除。

5. 动物肾上腺素的危害

动物的肾上腺位于两侧肾前端的腹壁脂肪（俗称板油）中，能分泌多种脂溶性激素。肾上腺激素浓度过高时可成为毒物，人食用后半小时内即发病。主要症状是头晕、恶心、心窝部疼痛、心动过速、手舌发麻，有的中毒者会出现脸色苍白、瞳孔散大、恶寒等。

6. 贝类麻痹毒的危害

贝类麻痹毒为贝类动物采食有毒藻类而被毒化所产生的毒素，并非贝类自身所固有。导致中毒的贝类包括贻贝、蛤蜊、螺、扇贝、蚝、砂海螂、香螺、织纹螺等。贝类麻痹毒的主要作用是阻碍钠离子进入神经核肌肉细胞，从而影响神经传导机能，引起各种神经症状。一般在食用后半小时至 3 小时发生中毒，其症状类似河豚中毒，不同点是血压不下降，其特点为重症中毒患者直至临死前意识仍很清楚。初期舌、指尖、唇麻木，此后发展到四肢、颈部、躯体，使各部横纹肌失控，并伴有头痛、口渴、流涎、语言不清、呕吐、共济运动失调等症状，重者会因呼吸困难窒息死亡。因此，应在食用贝类前多次清洗，去除内脏，并在水煮后留肉弃汤，以降低毒素含量。

7. 有毒蜂蜜的危害

有毒蜂蜜是蜜蜂采食有毒植物后分泌的蜂蜜所致。有毒蜂蜜一般色泽较深，呈棕色糖浆状，有苦味或者涩味。人食用后一至两天出现中毒症状，早期会出现呕吐、腹痛、腹泻、低热、乏力、头晕、四肢麻木等症状，严重时出现血便、少尿、蛋白尿、心率减慢不齐等症状，重症患者会出现高热、尿毒症、酸中毒，最后死于血管运动中枢和呼吸中枢麻痹。因此，注意不要食用色泽异常、有苦涩味的蜂蜜。

（三）食物的化学性危害

1. 砷化合物的危害

元素砷不溶于水且无毒性，但是容易氧化成砷氧化物，其中三氧化二砷毒性最强烈。食品中导致砷中毒多由于在食品加工时加入了盐酸、葡萄糖、碱、食用色素等化学物质，由于这些化学物质的纯度不高，含砷量超过规定标准而污染食品，致使食物中毒。例如，用含砷量高的工业盐酸制作化学酱油可以引起酱油砷中毒；啤酒在发酵的过程中加入砷含量高的葡萄糖会引起啤酒砷中毒。急性中毒症状出现在食用后 15~30 分钟，到了 3~4 小时发病，出现恶心、呕吐、腹痛、腹泻呈排水样或米泔样伴血液粪便等症状，神经系统受损时则出现头痛、头晕、烦躁、抽搐、昏迷等症状，重症患者会因呼吸及血管运动中枢麻痹而死亡。慢性中毒多由于长期少量食入砷，排泄缓慢而造成砷蓄积中毒，主要表现为多发性神经性皮炎，皮肤触觉、痛觉降低，乏力，脸部及四肢皮肤颜色异常。砷中毒常引起病人肝脏损害。

2. 铅化合物的危害

铅化合物中毒主要由污染铅的饮料、食物引起。如长期使用铅酒壶，长期用彩釉餐具和器皿存放酸性饮料食品，或大量食用含铅皮蛋等。铅对机体各系统均有害，但主要病变在神经系统、造血系统和血管。预防铅化合物中毒应注意不用含铅容器盛放酒类和酸性饮料食品，并按卫生标准要求，控制食品饮料中的铅含量。

3. 有机磷农药的危害

有机磷农药的种类很多。有机磷农药中毒常因农药污染食物、饮用水，或食用刚喷过这类农药的蔬菜、水果所致。因此，蔬菜、水果要充分冲洗后食用。

4. 有机汞农药的危害

有机汞农药为亲脂性高中毒的物质，一般都由这类农药污染环境、谷物和水产食物引起中毒。有机汞主要损害神经系统、肝、肾、心等。

5. 有机气体农药的危害

食用有机气体农药残留过高的谷物、蔬菜、水果会引起中毒，特别是慢性蓄积性中毒，主要损害中枢神经系统、肝、肾等。

6. 多环芳烃类化合物的危害

含多环芳烃类化合物较多的食品有下述四类：（1）熏制食品；（2）烘烤食品；（3）吸收了大气、水和土壤中的多环芳烃而被污染的食物；（4）在加工过程中被机油、沥青污染的食品。

由于多环芳烃类化合物对人体的危害不小，平时应少吃熏制食品，烘烤食品时最好不让食品直接接触火焰。

三、食品添加剂

食品添加剂是为改善食品色、香、味等品质，以及为防腐和加工工艺的需要而加入食品中的化合物质或者天然物质。食品添加剂按其来源分为天然与合成两类。天然食品添加剂主要来自动物、植物组织或微生物的代谢产物，而人工合成的食品添加剂则通过化学手段使元素和化合物产生一系列化学反应制成。

（一）常用的食品添加剂

目前我国食品添加剂有23个类别，2 000多个品种，包括酸度调节剂、抗结剂、消泡剂、抗氧化剂、漂白剂、膨松剂、着色剂、护色剂、酶制剂、增味剂、营养强化剂、防腐剂、甜味剂、增稠剂、香料等。

1. 防腐剂

常用的防腐剂有苯甲酸钠、山梨酸钾、二氧化硫、乳酸等。防腐剂主要用于果酱、蜜饯等的食品加工中。

2. 抗氧化剂

抗氧化剂与防腐剂类似，可以延长食品的保质期。常用的有维生素 C、异维生素 C 钠等。

3. 着色剂

着色剂中常用的合成色素有胭脂红、苋菜红、柠檬黄、靛蓝等。它可以改变食品的外观，使其看上去让人更有食欲。

4. 增稠剂和稳定剂

增稠剂和稳定剂可以改善或稳定冷饮食品的物理性状，使食品外观润滑细腻，使冰激凌等冷冻食品长期保持柔软、疏松的组织结构。

5. 膨松剂

部分糖果和巧克力中添加膨松剂，可以促使糖体产生二氧化碳，从而起到膨松的作用。常用的膨松剂有碳酸氢钠、碳酸氢铵、复合膨松剂等。

6. 甜味剂

常用的人工合成的甜味剂有糖精钠、甜蜜素等。目的是增加甜味感。

7. 酸味剂

部分饮料、糖果等常采用酸味剂来调节和改善香味效果。常用的酸味剂有柠檬酸、酒石酸、苹果酸、乳酸等。

8. 增白剂

过氧化苯甲酰是面粉增白剂的主要成分。中国食品规定在面粉中允许添加增白剂的最大剂量为 0.06g/kg。增白剂超标，会破坏面粉的营养，水解后产生的苯甲酸会对肝脏造成损害，过氧化苯甲酰在发达国家已被禁止作为食品添加剂使用。

9. 香料

香料有合成的，也有天然的，香型很多。消费者常吃的各种口味巧克力，生产过程中广泛使用各种香料，使其具有各种独特的风味。

一般来说，不违规，不超量、超范围地使用食品添加剂，食品是安全的。但由于现阶段含天然食品添加剂的品种较少，价格较高，而人工合成食品添加剂的品种比较齐全，价格低，因而人工合成食品添加剂被较多采用。然而合成食品添加剂质量不纯，混有有害杂质，或用量过大时容易造成对机体的危害，故目前生产食品添加剂偏重于向生产天然食品添加剂发展，或使用天然、人工混合食品添加剂以弥补各自的不足。

（二）过量摄入食品添加剂的危害及解决方法

过量摄入或长期少量摄入食品添加剂，由于大部分的食品添加剂毕竟不是食物的天然成分，有可能对机体造成危害。

1. 甜蜜素：升高血压

摄入过量的甜蜜素会对人体肝脏和神经系统造成危害。有学者研究发现，甜蜜素虽然本身不能被人体代谢吸收，但被肠内细菌降解为环己胺后，反而会引起血压的升高。国家规定每千克的果蔬汁中含甜蜜素不能超过 0.25g，在日常生活中，蜜饯、陈皮、话梅、杨梅干、罐头、糕点及各种清凉饮料中都含有甜蜜素。

解决方法：注意看食品配料表中甜蜜素的含量；一天喝含甜蜜素的饮料不宜超过 1 300mL；常吃杏仁、黑巧克力、花生、三文鱼、核桃等食物，则有助于防止血压升高。

2. 日落黄：引起脱发

含日落黄超标的食品，可能会引起过敏、腹泻等症状。大部分酱菜、咸菜都含有日落黄。有学者研究发现，如果长期食用酱菜、咸菜等含有日落黄的食品，其毒素会沉积于肾脏，对人体的头皮组织、毛囊细胞造成损害，首先出现的症状是脱发。我国规定每千克酱菜、咸菜中日落黄的含量不超过 300 毫克。

解决方法：由于日落黄是溶于水的，所以，可将酱菜、咸菜用约 40℃的温水浸泡 2 分钟以上再食用，这可以清除其部分的色素。

3. 咸味香精：升高血糖

我国咸味香精的生产量和消费量都已经进入了世界前列。目前流行的仿生食品一般是用豆腐、魔芋、淀粉等原料，通过添加咸味香精等原料，模仿肉的口感和口味做成的，如素火腿、素鸡、素鸭、素鱼等。但有学者研究发现，咸味香精经高温加热后会造成升高血糖、诱发炎症和动脉粥样硬化等危害。日常生活中，除了各种仿生食品外，各种肉类罐头、膨化食品、方便面等食品都含有咸味香精。

解决方法：将新鲜蔬果榨汁 250mL 后加 1g 姜黄粉，与含有咸味香精的食品一起食用，可促进咸味香精的分解，并对减轻胰岛素抵抗和预防糖尿病有一定的功效。

4. 阿斯巴甜甜味剂：导致记忆力减退

一般米醋中都含有阿斯巴甜甜味剂，以改善米醋口感。有学者发现，阿斯巴甜加热后会分解成甲醛、乙酸和二酮哌嗪，这些分解物会损伤大脑细胞，长期摄入易造成记忆力减退。还有，阿斯巴甜进入人体后，会被迅速代谢为天门冬氨酸和苯丙氨酸两种氨基酸而被吸收。所以，苯丙氨酸尿症患者不能食用。

解决方法：米醋最好凉拌食用，不宜炖、炒食。

5. 甘氨酸：引起结石病

食品防腐剂是一把"双刃剑"，在防止食品变质的同时也有可能给人们的健康带来一定的麻烦。如大家经常食用的花生酱就含有甘氨酸防腐剂，而有学者研究发现，甘氨酸会增加肾脏和尿中的钙、草酸、尿酸等成分，如不及时排出，易导致肾脏结石和输尿管结石。

解决方法：少吃菠菜、竹笋、酸菜等含大量草酸的食物，适当减少瘦肉、鸡蛋的摄入，应多喝水。

6. 谷氨酸钠：造成听力下降

味精的主要成分就是谷氨酸钠，食用过多可能出现中毒症状。因为谷氨酸钠在120℃的温度下会形成焦化谷氨酸钠，后者具有一定的毒性，是致癌物质。日常生活中，鸡精、甜面酱、豆瓣酱等调味品中含有谷氨酸钠，起到提鲜的作用。但有学者还发现，人们大量食用含谷氨酸钠调味品时，会造成人体缺锌。而人的耳蜗内含锌量是最高的，缺锌首先影响到耳蜗的功能，会引起听力下降。

解决方法：对于加入味精的"半成品"配菜的烹饪，以蒸、煮为妥；每天食用调味料不宜超过6g；平时多食用牡蛎、瘦肉、豆制品、花生、苹果、茄子、南瓜等含锌丰富的食物。

7. 六偏磷酸钠：引起骨质疏松

六偏磷酸钠的主要作用是改善食品的色、香、味，调整食品的营养构成，延长食品的保质期。但是六偏磷酸钠中会有微量的重金属，如砷、铅等，砷会引起以皮肤色素脱失、着色、角化及癌变为主的全身性的慢性中毒。食品级的六偏磷酸钠还有一定含量的氧化物，低浓度的气化物会引起慢性中毒和气骨症，使骨骼中的钙质减少，导致骨质硬化和骨质疏松。日常生活中，豆酱、熏肉、配制酱油、果蔬罐头等常含有六偏磷酸钠。

解决方法：可常食用一些含钙高的食物，如牛奶和豆腐，或海带、紫菜、发菜、黑木耳、黑芝麻等黑色食物。同时，不宜长期使用含氟牙膏。

四、食品的储存方法

食品腐败变质的主要原因之一是由于食品在储存过程中被微生物（细菌和霉菌等）污染后，微生物大量繁殖而造成的。食品中的微生物在接近人体温度条件下时是最容易生长繁殖的，因此，食品储存非常关键，其作用不仅是存放食品及食品原料，更重要的是防止食品腐烂变质，保证食品质量。

（一）热储存

热储存是指在高于60℃的温度下储存。热储存通常用于随时提供的熟食食品方面。采用热储存要时刻注意加热的温度，储存食物的体积不能太大，并且要保证所储存的食物受热均匀。

（二）低温储存

通常加工好的熟食品在室温下存放超过4小时，便会出现腐败现象，尤其是含蛋白质丰富的肉、蛋、奶和水产品类食品。因此，大部分食品的储藏必须采用低温储存的方法。低温可以抑制细菌的生长，还能降低食品中的酶的活性，从而减弱食物中营养成分的破坏过程。多数食源性疾病病原体在 10℃以下停止生产繁殖。由于温度回升时，细菌可以恢复其生理状态和生活能力，故低温只能抑制细菌的繁殖。

低温储藏食品可分为冷藏和冷冻两类。

1. 食品冷藏

食品冷藏是指将食品置于稍高于冰点温度的环境中进行储藏。冷藏的温度一般为 0～15℃，而 4～8℃则为常用冷藏温度，冷藏期一般为几天到数周。冷藏不能阻止食品的腐败变质，只能减缓食品腐败变质的过程。

2. 仪器冷冻

仪器冷冻是指采用缓冷或速冻方法先将食品冻结，而后在能保持食品冻结状态的温度下储藏的方法。常用的冷冻温度为-23～-12℃，而-18℃最为适用。冷冻适用于长期储藏，储存期短的可以数日，长的可以以年计。经合理冷冻和冷藏的食品在大小、形状、色泽和风味方面一般不会发生明显的变化，而且还能保持原始的新鲜状态。

如表 5-14 所示为部分食品适宜低温储存的具体情况表。

表 5-14 部分食品适宜低温储存条件表

食品名称	温度（℃）	相对温度（%）	保藏期限
冰肉	-18～-10	96～100	数月
冰鱼	-18～-1	95～98	数月
冰蛋	-10	85～90	数月
鲜蛋	-2	85～88	数月
鲜肉	-1～1	60～85	10～22 天
鲜鱼	0～1	95～98	1～2 天
鲜奶	1～2	70～75	1～2 天
苹果	0	85～90	4～6 天
西瓜	2～5	85～90	2～3 天
胡萝卜	0	90～95	4～5 天
菠菜	0	90～95	10～14 天
西红柿	0	85～90	7 天
马铃薯	3～10	85～90	5～7 天
黄瓜	7～10	90～92	10～14 天

五、清除蔬菜上残留农药的几种简易方法

（一）浸泡水洗法

蔬菜污染的农药品种主要是有机磷类杀虫剂。有机磷杀虫剂难溶于水，此种方法仅能

除去部分残留的农药,但水洗是清除蔬菜水果上其他污物和去除残留农药的基础方法。水洗法主要用于叶类蔬菜。一般先用水冲洗掉表面污物,然后用清水浸泡,浸泡时间不少于10分钟。果蔬清洗剂可增加农药的溶出,所以浸泡时可以加入少量果蔬清洗剂,浸泡后要用流水冲洗2~3遍。

(二)碱水浸泡法

有机磷杀虫剂在碱性环境下分解迅速,所以此方法是有效地去除农药污染的措施,可用于各类蔬菜瓜果。方法是先将表面污物冲洗干净,然后浸泡到碱水中(一般500mL水中加入碱面5~10g)5~15分钟,然后用清水冲洗3~5遍。

(三)去皮法

蔬菜瓜果表面农药相对较多,所以削去外皮是一种较好的去除残留农药的方法。

(四)储存法

农药随着时间的推移能缓慢地分解为对人体无害的物质,所以对易于保存的瓜果蔬菜可以通过一定时间的存放,减少农药残留量。一般应存放15天以上,同时建议不要立即食用新采摘的未削皮的瓜果。

(五)加热法

氨基甲酸酯类杀虫剂随着温度的升高分解加快,所以对一些其他方法难以处理的蔬菜瓜果可通过加热去除部分农药。此法常用于芹菜、菠菜、小白菜、圆白菜、青椒、菜花、豆角等蔬菜,先用清水将表面污染物洗净,放入沸水中2~5分钟捞出,然后用清水冲洗1~2遍。

在具体处理中,可根据实际情况,将以上几种方法联合使用会起到更好的效果。

六、个人预防食物中毒的方法

(1)饭前、便后要洗手。

(2)煮熟后放置2小时以上的食品,要重新加热到70℃以上再食用。

(3)瓜果洗净并去除外皮后再食用。

(4)不购买来路不明和超过保质期的食品。

(5)不购买无卫生许可证和营业执照的小店或路边摊点上的食品(尤其是这些店、摊上没有密封包装的食品)。

(6)不吃已确认变质或怀疑可能变质的食品。

(7)不吃明知添加了防腐剂或色素而又不能肯定其添加量是否符合食品卫生安全标准的食品。

(8)不饮用不洁净的水或者未煮沸的自来水。

（9）在进食的过程中如发现食物的感官性状异常，应立即停止进食。

第六节　航空配餐的卫生与安全

 阅读材料

配餐吃得上吐下泻，乘客抗议遭空乘人员关灯断水

一个面包贴三个条形码，既没有写生产日期、保质期，外包装上也无任何食品生产标识。前日，150 多位乘客在曼谷回长沙的航班上吃到了这样的"三无食品"，其中 10 多位乘客当场出现腹泻、呕吐等不适症状。在联名讨说法未果后，100 多位乘客在机上坐了 6 个小时拒绝下机。昨日，三无面包与相关物品已送往黄花机场食品检测中心检测。

国际航班上一个面包竟贴了三个日期

前日下午 18:00 许，周女士与其他乘客在泰国曼谷登上了飞往长沙的泰国东方航空公司的 0X822 航班。登机 10 多分钟后，空姐开始发放食品。据周女士回忆，食品包括花生豆、果冻和一盒小面包。"面包里夹着三文鱼和火腿，但吃起来味道很怪。"周女士介绍说，于是她和不少乘客都开始仔细审视起这块面包来。观察后发现，装面包的透明餐盒没有任何食品标识，用普通条形码打印的"日期"贴了三层。乘客一层层撕开后发现，由里至外分别是"07-08-54""08-08-54""09-08-54"，周女士表示，根本无法区分这是生产日期还是保质期。

吃完不久，10 余位乘客开始腹泻呕吐

"我们当时就提出了质疑，但是由于飞机上的空乘人员都是泰国的，语言沟通不畅，并没有得到答复。"据乘客杨女士介绍，大概晚上 20:00 许，飞机上的一些食用了面包的老人、小孩出现了呕吐、胃痛和拉肚子等身体不适症状，共有 10 多人。"老人、小孩体质稍微差些，我们年轻人稍微好点，但是我今天早上肚子还是不舒服，上了两次厕所。"

杨女士告诉记者，当时飞机上有懂英语的乘客向机长反映了情况，机长表示食品是配送飞机食品的公司负责的，与航空公司无关。无奈之下，机上乘客只好草拟了一份倡议书，联名委托全程服务的湖南海外旅行社陈姓导游向机长讨要说法。

不给说法，百余乘客摸黑坐闷热机舱 6 小时

然而，直到晚上 21:20 许抵达黄花机场后，乘客也只是等来了空乘人员的口头道歉，并没有就食品问题做出任何解释，并且拒不承认食品与飞机及航空公司有任何关系。

"乘客感到十分委屈，都坐在位置上拒绝下机。降落后，机舱的空调、灯几乎都灭了，没有人管我们，飞机上很多蚊子咬我们。"杨女士表示，乘客们曾三次要求空乘人员恢复空调和供应饮用水，都遭到了拒绝。"首先是食品问题，现在又服务态度恶劣。"杨女士告诉记者。

进行商谈，机长道歉，问题面包已经送检

"最后，航空公司、旅行社、机场加上我们6名乘客代表进行了商谈。杨女士告诉记者。经过协调，截至9日凌晨3:00许，机长用英文做出了口头和书面道歉，同时，问题面包和乘客呕吐的食物被送到黄花机场食品检测中心检测。3:20许，乘客才陆续下机。杨女士表示，乘客们等待检测结果出炉，如果食品存在过期等问题，将要求航空公司公开道歉，如果7日内乘客有身体不适等症状，还将要求赔偿。

记者随后联系了湖南海外旅行社办公室杨主任。杨主任表示，该航班是由湖南海外旅行社包机，飞机上的配餐确实有问题。由于泰国东方航空公司在长沙黄花机场没有地接，所以交流、交涉等出现了问题。目前旅行社已经和泰国东方航空公司联系处理此事。

材料来源：宁莎鸥. 长沙晚报, 2011, 8 (10)

虽然航空配餐是在经过多道加工工序和严格的检验之后才能送到乘客手中，生产流程十分严格，但也不能排除在生产、加工、运送等过程当中发生食品变质等问题，因此，乘务员应当了解航空配餐生产、加工、运送的过程，以便更好地为旅客服务。航空公司应组织乘务员去航空配餐公司参观学习，了解航空配餐的生产加工过程，更可以尝试通过机上杂志、视频等方式来向乘客介绍食品的加工过程，让乘客对航空配餐的安全性有深入了解，更加放心地食用配餐，同时也可以提高乘客对航空配餐品牌的认可度和忠诚度。

航空配餐的生产是一个比较复杂的过程，包括食材的采购和储存、原材料的加工、餐食的制作、综合装配、运送装机、机上供餐服务等。在这个过程中，食源性危害表现为物理、化学及生物性危害，物理性危害可以通过良好的操作规范等加以控制，化学性危害可通过建立相应的食品规章制度并得以实施。当然，要求食品安全没有任何问题、具有零风险是比较困难的，但食品安全危害是能够被控制、预防、消除和降低到可接受水平的。

一、航空配餐的生产、加工、运送

一盒饭、一份色拉、一个面包、一份甜点，外加一杯饮品，看似简单的一份餐食，其实却是经历了至少12个小时、6道大工序才送上飞机的，具体的过程如下。

（一）设计餐谱

按照不同航线、不同舱位和航空公司自身特色的要求，配餐公司每种配餐将会最少提供三套备选餐谱供航空公司挑选。

（二）原料采购

航空配餐所需的原材料选料精细，多以进口高档原料为主，海鲜类全部为鲜活品质，家禽、畜类及一切原辅材料必须由签约供货商专门提供，而且均要通过精选、过磅、检验三道程序。

（三）原材料初加工

原材料初加工即将蔬菜、水果、海鲜、蛋类和肉类经过清洗、消毒后，分类存放在专用的 2~5℃保鲜库中，然后再送到各车间进行制作、烹调。航空配餐工作人员进入生产车间之前要戴上一次性消毒头套、口罩，穿上白色工作服、一次性鞋套，然后经过"风淋机"的洗礼（强大的抽风和吹风把身上的毛发和灰尘吹得一点不剩），还要经过消毒液洗手、紫外线过滤等。员工不允许佩戴各种饰物，更不允许化妆。通过紫外线杀菌，生产车间里的细菌含量非常低，可以和医院手术室相比。从原料收货、原料预加工、餐食制作到餐食装配，整个航空餐生产车间的温度均控制在18℃以下。

（四）烹制

烹饪食物时火候要控制在七八成，食物中的汁水要保持比较多，以防止二次加热时烤干食品或烤不热，如果是青菜则要保证加热后不能变色等。为保证食品的新鲜和卫生，烹调好的餐食必须先进行快速降温冷藏，达到规定温度后再由配餐间进行装配。由于飞机在飞行过程中常会出现颠簸状况，这个时候乘客如果在吃一些有硬物的食品时容易噎住，因此航空配餐要做到鱼不能有刺，肉不能有骨头，海鲜不能有壳。此外还要考虑各种因素的限制，如羊肉因加热后会散发出味道，因而不允许上飞机。

（五）配餐

装配餐食的车间空气中悬浮颗粒必须小于 10，一次工作配制的份数以 30 份为界。航空配餐要求质量统一，配餐中心设有专人为每份成品称重，多去少补后迅速用保鲜膜将其包好。乘客拿到的餐食都是等质等量的，误差以克计算。配制好的成品餐食在室温下存放不得超过半小时，超过半小时就要及时推入 2~5℃的保鲜库中存放，之后根据航班动态，按时配送上飞机。

（六）上机

上机后，为了保证餐食一直处于低温状态以抑制细菌的繁殖，因此送餐车里的温度只有 15℃。

二、航空配餐的机上管理

（1）飞机厨房应配备经卫生部门批准使用的无毒、不燃、对飞机材料无损害的洗消剂，用于厨房工作台、水池、烤箱、冰柜等设备的清洁消毒和空中乘务员送餐服务前的洗手和消毒。

（2）飞机厨房应配备食品温度计，用于机上餐饮的温度监测。空中乘务员应负责定时测量并记录餐食温度，特别是回程餐和航班延误时已装机的餐食，必须严格检测餐食温度的变化。

（3）餐食装机后，空中乘务员必须首先检查餐食箱（车）或餐盒上的时间标记（生产日期及离开冷库时间），如发现过期或者无时间标记，应及时与送餐人员联系，进行更换处理。

（4）机上餐食应整齐摆放在飞机厨房或者食品舱内，餐盒应在垫物上端正摆放。

（5）内放干冰保持冷藏的餐食箱（车）在供餐之前不得随便打开，以充分保持冷藏温度。如果机上有冷藏设施，应迅速保存，保证冷却食品在10℃以下保存。

（6）冷却的热食供应前必须充分加热到85℃，乘务员应根据食品的种类来调节加热的温度和时间。

（7）乘务员在为乘客提供餐饮前，应留心观察餐食和饮品有无异常。发生问题时，乘务员应学会合理拒绝出具各种与事实不相符的证明，并应妥善保存证物。

三、异常情况的处理办法

在飞机飞行的过程中，如果乘客出现食物中毒的情况，可能是由于乘客乘机前的饮食有问题，或者乘客对某种食物过敏但又未事先说明，或者配餐及饮品变质等原因引起的。乘务员应该根据情况，酌情处理，具体的方法如下。

（1）乘务员应该掌握相应的医疗常识及急救常识，如乘客的症状较轻，乘务员可以根据乘客的具体情况，采取相应的救助措施。

（2）乘务员应向具有专业知识的人员请求帮助，可以运用客舱广播在乘客中寻找医生或者是护士，请他们为病人提出意见。

（3）对特别严重的危急病人，机组成员可以与空中交通管制部门联系，采取必要的措施，包括改变航线、在就近机场紧急备降等，及时对病人进行抢救。

（4）如果怀疑是机上餐食或饮品引起的问题，要将有可能引起食物中毒的餐食或饮品隔离起来，并做好标记。

 课后阅读

南航重组南联航食公司　致力打造餐食最好航食公司

民航资源网2017年5月18日消息：5月18日，南航整合全公司航食系统资源，重组成立新的广州南联航空食品有限公司（以下简称"南联公司"）。新公司以原广州南联航空食品有限公司为平台，整合航食加工、供应、研发、配送等业务，推进航食系统一体化和产业转型。新的南联公司的成立对于逐步实现南航航食专业化、产业化和品牌化，打造南航集团优势产业具有重要的战略意义。对此，南航集团总经理谭万庚寄予厚望。他表示，南联公司的目标是"打造成为中国餐食最好的航食公司，形成产品种类丰富、品牌特色鲜明、知名度高的餐食品牌；长远来讲，要达到国际先进水平，使航空餐食成为南航的竞争优势。"

航空餐食的水准和质量，是航空公司整体服务水平的体现。作为国际化航空公司，南航持续提升包括餐食体验在内的全流程服务水平,实现航食供应一体化是其中的重要一环。作为 2017 年南航确定的以"规范化、一体化、智能化、国际化"为目标的十大战略工程之一,此次南联公司的整合重组标志着南航餐食由服务保障功能向产业化发展迈进,为把南航打造成为"中国餐食最好的航空公司"奠定坚实的基础。

近年来,南航在空中餐食方面不断创新,以更好地满足广大旅客的味觉需求。2014 年,南航正式开通网上订餐服务,覆盖广州始发至欧、美、澳、中东等 12 条国际长航线的 18 个航班,提供包括南航牛肉大碗面、腊味煲仔饭、客家酿豆腐等 20 款南航特色空中餐食预订服务。2015 年,在广州—奥克兰航线上,南航与奥克兰顶级名厨合作推出新西兰特色风味餐谱,得到了旅客的一致好评。目前,南航网上餐食预订服务已覆盖 41 条国内、国际航线。

整合重组后的南联公司将进一步加强产品研发创新,不断开发旅客喜欢的产品,认真学习借鉴国际标杆标准化餐食制作经验,打造出符合主流习惯又具有南航特色的国际餐谱。这些南联公司精心研发推出的空中美食,旅客未来将可以通过多种方式预订。据南航相关业务负责人介绍,除已有的官网订餐外,南航还将以"南航 e 行"为平台,陆续推出微信、手机客户端、呼叫平台等渠道的订餐功能。届时旅客只需指尖轻触,就能在空中享用到提前预订的美食。

材料来源:民航资源网. http://news.carnoc.com/list/403/403577.html

【本章小结】

本章主要讲述了食品卫生与安全知识、航空食品与安全知识,同时,也对与乘务员工作息息相关的机上餐食管理知识、异常情况处理知识做了介绍。

【思考练习】

1. 食品中可能存在的有害因素有哪些?
2. 植物性食品的危害包括哪些?动物性食品的危害包括哪些?
3. 常用的食品添加剂有哪些?
4. 食品的储存方法有哪些?
5. 航空配餐的生产、加工、运送有哪些程序?
6. 航空配餐的机上管理应注意哪些方面?
7. 异常情况的处理方法有哪些?
8. 请根据本章所学的知识对以下案例进行分析,并回答问题。

一位头等舱乘客搭乘某航空公司由 A 地飞往 B 地的航班,在饮用航班上提供的牛奶时,该名乘客认为牛奶变质、有异味,并称自己是某电视台记者,要求航空公司拿出处理方案,否则就要曝光。同时,乘客用照相机将牛奶拍下,作为证据,然后在信纸上写下:"今天航班配备的牛奶是变质的,里面有沉淀物,味道刺鼻。"要求乘务长签字。请问:

(1)如果你是航班上的乘务长或者乘务员,应该如何处理此事?
(2)应该如何避免这样的问题再次出现?

第六章

客舱餐食

一份看起来小小的飞机餐,却要求"面面俱到",不仅有丰富的菜式,还包括面包、水果、奶酪、米饭、面条等,和我们在地面吃的一顿正餐没有多大区别。但在万里高空上,人的味觉会变得相对迟钝,大部分旅客在漫漫旅途中也会感到无聊,由于这些生理和心理的变化,飞机餐的设计需要很多巧妙的心思,例如菜品的颜色要更鲜艳亮丽,盛放食品的容器要更独特精致。

学习目标

- 了解客舱常见餐食的种类;
- 掌握特殊餐食的种类及代码;
- 熟记客舱常见饮料的种类和名称。

导引案例

云南航食创新菜品亮相国航 2017 试餐品鉴会

为全面提升国航空中餐食的品质,更加契合和彰显国航"放心、顺心、舒心、动心"的服务理念,云南航食于 2017 年 5 月 18 日开展了国航 2017 年度航空餐食品鉴会。为了将美味可口、创意十足的餐食呈现在旅客面前,给枯燥的空中旅行增添些许色彩,云南航食各部门齐心协力,精益求精,依据国航在以往的合作中所总结出来的经验,以旅客的视角,在餐谱设计、原料选择、菜肴烹饪、制作工艺等方面进行深入研究和不断调整,认真梳理餐谱,做好餐食的营养搭配;严把原料进货关,杜绝任何具有危险性的原料;严格按照规章落实餐食留样工作及清库制度,杜绝任何过期原料、半成品及成品餐食的继续使用,严控食品安全。

为了让来自天南地北的旅客都能吃到合口的餐食,云南航食公司在每套餐谱中既保留了滇菜风味,也搭配了川菜、粤菜、徽菜等本帮菜系的菜品,兼顾不同口味的旅客。此次的餐谱设计中,云南航食公司突显了"民族特色,绿色养生"的特点,有利用云南雨季独有的野生菌匠心打造的牛肝菌炒牛柳、鸡枞鲍汁虾胶辽参等极致美味;也有大理风味海稍鱼、腾冲酸菜龙利鱼、诺邓火腿烩松茸虾等风味独特的佳肴;更有滇式粉蒸肉、风味黑三剁、风味小炒肉等家常口味的小炒;主食方面研发小组也是下足功夫,准备了铜锅饭、竹筒饭、菠萝饭可供选择,让旅客在万米高空也可以有佳肴相伴,品尝到来自家乡的味道,虽旅途漫漫也能怡然自得。

材料来源:民航资源网. http://news.carnoc.com/list/403/403567.html

第一节 常见客舱餐食

通常情况下,航空公司会根据不同航线配备不同类型的客舱餐食。例如,短航线不会配备正餐，只提供点心、果仁和饮料；中长航线会根据飞行时间长短发放热食、早餐/热便餐或正餐，并提供饮料；长航线会配备早餐/正餐及饮料；某些精品航线还会供应精品正餐。

一、果仁食品

果仁食品包括海苔花生、盐焗杏仁、香酥青豆、芝士花生等，一般是袋装食品，如图 6-1 所示。

图 6-1　果仁

二、点心餐

点心餐可用纸装餐盒，内含水果、面包、饮用水及冷荤食品，也有些用 1/2 点心盒，只有面包和水果，如图 6-2 所示。

图 6-2　点心餐

三、快餐

快餐包括类似汉堡包、三明治、饼干等，如图 6-3 所示。

图 6-3 三明治

四、热食

热食一般用锡纸盒包装,附带刀叉包,如图 6-4 所示。

图 6-4 热食

五、热便餐

热便餐是在热食的基础上,增加 1/2 点心盒,如米饭或面条,如图 6-5 所示。

图 6-5 热便餐

六、正餐

普通餐的正餐是由一个点心盒加一个热食盒组成,如图6-6所示。

图6-6 正餐

七、精品正餐

国内航班精品航线的正餐与普通餐差别不大,用托盘装餐,如图6-7所示。

图6-7 精品航线正餐

八、简餐(国际)

不同航空公司的简餐定义不同,如法国航空公司(以下简称法航)的经济舱简餐有鸡肉意大利面、面包卷、水果沙拉以及一份水果馅饼作为饭后甜点,如图6-8所示;英国维珍大西洋航空公司(以下简称维珍航空)的经济舱简餐会提供一份炖牛肉土豆泥馄饨、面包卷、意粉沙拉、起司咸饼干以及一份巧克力甜点,如图6-9所示;新加坡航空公司(以下简称新航）的经济舱简餐会提供金枪鱼、芹菜苹果沙拉和一份红烧鸡块或是红烧肉套饭，以及一块抹茶蛋糕作为饭后甜点，如图6-10所示。

图 6-8　法航经济舱简餐

图 6-9　维珍航空经济舱简餐

图 6-10　新航经济舱简餐

第二节　特殊客舱餐食

特殊客舱餐食，是为尊重那些信仰宗教和因健康关系需特别照顾的旅客而提供的。一般由旅客在航班起飞前至少24小时（含）提出申请，犹太餐一般需要提前48小时（含）预订。特殊客舱餐食的种类很多，比较常见的是穆斯林餐、婴儿餐、儿童餐、糖尿病人餐和水果餐等。

一、素餐

1. 素餐（VGML）

素餐也被称为 Vegan Meal。餐食中不能含有任何的动物性制品。菜肴中不含有肉类、鱼类或其他动物性水产品、蛋类、奶类及其相关制品，可以有人造黄油。

西方人与东方人对素食的定义是有所不同的，前者多以追求健康为目的，强调自然有机的烹调方式，素食是指除了不吃陆地上的动物肉，其他像海鲜、鸡蛋、牛奶、起司等都可以吃的；东方人的素食标准则因宗教限制完全不能吃任何肉类，并且对于奶、蛋与香辛料的限制也不一样。

2. 西式素餐（VLML）

西式素餐不含有肉类或海鲜及其制品，但含有日常食用的黄油、奶酪、牛奶和鸡蛋。

3. 东方素餐（VOML）

东方素餐是按中式或东方的烹饪方法制作。餐食中不带有肉类、海鲜、奶制品或任何生长在地下的根茎类蔬菜，如生姜、大蒜、洋葱、大葱等。

4. 亚洲素餐（AVML）

亚洲素餐通常由来自亚洲次大陆的旅客选定，通常是亚洲生产的蔬菜，不包括肉类或海鲜。

5. 严格印度素餐（IVML）

印度素餐也称为亚洲素食，使用有限的乳类制品，菜肴中不含有肉类制品、蛋、鱼和海鲜、根茎类蔬菜以及凝胶类制品，其中包括生姜、大蒜、洋葱和马铃薯。严格印度素餐除不含有上述食材外，也不含有乳类制品。

二、非素食的宗教餐膳

1. 犹太教餐（KSML）（须提前48小时申请）

犹太教餐是指一切餐食准备按犹太教饮食习惯，用符合犹太教规的食材，按照其规定的屠宰和烹调方式制作出的食物，更有"洁净、完整、无瑕"之意。

航班上的犹太餐最明显的标志就是层层密封且必须有 Kosher 认证，如图 6-11 所示。按照规定该餐食只限食用者亲自开启，在全球范围内拥有制作犹太餐资格的空厨公司数量不多，所以一些顶级的航空公司会委托有信誉的大公司来制作其供应的犹太餐，目的就是为了能让真正需要犹太餐的乘客满意。

图 6-11　犹太餐

2. 穆斯林餐（MOML）

穆斯林餐中不含有猪肉、熏肉、火腿、肠类、动物油脂或酒精及无鳞鱼类和鳗鱼、甲鱼。所有的家禽和动物在被宰杀和烹饪时需要按照伊斯兰教的有关规定。

3. 印度教餐（HNML）

印度教餐中不含有牛肉或猪肉，但含有其他肉类、鱼和牛奶制品。此特别餐是专为少数可吃肉或鱼的印度旅客准备的。

4. 无牛肉餐（No Beef Meal）

菜肴中不含有牛肉、小牛肉或相关制品。

三、保健餐膳

1. 水果餐（FPML）

菜肴只包括水果及水果制品，如新鲜水果、含水果成分的果酱和水果甜点等，水果种类令随供应及季节而定。

2. 流质餐（Liquid Diet）

流质餐中仅包含流质食物，通常是牛奶、果汁、咖啡或茶、汤、粥类和泥状食品等软制食物。

3. 低卡路里餐（LCML）

低卡路里菜肴中包含瘦肉、低脂肪奶制品和高纤维食物，糖、奶油、蛋黄酱、脂肪等食品被禁止使用。

4. 低盐餐（LSML）

低盐餐菜肴中的盐有一定的控制量，是为患有高血压、闭尿症和肾病的乘客准备的。食品不含盐、蒜盐、谷氨酸钠、苏打、腌渍咸菜、罐头肉和鱼、奶油、贝壳类、土豆泥、肉汁类、鸡粉、面包、罐头蔬菜。

5. 低乳糖餐（NLML）

低乳糖餐为乳糖不耐易腹泻或先天对乳制品过敏者所设计，食物不含任何乳类及其制品，即牛奶、奶粉、酪蛋白、奶油、奶酪、蛋奶制品、牛油及乳糖等。咖啡用的鲜奶亦会确认其成分不是动物奶。

6. 高纤维餐（HFML）

高纤维餐包括含有高纤维的食物，如坚果、蔬菜、水果、高纤维的谷物面包和谷类食品。

7. 无麸质餐（GFML）

无麸质餐是为麸质过敏和不耐的客人准备的（麸质是存在于小麦、大麦、燕麦、黑麦等中的蛋白质）。面包、汁类、奶油蛋羹、蛋糕、巧克力、饼干、谷物及其制品被严禁使用。

8. 低蛋白质餐（LPML）

低蛋白质餐含有极少量的蛋白质，并避免盐和高盐食物。不含咸味较重的食品、烟熏食品、罐头食品、腊肉、禽类、鱼、蛋、面包、土豆、米饭、谷粉、奶及奶制品。

9. 清淡餐（BLML）

清淡餐中包含低脂肪和低纤维食物，避免油炸食物、咸菜、黑胡椒、芥末、大蒜、含气味植物、坚果和含咖啡因或酒精的饮料。适合有胃肠疾病的乘客进食。

10. 糖尿病餐（DBML）

糖尿病餐中的菜肴是低糖食物，适合糖尿病人食用。饮食以无糖、低脂肪、高纤维食物为主，不含有任何种类的糖，可使用瘦肉或去皮家禽肉、鱼肉（鲈鱼及鲔鱼）、海鲜、新鲜水果，禁用油炸食物。

11. 低脂肪餐/低胆固醇餐（LFML）

此类餐食适合需要减少脂肪摄入量的客人食用。菜肴中不含油炸食品、肥肉、奶制品、加工食品、浓汁、内脏、带壳水产品、蛋黄和焙烤制品。

12. 低嘌呤餐（PRML）

低嘌呤餐专为尿酸水平高的乘客定制，餐食包含一种或多种水果、蔬菜。

13. 生蔬菜餐（RVML）

此类餐食仅以水果及蔬菜为原料，不含有任何动物蛋白原料。

四、儿童及婴儿餐膳

儿童餐中含有儿童喜欢的食物，对于 2 岁至 5 岁的儿童，空厨多会设计可爱有趣的餐点吸引小朋友，有些航空公司更以小朋友喜爱的卡通特别设计餐盒，有的餐盒用餐完毕后也可带走收藏。由于小婴儿不能进食固体食物，而不同阶段的婴儿又有不同的饮食需要，航空公司一般会供应奶粉给乘客冲泡喂食婴儿，或提供水果泥、蔬菜泥等婴儿食品。

1. 儿童餐（CHML）

儿童餐一般适用于两岁到五岁的儿童，食物容易嚼和吞咽，不含鱼骨、肉骨、重调味品及任何可能会导致窒息的食物。菜肴含有儿童喜欢的食物及卡通设计，如图 6-12 所示，避免过咸或过甜食品。

2. 婴儿餐（BBML）

婴儿餐多为奶粉、水果泥、蔬菜泥等婴儿食品，其中奶粉又会区分不同婴儿阶段。

图 6-12 儿童餐

五、其他

1. 海鲜餐（SFML）

海鲜餐专为喜欢海鲜的旅客定制，菜肴包括一种或多种海鲜，不含肉类制品。

2. 日式餐（Japanese Meal）

航空餐食中的日式餐是一种常规的日式餐食。

3. 东方餐（ORML）

东方餐专为中国或东方旅客定制，主菜为海鲜或鸡肉。

4. 耆那教餐（VJML）

此类餐食专为耆那教徒提供，是严格的素餐，用亚洲方法烹制。无任何根茎类植物，如洋葱、姜、大蒜、胡萝卜等，无任何动物制品。

常见的特殊餐食代码如表 6-1 所示。

表 6-1 常见特殊餐食代码表

代 码	英文全称	中文全称	中文注解
AVML	Vegetarian Asian (Hindu) Meal	亚洲素餐	通常由来自亚洲次大陆的旅客选定，通常是亚洲生产的蔬菜，不包括肉或海鲜
BBML	Baby Meal	婴儿餐	含肉类、蔬菜或水果类，可以是果泥、肉泥、菜泥、甜品
BLML	Bland Meal	清淡餐	菜肴包括低脂肪和低纤维食物，避免油炸食物、黑胡椒、含气味植物、芥末、咸菜、大蒜、坚果和含咖啡因或酒精的饮料，适合有胃肠疾病的乘客进食
CHML	Child Meal	儿童餐	菜肴含有儿童喜欢的食物，避免过咸或过甜食品
DBML	Diabetic Meal	糖尿病餐	菜肴是低糖食物，适合糖尿病人食用，不含有任何种类的糖

续表

代码	英文全称	中文全称	中文注解
FPML	Fruit Platter Meal	水果餐	菜肴只包括水果,包括新鲜水果、糖渍水果和水果甜品
GFML	Gluten Intolerant Meal	无麸质餐	菜肴是为麸质过敏和不耐的客人准备的(麸质是存在于小麦、大麦、燕麦、黑麦等中的蛋白质),面包、汁类、奶油蛋羹、蛋糕、巧克力、饼干、谷物及其制品被严禁使用
HNML	Hindu Meal	印度教餐	不包括牛肉或猪肉,但包括其他肉类、鱼和牛奶制品,此特别餐是专为少数可吃肉或鱼的印度旅客准备的
KSML	Kosher Meal	犹太教餐	一切准备按犹太饮食习惯,并购自有信誉的制造商(须提前48小时申请)
LCML	Low Calorie Meal	低卡路里餐	菜肴包括瘦肉、低脂肪奶制品和高纤维食物,糖、奶油、汁类、蛋黄酱、脂肪食品被禁止使用
LFML	Low Fat Meal	低脂肪餐/低胆固醇餐	菜肴适合需要减少脂肪摄入量的客人食用,不含油炸食品、肥肉、奶制品、加工食品、浓汁、内脏、带壳水产品、蛋黄和焙烤制品
LSML	Low Salt Meal	低盐餐	菜肴中的盐有一定的控制量,是为患有高血压、闭尿症和肾病的乘客准备的,食品不含盐、蒜盐、谷氨酸钠、苏打、腌渍咸菜、罐头肉和鱼、奶油、吉司、贝壳类、土豆泥、肉汁类、鸡粉、面包、罐头蔬菜
MOML	Moslem Meal	穆斯林餐	菜肴不含有猪肉、熏肉、火腿、肠类、动物油脂或酒精及无鳞鱼类和鳗鱼、甲鱼。所有的家禽和动物在被宰杀和烹饪时需要按照伊斯兰教的有关规定
NLML	Low Lactose Meal	低乳糖餐	餐肴不包括乳糖及奶类制品,亦没有任何相关材料。不含人造肉制品、蛋糕及饼干、土豆泥、太妃糖、巧克力
RVML	Vegetarian Raw Meal	生蔬菜餐	餐食仅以水果及蔬菜为原料,不含有任何动物蛋白原料
SFML	Seafood Meal	海鲜餐	专为喜欢海鲜的旅客定制,菜肴包括一种或多种海鲜。不含肉类制品
VGML	Vegetarian Vegan Meal	纯素餐	餐食中不能含有任何的动物肉、鱼、蛋、奶及相关制品,可食用人造黄油
VJML	Vegetarian Jain Meal	耆那教餐	专为耆那教徒提供,是严格的素餐,用亚洲方法烹制。无任何根类植物,如洋葱、姜、大蒜、胡萝卜等,无任何动物制品
VLML	Vegetarian Lacto-ovo Meal	西式素餐	菜肴不包括肉或海鲜及其制品,但包括日常的黄油、奶酪、牛奶和鸡蛋
VOML	Vegetarian Oriental Meal	东方素餐	东方素餐是按中式或东方的烹饪方法制作。不带有肉、鱼、奶制品或任何生长在地下的根茎类蔬菜,如生姜、大蒜、洋葱、大葱等

第三节 客舱饮料

饮料一般可以分为含酒精饮料和无酒精饮料，无酒精饮料又称软饮料。酒精饮料是指供人们饮用且乙醇（酒精）含量在 0.5%～65%（v/v）的饮料，包括各种发酵酒、蒸馏酒及配制酒。无酒精饮料是指酒精含量小于 0.5%（v/v），以补充人体水分为主要目的的流质食品，包括固体饮料。

一、无酒精饮料

机上无酒精饮料可以分为矿泉水、咖啡、茶、果汁、碳酸饮料。

1. 矿泉水

飞机在高空飞行中，舱内空气干燥，会使体内水分大量消耗。缺水使人容易疲劳，并产生眩晕、恶心的反应。因此，及时补充水分很重要，但并不是所有饮料都能解决这个问题。矿泉水中的水分子活性强、分子小，与其他饮料相比，人体吸收效率更高。除了矿泉水，绿茶也是不错的选择。

2. 咖啡

不建议乘务员向患高血压、冠心病、动脉硬化等疾病的旅客以及老年旅客、孕妇旅客、儿童旅客等客人推荐咖啡。

1）咖啡的检查方法

一般机上为旅客提供的是速溶咖啡。乘务员在检查咖啡质量时，要注意它的生产日期和保质期，过期的咖啡是不能使用的，还应该从咖啡本身观察它是否变质。

一是看是否结块，如有结块，表示已经受潮，不能食用；二是看是否变色，好的咖啡因品种和工艺不同而呈棕色到深褐色，劣质咖啡色泽深暗，有的呈铁黑色。

2）机上所提供咖啡的种类

国内普通航线向经济舱旅客一般供应三合一咖啡，内含奶精、糖、咖啡混合而成，并且是速溶的。

国内航线头等舱会为旅客提供 1.8g 装的黑咖啡，如图 6-13 所示；普通舱也有配备，但数量较少，单独提供给有特殊需求的旅客。

精品航线普通舱也会向经济舱旅客供应 18g 装的黑咖啡，如图 6-14 所示。

图 6-13　1.8g 黑咖啡

图 6-14　18g 黑咖啡

3. 茶

所有国际、国内航线均备有茶，常见的品种有红茶、绿茶、乌龙茶、茉莉花茶、菊花茶、普洱茶等，不同航线不同舱等泡茶的服务标准不尽相同。

1）Y舱冲泡方法

茶壶内放置一袋茶包，服务时无须取出，一包茶叶可冲三泡，服务时注意及时更换茶包，如图6-15所示。

2）F/C舱冲泡方法

普通航线F/C舱使用白瓷壶冲泡，瓷杯供应，如图6-16所示。热水直接沏泡，可冲3～4泡，初泡30～40秒后可提供给旅客，此后每泡延长10秒，茶包无须取出，注意茶水的温度；骨干商务航线F/C舱不配备此袋泡茶。

图6-15 经济舱茶的供应

图6-16 头等舱茶的供应

3）远程国际航线吧台服务标准

茶壶内放置一袋茶包，热水直接沏泡，冲泡30～40秒后再添加矿泉水降温，可冲三泡，茶包无须取出，乘务员要注意茶水的温度。

以上冲泡次数为建议冲泡次数，实际操作中乘务员可以根据茶汤上色情况微调。

4. 机上常配的几种果汁

1）橙汁

口味偏酸，滋润健胃，强化血管，可预防心脏病、中风、伤风、感冒和淤伤。机上用量最大，成人及孩子均爱喝，饮用时，加冰与否根据客人的要求。国内客人消费量不大，外宾及港台客人较喜欢喝。

2）椰子汁

预防心脏病、关节炎和癌症，强健肌肤，滋润止咳。

3）杧果汁

杧果果实含有糖、蛋白质、粗纤维。杧果所含有的维生素A成分特别高，是所有水果中少见的，其次维生素C含量也不低。杧果营养丰富，食用杧果有具抗癌、美化肌肤、防止高血压和动脉硬化、防止便秘、止咳、清肠胃的功效。

4）菠萝汁

偏甜，消肿，帮助消化，舒缓喉痛。机上消费量不大。此饮料可以提供给糖尿病人饮用，加冰饮用味道更好。

5）提供果汁的注意事项
- 开筒前要摇晃，并擦拭大筒的顶部。
- 开过筒的果汁，留存时间不宜过长。
- 在厨房提前揭开饮料锡纸层。
- 乘务员在送饮料前，应根据客人需要直接加冰。

5. 碳酸饮料

碳酸饮料（汽水）类产品是指在一定条件下充入二氧化碳的饮料。

1）碳酸饮料的种类
- 可口可乐（Coke Cole）。
- 百事可乐（Pepsi）。
- 七喜（7up）。
- 雪碧（Sprite）。

备注：百事可乐、七喜是产自百事公司；可口可乐、雪碧是产自可口可乐公司。

2）供应碳酸饮料时应注意的事项
- 打开前不要摇晃。
- 借助小毛巾打开，以防气泡外溢。
- 倒时杯子倾斜45度角。
- 不要过早打开，以免失去原味。
- 婴幼儿、糖尿病患者、神经衰弱者不主动提供可乐。

二、含酒精饮料

1. 啤酒

正餐的航班上配备啤酒。啤酒享有"液体面包"的美称，是以麦芽为主要原料的酿造酒，营养丰富，含酒精量低，易为人体吸收。

啤酒在供应前应提前冰镇好，提供时不需询问旅客是否加冰块。

2. 头等舱饮料及精品航线头等舱饮品

1）头等舱外加饮料和酒类
- 番茄汁（Tomato Juice）。
- 苹果汁（Apple Juice）：精品航线经济舱为旅客提供苹果汁。
- 零度可乐（Diet Coke）：品牌为可口可乐公司，属无糖型可乐。机上配备形式为听装。

2）精品航线外加饮料和酒类
- 中国茶：铁观音、龙井、碧螺春、普洱。
- 西式茶：伯爵红茶、云南红茶（冷或热）、柠檬红茶（冷或热）、奶茶（冷或热）、蜜桃红茶。
- 雀巢黑咖啡、雀巢金牌低因咖啡、卡布奇诺咖啡、冰咖啡。
- 红葡萄酒：半干红葡萄酒、半甜红葡萄酒、干红葡萄酒。
- 白葡萄酒：干白葡萄酒。

 课后阅读

达美航空机上餐食预订服务备受欢迎

冬日寒意渐起，但达美航空的机上餐食服务却为乘客带来一丝暖意：推出新鲜的应季餐食，广受好评的机上餐食预订服务也将扩展至更多乘客。

拓展机上餐食预订项目服务

2018年12月6日起，在部分市场成功试点，好评如潮的达美航空机上餐食预订服务将推广至美国往返欧洲、中东、非洲、亚洲以及南美洲航线上的所有至臻商务舱乘客。此外，设有至臻商务舱的美国国内长途航线也将推出这一服务。12月6日起，达美机上餐食预订服务将推广至全球200多个市场。

达美航空负责机上服务的副总裁Lisa Bauer表示："在设计机上餐食及相关服务时，乘客的意见和反馈对我们来说至关重要。我们知道乘客希望能够对自己的机上体验有一定的掌控权。通过推出机上餐食预订服务，我们可以确保乘客能够安心享受到自己首选的餐食。"

在那些推出机上餐食预订服务的市场，乘客将在起飞前三天收到来自达美的邮件，并通过邮件选择自己的首选餐食。只要在"飞凡里程常客计划"会员账号或者订座记录内填写有效的邮箱地址，即可尊享这一服务。

达美至臻商务舱冬季菜单与酒单

12月1日起，搭乘达美航空至臻商务舱的乘客将能品尝到暖心冬季美食，例如鸡肉派配胡萝卜、芹菜、豌豆、泡芙点心。此外，达美还将诚意奉上备受乘客欢迎的Jonand Vinny's的番茄酱肉丸（由bianco DiNapoli番茄制成）、蒜香面包以及Gioia里科塔奶酪，如图6-17所示。

图6-17　至臻商务舱冬季餐食（达美航空供图）

从不同地点出发的乘客将品尝到由达美航空及合作主厨设计的不同美食，例如，从亚特兰大出发的旅客将能品尝到詹姆斯·彼尔德奖得主 Linton Hopkins 创作的美食；从纽约出发的旅客将能品尝到由 Danny Meyer 旗下联合广场酒店集团的厨师打造的美食；从洛杉矶出发的旅客将能品尝到 Jon Shook 和 Vinny Dotolo 主厨二人组创作的美食；而往返美国与亚洲之间的旅客则可以品尝到全新推出的由梁子庚大厨、日本大厨 Norio Ueno 以及韩国大厨 Kwon Woo-Joong 精心设计的具有当地特色的餐食。

随着新菜单的推出，至臻商务舱的旅客还将有机会品尝到由达美侍酒大师 Andrea Robinson 精心挑选的酒单。Andrea Robinson 通常花一整年时间来对机上供应的酒品进行挑选，并在飞机上进行品尝，以确保即使在高空，这些酒品也和在地面上品尝起来没有不同。酒单同样随季节轮换，与最新机上菜单完美搭配。此外，为了更进一步提升机上体验，达美航空还携手 Andrea 打造 Sky Sommelier 项目，为空乘提供一系列在线课程，帮助他们了解如何为旅客提供最佳的品酒体验。

通过提供新鲜、来源于本土且随季节轮换的餐食与饮品，达美航空为不断提升和完善机上餐饮体验做出了不懈的努力。以上服务正是这些努力的最新体现。

FlightFuel 菜单更新

达美航空还对为经济舱乘客提供的 Flight Fuel 菜单进行更新，包括提供蛋白质含量高达 22g 的全新套餐，以及两个单个热量在 500 以下、新鲜健康的 Luvo 鸡肉卷。

美国国内航班零食升级

达美航空的美国国内航班的头等舱及优悦经济舱乘客将能享受到全新品类的零食，包括全球最畅销的饼干奥利奥。

除了提供香蕉以及在经济舱提供的免费零食，升级后的零食还包括备受乘客欢迎的应季产品，例如 SunChips 薯片、奥利奥薄荷味饼干、ErinBaker's 南瓜香料曲奇。

此次对机上餐饮服务进行升级，是达美航空投入数十亿美元进一步改善客户体验的又一举措。在过去几年中，其他重要举措还包括在部分美国东西海岸间航线上的经济舱提供免费餐食、免费手机短信服务、免费机上娱乐、升级的经济舱零食、新增起泡酒、为几乎所有航班提供机上 WiFi，以及全新的 Flight Fuel 菜单提供更多可购买餐品。在至臻商务舱，达美航空还为从洛杉矶出发的旅客提供由 Jon Shook 和 Vinny Dotolo 设计的全新菜单以及 Alessi 品牌餐具，同时也提供内含科颜氏产品的全新升级 TUMI 旅行套装。

美国国内现有的配备至臻商务舱的航线包括：纽约肯尼迪国际机场（JFK）往返拉斯维加斯（LAS）、洛杉矶（LAX）、旧金山（SFO）、圣地亚哥（SAN）和西雅图（SEA）；华盛顿哥伦比亚特区机场（DCA）往返洛杉矶（LAX）；波士顿（BOS）往返洛杉矶（LAX）；亚特兰大（ATL）往返火奴鲁鲁（HNL）；明尼阿波利斯-圣保罗（MSP）往返火奴鲁鲁（HNL）。

注意：并非每个航班上都有至臻商务舱，请旅客查询具体航班信息。

距离北美 1 400 英里以内的航班上提供全新的 Flight Fuel 餐单，供乘客购买；从 900 英里起开始提供不易腐坏变质的零食盒。

材料来源：民航资源网. http://www.carnoc.com/aviationtravel/detail.html?pid=33&sid=33&id=472139

【本章小结】

  餐食质量已成为各航空公司服务质量的重要组成部分，对于提升整体服务水平起着重要作用。在充分竞争的市场环境中，任何在服务环节的不慎都有可能导致其被竞争对手赶超，所以餐食服务向来是航空公司非常看重的一个重要客舱服务环节。

【思考练习】

1. 特殊餐食需要由旅客在航班起飞前至少（　　）小时（含）提出申请。
    A. 12　　　　　　　　　　B. 24
    C. 48　　　　　　　　　　D. 72

2. 下列关于犹太餐的说法不正确的是（　　）。
    A. 犹太餐一般需要提前 24 小时（含）预订
    B. 犹太餐的制作过程需要严格遵循犹太饮食习惯，符合犹太教规
    C. 犹太餐必须层层密封且必须有 Kosher 认证
    D. 犹太餐只限食用者亲自开启

3. 下列哪种特殊餐不包含肉和海鲜？（　　）
    A. 低卡路里餐　　　　　　B. 糖尿病餐
    C. 东方素食餐　　　　　　D. 印度教餐

4. 糖尿病患者应控制食用糖和所有甜食，因此在饮料服务中，可以给客人提供（　　）。
    A. 橙汁　　　　　　　　　B. 椰汁
    C. 杧果汁　　　　　　　　D. 菠萝汁

5. 请填写下列餐食的代码。
    印度教餐（　　）　　穆斯林餐（　　）　　犹太餐（　　）　　婴儿餐（　　）
    儿童餐（　　）　　　纯素餐（　　）　　　糖尿病人餐（　　）　水果餐（　　）
    低盐餐（　　）　　　海鲜餐（　　）

第七章

客舱餐饮服务及标准

凡持有头等舱、公务舱机票的乘客，在直属售票处预订空中餐食，或致电免费服务热线。需要取消或更改预订空中餐食，也可以采取同样的方式，但均需在航班起飞前 24 小时以前提出申请。

 学习目标

- 掌握客舱旅客餐饮服务标准；
- 了解机供品的种类以及机供品管理；
- 熟悉客舱供餐服务流程；
- 掌握并熟练运用客舱供餐服务技巧。

 导引案例

民航创新服务候选案例展：东航机上现制大碗面

民航资源网 2018 年 3 月 19 日消息：CAPSE2018 民航服务峰会即将于 4 月 10—12 日在上海举办，届时，峰会将颁发"2017 年度民航创新服务奖"。现阶段，CAPSE 启动了"2017 年度民航创新服务产品"征集活动，众多民航实体纷纷递交了各具特色的创新案例，CAPSE 近期将在民航资源网及 CAPSE 官网等平台展示部分成效显著的候选创新性服务产品。

创新服务产品名称：东航机上现制大碗面

申报单位：东方航空

一、背景及起因

东航各地贵宾室的现制面条，素来在旅客中广受好评，贵宾室的"东航那碗面"已成了广大旅客心中的网红面，不少两舱旅客为此点赞的同时，也纷纷提出：能不能让"东航那碗面"飞上蓝天，在万米高空也吃到现制面条？

二、举措和亮点

在平常的生活中，一碗热热的面条似乎并不稀奇，但在万米高空、限制严格的机舱内，现做出一碗面条确是困难重重。经过多次试验，我们最终确定了可以实现操作的大碗面种类和形式。针对不同的航线，我们还研制了不同款的具有地方特色的大碗面，为不同航线上的旅客提供不一样的惊喜。

三、案例详情

面对广大旅客们的期望，东航客舱部开始了研究攻关。做碗现制面条似乎是再平常不过的事情，但在对于空间、安全有严格限制的高空机舱，一切都和地面大不相同。不同于能架起炉灶、摆开架势的地面面档，客舱里的面条现制，只能是"螺蛳壳里做道场"；出于安全原因，加工面条时能用的烹调设施也比地面少得多；人手安排同样得精心计算，因为旅客期待的就是一碗热热的面条，而乘务员在客舱服务中需要处理的任务着实不少，如果不能保证迅速高效完成制作，一旦被其他事情耽搁延误，面条温度有所下降，口感就会差了很多。

在如此苛刻的条件下几经尝试，东航客舱部最终确定了思路：优先选择现制拌面品种登上客舱，因为拌面较之汤面加工时间更能精确控制，也能利用客舱现有烹饪设备完成加工，不容易出现口味不稳定的问题。

东航客舱部具体负责餐食服务的机供品部与东航航食随即循着这一思路开始了品种遴选和加工服务流程设计。最终，在从上海、北京、成都、西安、昆明5处东航重要基地出港的航班上，5款各地特色现制面条或者类似点心在今年下半年登上两舱菜单：上海的虾仁葱油拌面、北京的炸酱面、成都的川味印象牛腩面、西安的菠菜臊子面、昆明的米线……在旅客中引起热烈反响，人气火爆。

研发菜品的同时，东航还在客舱餐饮服务的更多细节上打磨完善。东航沪京线的"珍膳"系列汤盅炖品餐食推出后，在两舱旅客中广受好评，为了继续给旅客带来惊喜，这一系列又加入了节令新鲜元素，在秋天的江南蟹季，推出季节特色纯手工蟹粉狮子头；考虑到各主要商务快线的两舱旅客有相当部分都是短短几天就要往返，为避免他们的蓝天食谱单调重复，东航将原先15天一轮的沪京、沪广、沪陕等商务快线菜单，改为10天一轮，并推出每日更换的"每日精选"系列，给差旅一族更丰富的餐饮体验。

四、效果或收益

客户感受明显好转：餐饮满意度大幅度提升，推行"机上现制"大碗面系列，创新服务产品，突破了旅客对对机上餐食设想，为旅客制造惊喜；在沪京、沪昆、沪陕、沪蓉等主要商务航线上推出"大碗面"，让旅客在空中都能品尝到每座城市独特的味道，品牌口碑明显提升；在各大媒体平台上都可以看到内外部旅客对我们机上现制系列餐食的评价，客户关注度增加。

五、总结探讨

东航是一家每年承运上亿旅客、随时随地都有航班飞翔在世界各地的大型航空公司，旅客们的口味需求、各地供应商的供应能力也存在差异。如何从纷繁复杂的反馈信号里，找出那些最有代表性、普遍性的因素？如何帮助总部之外如此多的外站供应商满足旅客的核心需求？东航客舱部通过引入专业调查机构，与供应方东航航食密切合作，打造了一支有力的智囊团。

2016年，东航客舱部委托国际知名调查机构法国益普索公司，对旅客的餐食需要开展调查，通过其调查和数据分析，梳理出了不同舱段、不同类型旅客对餐食服务的期待，也为2017年东航多款人气客舱餐食亮相提供了可靠的决策依据。

东航客舱部还邀请东航航食的大厨团队，一起到外站，特别是对于东航国际化发展意义重大的境外航点，分析把脉当地供应商能力，提出指导意见。

一经推出就广受好评的机上大碗面也将推广至国际远程航线，在华人云集的洛杉矶、纽约等北美航线上要求外站供应商配备大碗面，用汤汤水水慰藉旅客思乡的中国胃。

东航客舱部还计划发动部门职工和外部资源等力量，继续客舱餐食的提升创新。与"啤酒节"等海外美食文化节日互动推出的航班餐食节令主题、欧美家常口味比萨和意面等全球各地的"妈妈味道"，也在2018年的东航航班上开展。

材料来源：民航资源网. http://news.carnoc.com/list/440/440049.html

现代的民航客舱服务，一般都是为旅客提供规范化的服务，但是随着航空业和旅游业的不断发展，程序化和规范化的客舱服务已经不能够满足航空产业发展的需要，因为随着旅客的不断增多和差异化需求的增加，各类的乘客有着各不相同的需求，这就催生了航空公司提供个性化服务的要求。

要打造高质量的客舱服务，就必须要求空乘人员根据旅客的实际需要有针对性地提供个性化的服务。个性化客舱服务是针对不同情况旅客、不同旅客要求的差异化服务。由于个性化服务是根据旅客的即时需求而产生的，换言之，尤其是一些规范外的需求，这就要求空乘人员尽可能预先考虑到并做好准备，没有准备的也要随机应变，在遵守规则的前提下创造性地为旅客服务。

第一节　客舱旅客餐饮服务标准

航空公司必须要建立客舱服务流程标准，充分参考航空公司和航线自身的特点，设计标准化餐饮服务，建立约束和激励制度，使空乘人员能够真正融入标准化服务中，使标准化客舱餐饮服务有条可依，通过制度化的途径执行下去。

一、头等舱旅客餐饮服务标准

（一）国内航线

（1）应引导乘客入座、主动安排行李、挂衣服，提供热毛巾、迎宾饮料等。

（2）应提供最新报纸、杂志，有条件的机型地面摆放报台，旅客登机后主动发送报纸杂志，空中随时提供。

（3）应及时向旅客通告安全和服务信息。

（4）起飞后应提供饮料、酒类服务并提供小食品，根据航班和旅客需求实行弹性供餐制。

（5）飞行时间超过 2.5h 的航班应提供拖鞋。

（6）应提供瓷或玻璃的餐具和棉质的餐巾、毛巾。

（7）应提供优先下飞机服务。

（8）宜提供预订的特殊餐食。

（二）国际航线

国际航班除提供国内航线的服务项目外，还应提供以下服务项目。

（1）拖鞋、餐谱、酒单；直飞 6h（含）以上航线，提供牙具等旅行用品。

（2）开餐程序规范化，按需为旅客提供餐饮服务。

（3）优先选购机上免税商品服务。

（4）协助填写入境资料。

二、商务舱旅客餐饮服务标准

（一）国内航线

（1）引导乘客入座，应主动安排行李、挂衣物，提供热毛巾、迎宾饮料等。
（2）应提供最新报纸、杂志，有条件的机型地面摆放报台，旅客登机后主动发送报纸杂志，空中随时提供。
（3）应及时向旅客通告安全和服务信息。
（4）起飞后应提供饮料、酒类、小食品，根据航班和旅客需求应实行弹性供餐制。
（5）飞行时间超过 2.5h 的国内航班应提供拖鞋。
（6）应提供瓷或玻璃餐具和棉质的餐巾、毛巾。
（7）应提供优先下飞机的服务。
（8）宜提供预订的特殊餐食。

（二）国际航线

国际航班除提供国内航线的服务项目外，还应提供以下服务项目。
（1）拖鞋、餐谱、酒单；直飞 6h（含）以上航线，提供牙具等旅行用品。
（2）根据航班和旅客需求实行弹性供餐制。
（3）开餐程序规范化，按需为旅客提供餐饮服务。
（4）优先选购机上免税商品的服务。
（5）协助旅客填写入境资料。

在头等舱/商务舱中如发生减员或最低配备运行而取消全部或合并部分服务程序时，乘务长应在《乘务日志》中进行记录并予以说明。

三、经济舱旅客餐饮服务标准

（一）餐食服务

1. 餐车送、收餐盘时的顺序

（1）餐车送、收餐盘时应由上往下摆放。
（2）送餐、收餐时注意随手关车门，严禁打开车门收餐。

2. 送餐服务的注意事项

（1）特殊餐食应先送出，要尊重客人的宗教或饮食习俗。
（2）高端舱餐食的服务，注意先于低舱位送出，并要保持面包的温热。
（3）事先了解配餐情况与餐食种类，并主动使用标准语言向旅客推荐。
（4）递送餐食时，热食和餐盘（盒）应一起送出。
（5）递送时要贴着小桌板递给旅客（忌举得太高或在旅客身后递送）。

（6）主食及航徽要对着客人。

（7）及时踩好送餐车刹车。

（二）餐车的摆放

（1）高端舱餐车服务时，使用面包篮盛放面包，附餐巾布、面包夹。高端舱餐车热食摆放不超过3层。餐车进入经济舱前，请收起面包篮。

（2）高端舱餐食的冷盘是有"W"标记的餐盘和热面包，高端经济舱热食有三种选择，车内铺好餐巾布，面包发放给客人时始终保持50℃。

（3）普通经济舱冷盘为餐盘时，热食摆放高度不得超过3层，多出的热食须一一摆放在餐车内的餐盘中。

（4）普通经济舱冷盘为餐盒时，热食摆放高度不得超过3层，多出热食须用大托盘盛放至餐车内。

（5）为保持热餐食的适当温度，应在摆放热食前在餐车上铺上防滑纸。

（三）餐食回收

（1）将两个铺上防滑纸的大托盘（或一个大托盘和一个塑料抽屉）放在餐车上，把旅客用过的水杯、饮料罐放在塑料抽屉内，餐盒（盘）放入车内。

（2）收餐时，只能打开对着驾驶舱方向的车门。

（3）严禁使用大胶袋和戴一次性手套收餐。

（4）窄体机后厨房区域：二号乘务员的监控和提醒职责。

（5）注意厨房区域的整洁、餐车收整和服务用品的归位。

（6）厨房区域工作时，注意强调"三轻"服务。

（7）注意服务的主动性和态度。

（8）要有团队合作、积极配合的态度。

第二节　机供品管理

机上供应品（以下简称机供品）是航空公司在航班航行过程中向旅客提供服务所消耗的物资，包括旅客供应品、旅客服务用品和机上清洁用品。

鉴于厨房准备工作的重要性，乘务员必须学会按《机供品单》清点机供品，责任落实到位。

一、乘务长进行全舱广播：各区域统一清点机供品和餐食

二、头等舱机供品的种类

（1）客舱用品：座椅靠垫、毛毯、被子、座椅头片、垃圾袋、清洁袋。

(2) 厨房用品：饮料、餐食、棉织品、供应品、餐饮用具。
(3) 旅客个人用品：一次性拖鞋、降噪耳机、个人洗漱用品。

三、头等舱餐食用品

（1）饮料：易拉罐听装可口可乐 330mL、易拉罐听装雪碧 330mL、易拉罐听装屈臣氏苏打水 330mL、易拉罐听装屈臣氏生姜水 330mL、易拉罐听装低糖可口可乐 330mL、易拉罐听装无糖可口可乐 330mL、易拉罐听装柠檬水 300mL、大包装瓶装矿泉水 5 100mL、曲玛弄西藏冰川矿泉水 1.5L、曲玛弄西藏冰川矿泉水 330mL、大包装盒装汇源果汁橙汁 1L、大包装盒装汇源果汁苹果汁 1L、大包装盒装汇源果汁番茄汁 1L。

（2）冲泡热饮：绿茶、茉莉花茶、杭白菊、龙井、乌龙、普洱、伯爵红茶、早餐红茶、雀巢金牌咖啡、意式浓缩咖啡。

（3）热饮伴侣：冰糖、白砂糖、黄糖、糖精、奶精、奶盅、特级鲜牛奶。

（4）酒：易拉罐听装啤酒 330mL、易拉罐听装美国百威啤酒 330mL、长城五星赤霞珠干红葡萄酒 750mL、长城桑干酒庄珍藏级雷司令干白葡萄酒 750mL，免税进口酒品会在国际航线中配备。

四、餐食

（1）头等舱待烤热食：每季一换，根据航线会有所不同，正餐包含四种以上选择，轻正餐有三种以上选择。

（2）待烤面包：牛角包、全麦面包、蒜蓉面包等。

（3）冷盘：中式冷盘有中式凉菜两种和果盘，正餐增加餐前小点、餐前热汤、饭后甜点。

五、其他用品

（1）棉织品：餐巾、大水托垫布、小餐桌垫布、厨房无纺布、餐巾纸。

（2）其他供应品：冲泡热饮、热饮伴侣、一次性筷子、毛巾夹、面包篮、面包夹、小托盘、托盘垫纸、杯垫、锡箔纸、叫醒卡、儿童卡、生日卡、玩具、杂志。

（3）餐饮用具：饮料杯、热饮杯、杯碟、红酒杯、香槟杯、汤匙、毛巾碟、冰桶、大水托、大托盘、热饮飘杯、量杯。

六、机供品的清点方法

乘务员拿着《机供品单》，照单进行清点，确认后签字。

七、餐食的报告方法（纸质卡片）

"×舱上了份餐盘（盒），包括（　　）份高端/明珠经济舱餐、（　　）份热食，其中包括（　　）份饭、（　　）份面、（　　）份特殊餐、（　　）个黄油，×舱共有（　　）份机组餐。上了（　　）条毛毯、（　　）副耳机"。

八、厨房的准备工作

饮料车的准备（冰镇酒类）。

九、机供品管理相关要求

（1）将所有机供品使用铜锁回收，无铜锁情况下使用铅封。
（2）冰箱的交接和回收。
（3）《机供品回收单》航后交机场客舱签到室。
（4）全部使用没有回收数量的项目内逐个划斜线。
（5）如有涂改，必须在涂改处签本人名字及员工号。
（6）签名必须为正楷。

第三节　客舱供餐服务流程

一、头等舱旅客餐饮服务流程

根据旅客需要，加强提供"一道菜一道菜"服务的灵活性。即旅客每用完一道餐食，及时整理餐桌，再提供下一道餐食。例如，旅客在享用热食时不可将水果提供给旅客。所有航班在为头等舱提供餐饮服务时，餐车严禁进入客舱。

（一）份摆服务适用航班

国际远程航班头等舱，餐具包须拆开摆放。

（二）份摆供餐服务流程

适用于国际远程航班头等舱提供西式正餐、西式早餐、轻正餐时。

1. 国际远程头等舱中式正餐

毛巾→餐前酒水→开胃小吃→整理餐桌→铺桌布→摆餐具（布盘、黄油、筷子、筷架、单副餐具包打开摆放）→冷菜→面包→餐中酒水→汤→主菜→餐中酒水→整理餐桌→根据旅客需求提供奶酪、蛋糕、水果、刀叉→毛巾→整理餐桌→餐后热饮。

注：（1）布盘（无须温热的冷食盘）。

（2）提供主菜时，主动询问旅客是否需要咸菜、辣椒、醋。

2. 国际远程头等舱西式正餐

毛巾→餐前酒水→开胃小吃→整理餐桌→铺桌布→摆餐具（服务垫盘、面包盘、黄油碟、盐、胡椒、双副餐具包打开摆放）、冷荤、面包→餐中酒水→汤→沙拉→面包→主菜→餐中酒水→面包→整理餐桌→奶酪、蛋糕、水果（提供餐具）→餐中酒水→毛巾→整理餐桌→餐后热饮、餐后酒。

3. 国际远程头等舱中式早餐

毛巾→餐前饮料→整理餐桌→铺桌布→摆餐具（筷子、筷架、单副餐具包打开摆放）→小菜→主菜（点心、粥、面条）→餐中饮料→整理餐桌→水果、刀叉→毛巾→整理餐桌→餐后热饮。

注：提供主菜时，主动询问旅客是否需要咸菜、辣椒、醋。

4. 国际远程头等舱西式早餐

毛巾→餐前饮料→整理餐桌→铺桌布→餐具（服务垫盘、面包盘、黄油碟、盐、胡椒、双副餐具包打开摆放）→水果→面包→麦片（征得旅客同意后，当旅客面加入牛奶）→餐中饮料→整理餐桌→主菜→毛巾→整理餐桌→餐后热饮。

5. 国际远程头等舱轻正餐

铺桌布→毛巾→餐前酒水→整理餐桌→餐具（服务垫盘、面包盘、黄油碟、盐、胡椒、双副餐具包打开摆放）→冷荤盘→面包→餐中酒水→主菜（中餐提供筷子、筷架）→餐中酒水→整理餐桌→水果（提供餐具）→毛巾→整理餐桌→餐后热饮。

注：提供主菜时，主动询问旅客是否需要咸菜、辣椒、醋。

6. 国际远程航班点心餐/快餐

毛巾→餐前酒水→整理餐桌→铺桌布→餐具（打开餐具包）→主菜/三明治/小点→餐中酒水→甜品、水果→毛巾→整理餐桌→餐后热饮。

二、商务舱旅客餐饮服务流程

（一）套摆服务适用航班

（1）国际远程航班公务舱提供中餐时。
（2）国际中近程航线航班两舱。
（3）所有国内航班两舱。
（4）提供套摆服务时，餐盘内应垫有棉质垫布。

（二）套摆供餐服务流程

1. 逐道提供

适用于国际远程航班公务舱提供中餐时，逐道提供套装餐盘，强调"一道菜一道菜"服务，即旅客用完一道餐食，及时清理餐盘，再提供下一道餐食。例如，在旅客享用热食时，不可将水果提供给旅客。

（1）中式正餐：

毛巾→餐前酒水→开胃小吃→整理餐桌→铺桌布→摆放餐盘（筷子、筷架、布碟、黄油、餐具包、冷菜）→面包→餐中酒水→汤→主菜→餐中酒水→整理餐桌→奶酪、蛋糕、水果（提供餐具）→毛巾→整理餐桌→餐后热饮。

特点：① 布碟（无须温热的面包盘）。② 提供主菜时，主动询问旅客是否需要咸菜、辣椒、醋。

（2）中式早餐：

毛巾→餐前饮料→整理餐桌→铺桌布→摆放餐盘（筷子、餐具包、小菜、点心、粥）→餐中饮料→整理餐桌→水果（提供餐具）→毛巾→整理餐桌→餐后热饮。

（3）点心餐/快餐：

毛巾→餐前酒水→整理餐桌→铺桌布→摆放餐盘（餐具包、主菜/三明治/小点、水果、甜品）→餐中酒水→毛巾→整理餐桌→餐后热饮。

（4）当乘务员整体减员3人（含）或最低配备送行时，乘务长可视情况合并部分服务程序。

2. 逐份端送

适用于国际中近程航班两舱以及所有国内航班两舱。

1）计划飞行时间1小时（含）以内航班的服务程序

乘务员正常或减员配备运行时，均按照干果随迎宾酒水在地面一同提供，袋装提供。

2）计划飞行时间1~2小时（含）以内航班的服务程序

（1）中式早餐：

铺桌布→毛巾→摆放餐盘（筷子、餐具包、小菜、点心、粥、水果）及饮料→整理餐桌。

（2）西式早餐：

铺桌布→毛巾→摆放餐盘（面包盘、黄油碟、盐、胡椒、餐具包、水果、麦片、主菜）及饮料→麦片添加牛奶→面包→整理餐桌。

（3）轻正餐：

铺桌布→毛巾→摆放餐盘（面包盘、黄油碟、盐、胡椒、餐具包、冷荤、主菜、水果）及酒水→面包→整理餐桌。

（4）点心餐/快餐：

铺桌布→毛巾→摆放餐盘（餐具包、主菜/三明治/小点、水果、甜品）及酒水→整理餐桌。

（5）在乘务员最低配备或全飞机减员总人数 2 人（含）以上运行时，且其中至少有 1 人减员发生在头等舱或公务舱，可简化的服务程序包括：毛巾用毛巾篮呈现。减员 1 人即达到最低配备运行的机型（包括 A321、A319、B737-300/700）仍按上述（1）～（4）服务程序提供服务。

3. 计划飞行时间 2 小时 15 分钟～6 小时（含）航班的服务程序

（1）中式正餐：

铺桌布→毛巾→餐前酒水→整理餐桌→摆放套装餐盘→餐中酒水→整理餐桌→毛巾→整理餐桌→餐后热饮。

特点：提供主菜时，主动询问旅客是否需要咸菜、辣椒、醋。

注意：根据餐食配备情况，按照以下两种方式摆放餐盘。

① 配汤航班：将套摆餐盘整盘提供给旅客，餐盘内容包括套装餐盘+汤。收回汤碗后，提供主菜（米饭）。

② 无汤航班：将套摆餐盘整盘提供给旅客，餐盘内容包括套装餐盘+主菜（米饭）。

（2）西式正餐：

铺桌布→毛巾→餐前酒水→整理餐桌→摆放套装餐盘→面包→主菜→餐中酒水→整理餐桌→毛巾→整理餐桌→餐后热饮。

（3）中式早餐：

铺桌布→毛巾→餐前饮料→摆放餐盘（筷子、餐具包、小菜、点心、粥、水果）→餐中饮料→整理餐桌→毛巾→整理餐桌→餐后热饮。

（4）西式早餐：

铺桌布→毛巾→餐前饮料→摆放餐盘（面包盘、黄油碟、盐、胡椒、餐具包、水果、麦片、主菜）→麦片添加牛奶→面包→餐中饮料→整理餐桌→毛巾→整理餐桌→餐后热饮。

（5）轻正餐：

铺桌布→毛巾→餐前酒水→摆放餐盘（面包盘、黄油碟、盐、胡椒、餐具包、冷荤、主菜、水果）→面包→餐中酒水→整理餐桌→毛巾→整理餐桌→餐后热饮。

（6）点心餐/快餐：

铺桌布→毛巾→餐前酒水→摆放餐盘（餐具包、主菜/三明治/小点、水果、甜品）→餐中酒水→毛巾→整理餐桌→餐后热饮。

（7）在乘务员最低配备或全飞机减员总人数 2 人（含）以上运行时，且其中至少有 1 人减员发生在商务舱，可简化的服务程序包括：毛巾用毛巾篮呈现、餐前酒水与餐食一并提供、减少餐中酒水服务。减员 1 人即达到最低配备运行的机型（包括 A321、A319、B737-300/700），仍按上述（1）程序服务。

4. 头等舱/商务舱通用服务流程

1）铺桌布

铺桌布的原则有以下几项。

（1）国际中近程航班、国内航班：用餐时先铺桌布。

（2）国际远程航班：用餐时先提供餐前酒饮、开胃小吃，再铺桌布。

（3）乘务员在厨房内准备桌布时，数量要多于旅客人数。

（4）仅为用餐旅客提供铺桌布服务。

（5）在为旅客铺桌布前，乘务员应熟练地为旅客将小桌板打开，注意检查桌板是否平整，并铺平桌布，如图 7-1 所示。

图 7-1　铺桌布

（6）供餐过程中，如桌布上有面包渣或细碎颗粒，可用湿毛巾帮旅客蘸去。

2）兰花服务

国际远程航班头等舱/商务舱，如配备兰花，一餐时增加兰花服务。

（1）使用板车（上层摆放餐具、兰花；下层摆放桌布）。

（2）为旅客铺桌布，在餐桌右上角摆放兰花，然后摆餐具（标识面向旅客）。

（3）提供西餐时，主动提供一杯矿泉水，摆放在餐桌右上角；提供中餐时不主动提供（根据旅客需求提供）。

（4）一餐服务结束，将兰花摆放至旅客座椅侧面置物台面上。

3）毛巾服务

旅客入座后，根据航线和机供品配备情况提供热毛巾。

（1）毛巾篮提供。

① 用毛巾篮提供最多不能超过 20 条。

② 毛巾放在毛巾篮中提供时，竖着端送，用毛巾夹送至旅客手中或摆放在座椅扶手处。

③ 收回时拿掉托盘上的垫布或垫纸。一手竖端小托盘，一手用毛巾夹收取，托盘始终保持在通道内。

（2）毛巾碟提供。

① 使用时间。

● 国际中近程航班两舱、国内航班两舱：供餐前，使用毛巾碟提供毛巾，同时提供餐前酒饮、果仁；其他时间段使用毛巾篮提供毛巾。
- 国际远程航班头等舱：所有提供毛巾环节均使用毛巾碟提供（如配备玫瑰花瓣，迎宾环节使用）。
- 国际远程航班商务舱：迎宾、醒后使用毛巾碟提供，其他环节用毛巾篮提供毛巾。

注意：如毛巾碟需要反复使用，使用之前应用开水烫洗。使用毛巾碟时，将毛巾摆在毛巾碟上提供，横向摆放在旅客餐桌左上角。提供醒后毛巾时，摆放在座椅扶手处。

② 回收时间。旅客使用完毕及时收回毛巾和毛巾碟。

（3）毛巾服务规范。

① 毛巾湿后以不挤压出水为宜，温度适中。

② 收取毛巾时要观察旅客使用情况，原则上与迎宾饮料一同收回。

③ 湿毛巾保温时间不宜超过 2 小时；无保温箱的机型，用温水现湿现送毛巾。

④ 毛巾服务时间。

- 国际中近程航班、国内航班两舱毛巾服务时间段：迎宾、餐前（碟装提供）、餐后（2 小时 15 分钟（含）以内的航班取消餐后毛巾服务）。
- 国际远程航班头等舱：迎宾、一餐前、一餐后、醒后/二餐前、二餐后、小吃（均为碟装提供）。
- 国际远程航班商务舱：迎宾（碟装提供）、一餐前、一餐后、醒后/二餐前（碟装提供）、二餐后、小吃。

4）餐前酒饮服务

国际中近程航班、国内航班两舱（窄体机 F 舱、三舱型宽体机头等舱除外）可以使用板车提供饮料服务（包括起飞后第 1 遍饮料服务）。

国际远程航班：两舱均在地面预订起飞后提供酒饮服务，F 舱酒饮服务中任何环节均不可使用板车提供；C 舱除第 1 遍酒饮服务，其余环节可以使用板车提供酒饮。

5）开胃小吃

国际远程航班，配备正餐的航班，头等舱、公务舱配备开胃小吃。

提供时间：提供餐前酒水后，提供开胃小吃。

提供方式：

（1）头等舱使用托盘提供。

（2）商务舱旅客人数多时，可以将开胃小吃摆放在板车上供旅客选择。

（3）提供方法：

① 平飞后，乘务员根据旅客的预订提供酒饮、果仁（地面迎宾时为旅客提供过果仁，此时不用提供）、杯垫等。

② 将开胃小吃和花式牙签摆放在面包盘中提供，每个面包盘中放一个，供旅客选择。如配有需要加热的开胃小吃，须在烘烤后，放置在温热的面包盘中提供。

6）整理餐桌

将客人用完的杯具收回，保持桌面整洁。提升主动服务意识，在整理餐桌等餐饮服务环节，应主动与旅客沟通。

7）摆放餐具

份摆提供：所有国际远程航线两舱提供西餐时，主动提供一杯矿泉水，摆放在餐桌右上角；提供中餐时不主动提供（根据旅客需求提供）。国际远程公务舱提供西式正餐、西式早餐、轻正餐的供餐程序，与国际远程头等舱西式正餐、西式早餐、轻正餐的供餐程序相同，但餐具包无须拆开摆放。

（1）中式。

① 按顺序依次摆放冷菜、布盘、筷架、筷子、单副餐具包。

② 筷架、筷子摆在餐桌右侧，提供冷菜时提供布盘。

③ 为旅客摆放刀、叉、勺，方法如下：打开餐具包，取出单付刀摆放在右侧，刀尖朝上，刀刃朝里；叉摆放在左侧，叉尖朝上；勺柄朝旅客右手侧，摆放在餐桌中上部；牙签摆在勺上方。

④ 餐巾对折成三角形，呈倒三角形轻轻搭在旅客腿上，扣眼朝上。

（2）西式。

① 面包盘提前预热，摆在餐桌左上角。

② 主动提供一杯矿泉水放在桌子右上角。

③ 依次从旅客的左往右摆放黄油碟、盐、胡椒。

④ 为旅客摆放刀、叉、勺，方法如下：打开餐具包，取出双付刀摆放在右侧，刀尖朝上，刀刃朝里；叉摆放在左侧，叉尖朝上；勺柄朝旅客右手侧，摆放在餐桌中上部；牙签摆在勺上方。

⑤ 将餐巾对折成三角形，呈倒三角形轻轻搭在旅客腿上，扣眼朝上。

⑥ 使用"开启尊贵之旅"紫轩头等舱餐具时，需要先摆放服务垫盘，方便旅客用餐。

（3）套摆服务：国际远程航班两舱，提供西餐时主动提供一杯矿泉水摆放在桌子右上角；提供中餐时不主动提供（根据旅客需求提供）。

8）面包

（1）小面包篮操作规范。

① 适用航线范围：国际远程航班，配备正餐的两舱。

② 两舱为旅客提供单独的小面包篮。

③ 内垫餐巾纸。

④ 放入3个面包（面包改为迷你款，采取每人一袋量装配）。

⑤ 双通道同时使用托盘盛装面包篮，为旅客提供面包。

⑥ 摆放位置。

- 头等舱，西式正餐：黄油碟右侧，盐、胡椒的下方。
- 中式正餐：布碟右上侧。
- 商务舱，西式正餐：盐、胡椒右侧/餐桌右侧。
- 中式正餐：餐盘内中下部/餐桌右侧。

⑦ 蒜蓉面包放入大面包篮单独发送一遍。

（2）大面包篮操作规范。

① 面包篮中摆放所有种类的面包，把相同种类的面包摆在一起。

② 面包夹放置在面包篮内，朝向旅客右手方向，由乘务员介绍面包种类，使用面包夹为旅客提供，旅客不能自取，以免交叉污染。

③ 提供餐前饮料时再开始烘烤面包，确保烘烤质量和温度。根据旅客用餐需求，为暂时不用餐的旅客预留部分面包，随吃随烤。

④ 注意事项：禁止将面包篮放入烤炉、保温箱内；每道菜之间提供，应贯穿供餐的全过程，根据旅客需要随时添加；旅客添加面包，及时询问是否添加黄油；如有旅客未用餐，预留面包备用，随时烘烤；主菜后收拾餐桌时收回面包盘。

9）汤

（1）温汤碗方式。

① 热水烫温，擦净。

② 保温箱保温，不宜过烫。

（2）汤的提供。

① 汤碗加盖，配勺置于碗垫右侧，提供时，将碗盖打开并收回。

② 提前将汤倒出，随送随到，严禁过早将汤倒出放在厨房操作台上或餐车里。

③ 用托盘提供，每个小托盘放置 2~4 碗。

④ 没有碗垫供汤时，可将汤勺放在铺好的桌布上。汤勺正面朝上，竖放于旅客右手边。

⑤ 注意事项：中式汤料加热后取出，放在温热的汤碗或沙拉碗中，然后将汤倒入汤碗；西式如有装饰物，最后加入装饰物（3~4 颗芫茜、葱屑、面包粒等）；为旅客提供的汤一定要烫；不得过早准备，或一次倒出过多的汤；颠簸时暂停供汤操作。

10）冷荤

（1）在厨房先揭开冷荤保鲜薄膜。

（2）摆放时主菜对准旅客。

（3）根据冷荤主动向旅客介绍红白葡萄酒和饮料并提供。

（4）冷荤用后将用过的餐具收回。

11）餐中酒水

每道菜之间提供并关注旅客是否需要更换其他饮料、酒类。

12）沙拉

（1）将沙拉汁倒入沙拉盅内，使用小托盘提供。

（2）将沙拉与沙拉盅（汁碗）一起放在铺好餐巾的小托盘上，为用完冷荤的旅客提供，介绍沙拉汁种类供旅客选择。

（3）在托盘上浇汁后提供。

（4）注意事项：若有部分旅客未用餐，预留沙拉汁备用。随时保持沙拉盅的清洁，并随时添加。

（5）一人份独立包装沙拉汁直接摆放在沙拉碗右侧提供。

13) 主菜

在厨房内配好后再提供。将咸菜放入黄油碟，准备辣酱供客舱随时取用。

(1) 中式主菜。

① 主菜：（米饭使用大盒集中配备）。
- 将米饭盛在中碗内提供。
- 将主菜及配菜摆放在加过温的热食盘中，并摆放些热食装饰物。
- 使用托盘将菜和米饭同时提供给旅客。
- 主动询问旅客是否需要咸菜、辣椒。

② 烤鸭/酱爆鸭条。
- 切忌打开盖烘烤。
- 切忌烘烤黄瓜和葱。
- 烤鸭配备的酱放在黄油碟内提供。
- 将烤鸭/酱爆鸭条、饼放在主菜盘一侧；黄瓜、葱放在主菜盘另一侧。
- 通常情况下不需为旅客卷烤鸭，如旅客有需求，可以为其卷好。

③ 汤面。
- 大碗内依次放入烘烤好的面条、配料、汤，上面放青菜。
- 将筷子与汤面一起提供给旅客，筷子摆放在旅客右手。
- 根据旅客需求提供榨菜、辣酱和醋，榨菜盛装在黄油碟内。

注意事项：
- 如汤少且咸，可酌情加一些开水。
- 为避免青菜烘烤后变黄，应根据旅客用餐时间随用随烤，青菜烘烤后，可将盒盖打开一条缝，以免青菜焖黄。
- 可直接用醋瓶提供醋。
- 放入香菜、冬菜前征求旅客的意见。

④ 五谷丰登：将烘烤的五谷丰登装在垫有荷叶的笼屉内呈现。

⑤ 手工面。
- 温热餐具。
- 将面条放入温热的大碗中。
- 注入煮水器内的热水，浸泡约 30 秒，将水倒出。
- 再次注入热水，浸泡约 30 秒，将水倒出。
- 将烤好的酱料分装至温热的中碗内，每盒分装两碗。
- 将四种面调料整齐码放在面上呈现。

(2) 西式主菜。

① 提前保温热食盘。
② 按《餐食烘烤标准》烘烤餐食。
③ 在厨房内将餐食摆放在温热的热食盘内并摆放一些热食装饰物。

(3)条形热食盘。

① 直接用热食夹呈现,不要破坏餐食的整体美感,热食夹在地面试好。

② 热食夹故障时:在厨房内松动锡纸,用干净毛巾对折纵向覆在条形热食盘上,放在托盘内为旅客提供;托盘上垫餐巾。朝向旅客一侧打开锡纸包装,对折后拿开,避免汤汁滴到旅客身上。

14)餐后奶酪、蛋糕、水果

(1)收回旅客食用完的餐盘,整理餐桌。

(2)提供奶酪、蛋糕、水果、餐具,及时为旅客补充餐具。

(3)如有多种甜品供旅客选择,使用板车充分展示各种甜品。

(4)远程头等舱如配备需要乘务员来做装饰的蛋糕,先将蛋糕放入冷食盘内,利用配备的各种装饰物进行装饰,再展现给旅客供其选择。

(5)旅客选择奶酪时,主动推荐、提供葡萄酒。

(6)旅客选择蛋糕时,主动推荐、提供咖啡、茶等热饮。

(7)为食用完奶酪、蛋糕的旅客提供水果。

三、经济舱旅客餐饮服务流程

(一)餐食准备

(1)烤炉放置普通舱热食数量为28份、32份,如图7-2所示。

图7-2 32份热食

(2)烤制前了解餐食数量、质量、餐食名称,告知区域乘务员。

(3)包装锡纸破损必须更换。

(4)烤制时注意特餐的位置,监控餐食温度。

(5)清点餐食数量,了解餐食种类、烹饪方法,注意特殊餐食(犹太餐不可拆掉外包装,等旅客确认后,得到允许再单独烤制)并报告乘务长。

报告乘务长内容：第一段点心餐/餐盒××份/第二段正餐/餐盒××份/米饭××份/W舱××份/特殊餐××份/米饭种类××。

（二）餐盘与热食

（1）打开两边车门，将热食插入餐盘中，两种热食各插一半。

（2）热食不能将刀叉勺包及湿纸巾压住。

（3）容纳 56 份冷盘的餐车，取出车内第一层餐盘放好热食单独提供，更换为两个大托盘各放 5 份热食，如图 7-3 所示。

（三）无热食航线

餐盒直接拉车提供，如图 7-4 所示。

图 7-3　56 份冷盘的餐车

图 7-4　餐盒发放

（四）快餐

快餐种类分为烧饼、三明治、汉堡包、备份两份素食。

快餐与饮料、纸巾同时提供，如图 7-5 所示。

图 7-5　快餐发放

（五）短航线

（1）小吃和矿泉水发放。
（2）车面：小吃、纸巾和矿泉水各一托。车内：备份小吃和矿泉水，如图7-6所示。

（六）长航线

长航线配备餐前小吃时，餐前饮料和小吃同时提供，如图7-7所示。

图7-6 短航线发放

图7-7 长航线发放

第四节 客舱供餐服务技巧

一、客舱餐食烘烤

（一）航前应测试烤箱

（1）设置温度（低温或150℃）。
（2）设置3分钟测试时间，感觉烤箱内是否有热度。
（3）注意事项：
① 烤炉内如果有残留油渍、异物要及时清理。
② 对配餐人员装配烤箱的过程进行必要的监控。
③ 烤炉内严禁放置非餐食物品。
④ 为保持客舱空气清新，乘客登机前不得烘烤餐食（果仁除外）。

（二）国际航线冷冻餐食烘烤

（1）先将冷冻的餐食中温烤15分钟。
（2）保持餐食在温热的烤炉内焖20~30分钟。

(3)检查餐食，若没有完全解冻，重复上述操作步骤。

(4)完全解冻后按规定正常烘烤。

(5)二餐前提前3小时取出干冰，开始自然化冻，掌握时间，做好餐食准备。

（三）烘烤餐食的标准（见表7-1）

表7-1 烘烤餐食的标准

种 类	温 度	时 间
面包、素菜	150~175℃（或中温）	7~10分钟
肉类、海鲜类	175~200℃（或中温）	15~20分钟
早餐、点心	150~200℃（或中温）	10~15分钟

注意：随时根据餐食冷冻的情况及烤炉状况调节烘烤的温度和时间。

（四）餐食烘烤的相关数据

(1)面包：150~175℃或中温7~10分钟（打开锡纸包烘烤）。

(2)肉类：175~200℃或中温15~20分钟。

(3)牛扒类：200~250℃或高温18~20分钟。

(4)海鲜类：175~200℃或中温15~20分钟。

(5)蔬菜：150~175℃或中温7~10分钟。

(6)点心/早餐：150~200℃或中温10~15分钟。

(7)果仁：150~175℃或中温7~10分钟。

(8)烤鸭：

冷烤炉，鸭10分钟/170℃；饼8分钟/170℃。

热烤炉，鸭8分钟/170℃；饼6分钟/170℃。

(9)烤炉温度范围：150℃低、170~200℃中、220~250℃高。

(10)时间应根据餐食数量及实时温度而调整。

（五）盖封方式烘焙

1. 开盖烘烤

(1)需要直接和高温加热的食品，如烘烤或煎烤的食品。

(2)牛排或大块肉类的表面涂有奶酪或撒有香料，需要将盖轻轻扣在餐食顶部进行烘烤。

2. 盖盖烘烤

(1)带有汤汁的食物，需要烘烤后仍保证食品的柔软性和水分，如炒的、蒸的、煮的蔬菜、米饭、面条等。

（2）绿色蔬菜烘烤后，要立即将锡纸打开一条缝隙，避免菜叶变黄。

3. 盖插孔烘烤

（1）盖插孔是指用叉子在铝箔盖上插孔，但避免刺穿盖下面的食品，也不要插太多的孔。如果铝箔盒盖上有透气孔，要事先将透气孔打开。

（2）盖插孔烘烤的食物需要一定的温度和湿度，又保证食物原有的色泽和质地，如带汁的牛排、炖或焖的食品、西餐中的烤西红柿等。

4. 先盖后开式烘烤

需要高温来达到脆的口感效果或表面金黄的烘烤效果或油炸食品，如奶酪土豆、烤饼、天妇罗（日式小点）。

（六）加热温度和时间

（1）大部分食品需要高温加热，但热敏度高的食品需要降低加热温度，如鸡蛋类食品。

（2）需要加热温度相对高的食品放在烤炉的上半部分，烤炉内的温度从上向下逐渐降低。

（3）乘务员需要对烘烤的温度进行测试判断，因为：

① 烤炉供热效率不同，一些烤炉可能要比另外一些烤炉供热温度高，一些烤炉加热快，而另一些烤炉加热相对慢一些。

② 食品的体积和密度决定了加热的时间，如肉类，大块的、厚的肉需要更长的烘烤时间。

③ 餐食的烤炉需要更长的烘烤时间，使用瓷餐具的加热容器要比使用铝箔加热餐具需要更长的烘烤时间。

（七）温度的监控操作注意事项

（1）提供服务时食品必须是热的但不能是过度烘烤的，食品必须保持其原有的感观和色泽，如绿叶菜应该是绿色的而不是黄色的，西餐中的西红柿应该是鲜硬的而不是脱水软蔫的。

（2）监控温度的操作需要定时核查餐食的温度。

（3）第一次检查温度应在烘烤一半的时间时进行，用来判断烤炉的供热效率。

（4）为了保证烤炉内的所有餐食都达到均匀的受热条件，应该在烘烤过程中调整烤炉内上下餐食的位置。

（5）烘烤过程中要避免过度频繁地打开烤炉。

二、一般旅客供餐服务技巧

1. 端

（1）托盘要竖着端。

(2) 四指并拢拖住盘子的下部，拇指扶在盘子的外沿。
(3) 在客舱内托盘高度不宜高于乘客肩膀。
(4) 手持大托盘在客舱内转身时，身子转，盘子不转。

2. 拿

(1) 杯子应拿其下 1/3 处，如图 7-8 所示。
(2) 饮料瓶、酒瓶应拿其中下部。
(3) 手持空托盘时，可将盘子垂放在身体一侧，面向里。

3. 倒

(1) 饮料应倒至杯子的七成。
(2) 带气的酒或饮料，应将杯子倾斜，以免泡沫溢出，如图 7-9 所示。

图 7-8　杯子拿 1/3 处

图 7-9　杯子倾斜

(3) 小乘客的饮料应倒至杯子五成，交于监护人手中。

4. 送

(1) 从前至后，先里后外，先女宾后男宾。
(2) 发送物品时乘务员应面向乘客。
(3) 所送物品上如有航徽或文字，应朝向乘客。
- 身体面向乘客约 45 度。
- 盘子勿伸入乘客坐席方位，应保留在通道上方。
- 杯把调整到乘客右手 45 度方位。
- 热食方向应调整至离乘客最近位置。
- 拿取餐食时应从下往上逐渐抽取。
- 端热饮壶时需用毛巾垫护，壶嘴应朝向过道，如图 7-10 所示。

5. 收、放

(1) 轻、稳、准是放置物品时的基本标准。

图 7-10　发送餐食

（2）收取物品时应随身携带小毛巾。
（3）收回的餐盘应从餐车的上部开始逐层向下插放。
（4）收取杯子时，应将杯子从靠近身体的一侧逐步向外摆放在托盘中。

6. 推、拉

（1）拉车时，双手抓住手柄。
（2）推车时，双手扶住车的两侧。
（3）推拉车时，注意用语"两边旅客请小心"。

7. 其他

（1）主动为第一排和坐在紧急出口旁的旅客取出扶手内的小桌板，注意发放饮料的顺序及规范动作。
（2）窗口座位优先、老弱妇孺优先。
（3）主动向旅客介绍所有饮料品种。在服务间做好热食种类的确认，不得当客人面确认餐食种类，向旅客介绍热食全称。
（4）经济舱配备餐盘提供餐食时，放热食前，须将热食盘内的小食品等物挪开，如图 7-11 所示。

图 7-11　挪开小食品

（5）睡眠卡服务，贴在前排座椅小桌板或前方壁板上，同时对睡眠旅客进行登记，并做好后续服务工作。后续服务结束后，及时收回睡眠卡。

8. 订餐

（1）订餐乘务员与发餐谱乘务员应为同一人，对餐食、饮品的介绍要求专业、流利。

（2）餐前酒水的预订服务尽量在起飞前完成。

（3）餐食、餐前酒水的预订以不违反安全规定为原则。

（4）如时间不充裕，订餐服务则在起飞后、提供餐前酒水时进行。

（5）原则上，餐谱、酒水单、茶单留给客人浏览，飞机开始降落时回收，或根据客人需求回收。

（6）先预订餐前饮料，时间允许再预订餐食。

（7）主动询问旅客是否需要为其逐一介绍全套餐，或有特别喜好或特殊要求，根据旅客的反馈介绍或推介餐谱（特别是远程航线）。

（8）根据旅客的性质，推荐用餐流程。

（9）根据旅客所选餐食内容主动推介葡萄酒。

（10）确认餐食后主动询问旅客如果睡觉是否需要叫醒（特别是中短程航线早班和远程航线的早餐）。

（11）如果旅客不愿意被打扰，提示至少在到达 40～45 分钟时叫醒旅客做下降前准备，注意服务用语（根据航线下降时间至少提前 10～15 分钟）。

9. 参考用语

（1）订餐服务。

请问现在可以订餐吗？

May I take your order now?

（2）告知贵宾预计到达时间，征询贵宾用餐时间。

今天飞行时间是×××，请问您准备几点用餐？

Mr./Mrs. ×××, The flying time will be ×× hours/Our flight will take ×× hours, when would you like to have your dinner/ lunch?

（3）叫醒服务。

请问您如果起飞后睡着了需要叫醒吗？

Can I wake you up if you are sleeping after take off?

（4）介绍酒水单、茶单内各种饮品的名称、口感及特色。

① 请问您喜欢喝什么饮品？

Would you like something to drink?

② 今天为您准备了×××，请问您喜欢哪一种？

We prepare/have ××× today, which would you like/prefer?

（5）为客人订餐——推荐餐饮，如需要。

我向您推荐一款×××酒水来搭配您的主菜？

May I introduce you ×××(this red wine) to go with your (steak)?

（6）发放餐谱。

① 餐谱打开至正确的页面，向客人一对一地发放。

这是今天的餐谱。

Hello Mr./Mrs. ×××, this is today's menu.

② 给客人时间浏览餐谱，告知客人稍后回来为其订餐食及餐前酒水。

请您先浏览，我稍后为您订餐。

Please have a look. I'll take your order a little later/soon/in a few minutes.

三、特殊旅客供餐服务技巧

1. 老年旅客

（1）供应的餐食，尽量送热饮软食。

（2）与老年人谈话声音要略大些，速度要慢。

2. 小旅客

（1）供应饮料和餐食时，要征求陪伴者的意见后才能发放。

（2）如预订儿童餐食，发放餐食前提前确认。

（3）尽量不要把饮料交予小旅客手中，以免打翻。

（4）无成人陪伴的小旅客，应记录好飞行途中供应的饮料和餐食。

3. 肢体残障旅客

对于上肢残障的旅客，供应餐饮时，在征得其同意后可帮助打开餐具包，将肉类食物、水果切成小块。

4. 视力残障旅客

（1）提供饮料服务时，注意将杯子放稳在小桌板上，并协助旅客用手扶好。

（2）提供餐食时，以顺时针方式介绍餐食种类。

5. 听力残障旅客

（1）许多听力及语言残障旅客会读口型，如果不明白或语言不通，则需要借助文字、符号或手势，但必须要有礼貌。

（2）提供饮料服务时，注意将杯子放稳在小桌板上，并协助旅客用手扶好。

6. 肥胖旅客

（1）对待肥胖的旅客，不能歧视和讥笑。

（2）餐饮服务时，提供低糖、低脂肪食品。

7. CIP 旅客

旅客登机后，主动与旅客问候，表示欢迎。为旅客提供全程姓氏服务，以及优先选餐、预留餐食等服务。

8. 预订特殊餐食旅客

（1）旅客登机后，和旅客确认是否预订特殊餐。

（2）在为旅客供餐服务前，先将特殊餐送出。

9. 预订犹太餐旅客

（1）不吃猪肉、火腿、带壳类和无鳞的鱼（如牡蛎、螃蟹、龙虾、鳝鱼等），牛奶制品可以提供。

（2）没有犹太餐时，可为客人提供饼干、面包、奶酪、水果、蛋制品等。

（3）犹太餐必须保证被完好地封存而没有破损。供餐前需要先拿给旅客本人查看是否封存完好，再由客人拿出主食交乘务员加热。

10. 预订穆斯林餐旅客

（1）禁止吃猪肉及其产品（熏肉、火腿等），动物油脂或含酒精食物，以及无鳞鱼类和鳗鱼、甲鱼等。

（2）所有的家禽和动物在被宰杀和烹饪时需要按照回教教规的有关规定。

（3）没有穆斯林餐时，可为客人提供海鲜、白鱼肉、蔬菜和水果。

课后阅读

头等舱出行黄金时代　细数全球 5 大顶级奢华舱位

多年来，航空专家一直宣称头等舱宿命的完结。有些航空公司将其整体取消，另外一些航空公司则加倍下注——不论在地面还是空中都配备奢华的套房座椅等，大气的福利设施让人倍感舒适。

2017 年 11 月，新加坡航空和阿联酋航空均推出了最新的头等舱套房，配有奢侈的套房迷你酒吧，就连室内设计都受到梅赛德斯·奔驰的文化的启发。

配有头等舱套房的阿联酋航空迪拜—日内瓦航线，往返机票价格则高达 8 000 美元，这基本是旅客购买能力的上限了。

类似的航空公司并不仅限于此。诸如国泰航空、法国航空均在逐步改善、提升更为安静的优质服务。结果就是真正高端的飞行体验，从更为私密的个人空间，到最新的娱乐屏幕和触屏座椅控制。以下攻略教你选择当下飞行中最好的五个舱位。

阿联酋航空头等舱

为什么要选择：2017 年 11 月，阿联酋航空推出的最新头等舱不仅豪华，而且相对罕见——只在特定航班上才有，如迪拜至布鲁塞尔、日内瓦、慕尼黑、伦敦斯坦斯特德。到 2019 年年底，只有 9 架全新的波音 777-300ER 飞机安装这种头等舱。

这听上去数量太少了，其实确实也是。而每架飞机只有 6 个套房，则更加显少。每个套房拥有 40 平方英尺的完全私人空间，这对于任何航空公司来说都是首创。同时和梅赛德斯·奔驰合作，受到奔驰 S 级轿车的启发，在套房中安装手工皮革座椅。

该舱位在套房内还有迷你酒吧、私密温度调节区、私密送餐窗口以及氛围照明，如图 7-12 所示。

图 7-12 阿联酋航空头等舱

怎样预订：阿联酋航空可能不太和大型航空联盟合作，但也提供易于获取的积分合作。这包括美国运通会员卡奖励，旅客可以使用该项奖励积分在阿联酋航空网站预订。迪拜至欧洲的航班头等舱一般要花费 85 000 英里积分（单趟机票）。

赠送机票的税费和附加费一般超过 1 000 美元，而且阿联酋航空的头等舱几乎不存在赠送空间。随着更多配备套房的飞机投入服务，上述状况也将有所改观。

新加坡航空头等舱

为什么要选择：同阿联酋航空类似，新加坡航空在旗舰机型 A380 客机的上层配备了带有密闭门的全新套房。目前配有这种头等舱的航线包括从新加坡至悉尼、香港、苏黎世、上海和伦敦希思罗。首先会在最新的 A380 客机上安装该头等舱，接下来几年会在现有 A380 飞机上将头等舱改造升级为最新款。

与众不同的特征：旋转式柏秋纳·弗洛皮革扶手椅，可以倾斜至 135 度；还有可分离、可回收式床铺，由法国拉力克亚麻制作。

如果你和别人一起出行，你可以将邻近的套房合并为一间大房，并且在落地之前于厕所化妆间精心打扮一番。

怎样预订：在头等舱预订方面，新加坡航空只承认自身的常客飞行计划（KrisFlyer）。从新加坡至悉尼的单趟航班需要花费 75 000 英里的里程积分。

法国航空头等舱

为什么要选择：法国航空头等舱绝对是天空中最独特的体验。法航头等舱 2014 年于波音 777-300ER 机型上推出，仅限于少部分美国航线，如洛杉矶、纽约、旧金山和华盛顿。

每架飞机上只有 4 个这种座椅，每个都配有全景式窗帘以确保隐私。但却是细节方面让体验更为凸显——想一想纪梵希睡衣、索菲特床上用品以及床上五彩缤纷的克什米尔羊绒。世界名厨米其林二星厨师丹尼尔·布鲁设计的菜品，将用法国里摩日陶瓷盛装。而旅客可以使用 Christofle 餐具享用这些美食。

怎样预订：正如法航空姐曾经告诉我的"法航头等舱不能通过升舱而来"。想要使用里程数来免费获取头等舱并非易事，但是也是存在可能的。旅客只能使用法航"蓝天飞翔计划"，即使旅客有法航精英身份，也只能使用该方式。

好消息是，旅客只需是基础精英身份就具备资格，所以常旅客会员可以提前几周或数月预订。巴黎飞往美国的航线头等舱单趟就要大约 20 万英里积分，而法航从巴黎飞往亚洲目的地航线的头等舱将花费 32 万英里积分。这些航班任何一趟的税费都将需要几百美元。

国泰航空头等舱

为什么要选择：国泰航空头等舱提供优质的套餐服务，从飞行前 SPA 水疗到机上香槟和鱼子酱等。头等舱座椅的宽度为 36 英尺，床铺的长度也是加长的，伸展开可达将近 7 英尺。国泰航空在部分波音 777-300ER 上配有这种头等舱，航线包括从香港枢纽至美国大型机场，诸如波士顿罗根国际机场、芝加哥奥黑尔国际机场、洛杉矶国际机场和纽约肯尼迪国际机场。

怎样预订：同美国航空一样，国泰航空是寰宇一家的成员航空公司。所以你可以使用美航 AAdvantage 常旅客计划的积分里程免费换取这家亚洲航企的机票。从中国香港飞抵美国大陆一般需要 11 万英里积分，而飞抵欧洲则需要 9 万英里积分。

如果你拥有阿拉斯加航空的积分里程，那么就更加幸运了——从亚洲到欧美的单趟机票只要花费 7 万英里的积分。但是国泰航空经常在最后一分钟开放舱位赠送。

阿提哈德航空头等舱

为什么要选择：2014 年，阿提哈德航空推出了惊艳的三舱头等舱套间，成为日后大多数航空公司追逐的典范。是什么让这种套房如此特殊？因为可以进入世界上最棒的休息室，拥有需求式餐饮（感谢飞机上敬业的厨师）、私人迷你酒吧，甚至还有机上淋浴。

相较于新加坡航空的套房，阿提哈德拥有柏秋纳·弗洛式倾斜座椅以及可分离式双床。这些都可以在阿提哈德航空 A380 飞机飞往伦敦希斯罗、纽约肯尼迪、悉尼和巴黎的航线上享受得到。

怎样预订：因为和美国运通会员卡奖励、花旗银行 Thankyou 奖励有转让协议，所以可以预订甚至含公寓房的奖励机票。旅客只要将上述会员卡积分转到阿提哈德常旅客计划 EtihadGuest 账户，直接通过阿提哈德官网赎回即可。兑换率随着目的地不同而有所变化。从纽约肯尼迪机场飞至阿布扎比大概需要花费 136 500 里程积分，此外还需缴纳 275 美元的税费。类似地，从阿布扎比飞往伦敦的机票需要约 88 000 里程积分，此外还需缴纳 235 美元的税费。

更喜欢使用美航 AAdvantage 常旅客计划？这样也可以兑换。阿布扎比至美国的头等舱单趟机票需要 11.5 万英里的积分，但是飞至欧洲的航班所需兑换里程则立马减半。

材料来源：民航资源网。http://www.carnoc.com/aviationtravel/detail.html?pid=33&sid=33&id=466889

【本章小结】

通过了解机供品的种类以及机供品管理、客舱供餐服务流程，使学生更好地掌握客舱旅客餐饮服务标准和客舱供餐服务技巧，能够对空中客舱的餐饮服务品质进行提升，能够标准化地进行机上餐食服务。

【思考练习】

1. 简述国际远程头等舱中式正餐份摆供餐服务流程。
2. 简述餐食烘烤中烘烤肉类和海鲜的方法及时间。
3. 简述送餐饮时的几项原则。

第八章

客舱餐饮服务沟通技巧

第八章　客舱餐饮服务沟通技巧

沟通是良好的服务工作最关键的要素，学会沟通才能更好地为旅客服务。乘务员在餐饮服务中也会碰到各种各样的问题，要提高服务质量，为旅客提供最佳的服务，除了具有服务的热情和态度之外，还要分析具体情况，掌握服务方法，熟练运用沟通技巧。

学习目标

- 学会运用规范语言和礼貌用语进行客舱餐饮服务；
- 掌握餐饮服务中处理客人投诉的技巧；
- 熟练运用英语进行客舱餐饮服务。

导引案例

一次北京至珠海航班上，头等舱是满客，还有 5 名 VIP 旅客。乘务组自然是不敢掉以轻心。2 排 D 座是一位外籍旅客，入座后对乘务员还很友善，并不时和乘务员做鬼脸儿开开玩笑。起飞后这名外籍客人一直在睡觉，乘务员忙碌着为 VIP 一行和其他客人提供餐饮服务。然而 2 个小时后，这名外籍旅客忽然怒气冲冲地走到前服务台，大发雷霆，用英语对乘务员说道："2 个小时过去了，你们竟然不为我提供任何服务，甚至连一杯水都没有！"说完就返回座位了。旅客突如其来的愤怒使乘务员们很吃惊。头等舱乘务员很委屈地说："乘务长，他一直在睡觉，我不便打扰他呀！"说完立即端了杯水送过去，被这位旅客拒绝；接着她又送去一盘点心，旅客仍然不予理睬。作为乘务长，眼看着将进入下降阶段，不能让旅客带着怒气下飞机。于是灵机一动和头等舱乘务员用水果制作了一个委屈脸型的水果盘，端到客人的面前，慢慢蹲下来轻声说道："先生，我非常难过！"旅客看到水果拼盘制成的脸谱很吃惊。"真的？为什么难过呀？""其实在航班中我们一直都有关注您，起飞后，您就睡觉了，我们为您盖上了毛毯，关闭了通风孔，后来我发现您把毛毯拿开了，继续在闭目休息。"旅客情绪开始缓和，并微笑着说道："是的！你们如此真诚，我误解你们了，或许你们也很难意识到我到底是睡着了还是闭目休息，我为我的粗鲁向你们道歉，请原谅！"说完他把那片表示难过的西红柿片 360 度旋转，立即展现的是一个开心的笑容果盘。

材料来源：https://www.shangxueba.com/ask/9389607.html

第一节　客舱餐饮服务日常用语

一、发餐前水时的乘务员用语

- 我们为您准备了（饮料），请问您喜欢喝哪一种？今天为您准备的热饮有茶水和咖啡。
- 准备的冷饮有雪碧、可乐、芬达橙汁和矿泉水。

- 请问您的（饮料）需要加冰吗？
- 这是您的（饮料），请慢用。
- 小桌板在您座椅扶手里，我来帮您取出来好吗？
- 小朋友要用吸管吗？

二、发餐时的乘务员用语

- 今天我们为您准备了（　　）米饭和（　　）面条，请问您喜欢哪一种？
- 这是您的餐食，请慢用，餐食有点烫，请小心接好。
- 对不起！请把座椅靠背调直一下，方便后面的旅客用餐，等休息时再放下您的座椅，谢谢！
- 先生（女士），您需要用餐时请按呼唤铃。
- 大爷（大妈），面条比较软，而且味道不错，要来一份吗？

三、发餐中水时的乘务员用语

- 您好！请问您还要添加饮料吗？
- 请问您的（饮料）要加冰吗？
- 请将您的水杯递一下，谢谢！
- 不需要的杂物请您先留一下，加完饮料后马上帮您清理，您看还需要喝点什么？
- 大爷（大妈），我们还准备了热茶，餐后要来一杯吗？

四、加茶水、发小吃时的乘务员用语

- 请问有需要加茶水（咖啡）的旅客吗？
- 我们为您提供的是茉莉花茶（咖啡）。
- 其他饮料也可以为您提供，您喜欢哪一种？
- 请用小吃。

第二节　客舱餐饮服务投诉处理

一、餐食有异物

【情境】

旅客发现餐食中有异物，告知乘务员。

第八章 客舱餐饮服务沟通技巧

【处置】

当事乘务员表示歉意，立刻为旅客更换餐食，如没有富余餐食，可利用机上其他资源（机组餐、富余水果、钥匙扣等），同时观察旅客的情绪和反应，通报全组此情况，全员在航班落地前对旅客进行重点关注。如发生在经济舱，2号乘务员以经济舱乘务长角色监控跟踪服务该旅客，主动与旅客沟通安抚旅客，向乘务长汇报。如发生在头等舱，乘务长监控跟踪服务该旅客，主动与旅客沟通并安抚旅客。如果旅客不满情绪很大，乘务员为旅客提供《旅客征询意见卡》，表示公司会调查并及时回复旅客，在处理过程中，建议乘务员将问题餐食带回公司航食部门调查确认。

【处置原则】

（1）当事乘务员表示歉意。
（2）第一时间弥补工作失误（立刻更换餐食）。
（3）反馈乘务长。
（4）乘务长监控后续服务。
（5）乘务长主动沟通并安抚旅客。
（6）乘务员带回问题餐食给航食部门。

【处置要点】

首先要真诚致歉，并及时更换餐食，报告乘务长，做好后续弥补工作。乘务长主动安抚沟通，告之旅客会反馈此信息并进行改进。

【建议语言】

"先生，非常抱歉，我立即为您更换一份。我们会在第一时间将这种情况反馈给相关航食单位让他们立即整改，如果您需要回复请您留给我您的联系方式，我们会及时联系您！对于给您造成的不便我深表歉意，希望得到您的谅解！"

二、不满意餐食

【情境】

某航班第一段餐饮服务结束后，一名女士在用餐时发现餐食（牛肉米饭）内有一根头发，乘务员立即向旅客道歉并为旅客更换了一份面条，旅客吃了几口后又还给了乘务员，说自己感到恶心，吃不下去。乘务员便询问旅客是否不舒服，旅客说就是感到恶心。

【处置】

当乘务员跟乘务长报告后，乘务长立刻跟旅客道了歉，旅客表示这跟乘务员没关系，并且要求向公司进行反馈，注意餐食的卫生，而且不愿填写意见卡。之后乘务长考虑到旅客没吃到东西，就给旅客拿了一个头等舱配的牛奶以及餐盒里配的小面包，旅客也很高兴的接受了。

【处置原则】

（1）当事乘务员表示歉意。
（2）第一时间弥补工作失误（立刻更换餐食）。
（3）反馈乘务长。
（4）乘务长监控后续服务。
（5）乘务长主动沟通并安抚旅客。

【处置要点】

旅客告知乘务员后，乘务员表示歉意，同时可以利用机上其他资源（富余水果、富余小吃等）进行弥补工作，主动与旅客进行沟通并做安抚工作，并表示将旅客所提的意见及时反馈给航食公司。如旅客不满情绪较大，乘务员提供《旅客征询意见卡》，表示公司会根据旅客的意见和要求及时回复。

【建议语言】

"先生，我们还有一些点心和其他的小吃，我现在马上为您拿来好吗？我们会把餐食问题反馈给航食单位，以便他们进行改进！"

三、加餐

【情境】

旅客携儿童乘坐某航班，称小朋友在机上没有给提供餐食，一直饿了4个小时。旅客在机上向工作人员询问，工作人员称没有餐食了，要看有没有剩下的。旅客很气愤，要求满意的回复，不然旅客有曝光媒体的权利。

【处置】

先向旅客解释由于机上配备餐食的数量有限，如果有富余的一定为其留下并及时送过来。可当着旅客的面用便签纸记下旅客的座位号。餐食发放完毕没有剩余时应及时向旅客道歉，如果有备份的面包或点心餐可以提供给该旅客。

【处置要点】

不要立即给旅客肯定的答复，应该回答旅客在餐食发放完毕后如果有富余的会立即为其送过来。如果餐食发放完毕后还有剩余的餐食，应立即为旅客送出，如没有剩余也要马上告诉旅客，并用其他方式进行弥补。

【建议语言】

"先生，抱歉今天我们的餐食是按照旅客人数配备的，一会儿等我发完后如果有富余的，我立即为您提供，您看可以吗？"

"先生，抱歉今天餐食数量是按照旅客人数配备的，大家都用餐了，没有富余的了，您还需要喝点什么？我马上为您准备，或者我们还有富余的点心（小吃），您看可以吗？"

四、冲泡方便面

【情境】

某航班上一名旅客随身携带了方便面,要求乘务员提供热水冲泡方便面。

【处置】

如果是因为机上餐食无法满足旅客需求,首选机上资源进行弥补,如富余的餐食、点心、水果等。如果旅客不需要或是机上资源无法满足旅客,旅客执意要冲泡方便面,冲泡时要注意热水的温度,防止烫伤。

【建议语言】

"您好!飞机上还有富余的餐食,请问您需要吗?"

"先生,冲泡方便面需要用的水温度较高,飞行过程中容易发生颠簸,可能会烫到您,方便面泡好以后我在服务间放一下,等温度降低一点再给您送过来。(您介意我把水倒点再给您送过来吗?)"

五、餐食或饮料泼洒

【情境】

某航班供餐阶段,后舱乘务员在饮料服务时,不小心将饮料洒在过道客人身上,客人表示不满,要求赔偿。

【处置原则】

及时协助旅客擦拭饮料污迹,避免因旅客不满造成投诉。

【处置】

如果是常温饮料(如果是热饮,请参阅烫伤的处置)泼洒至旅客身上,应立刻为旅客提供湿巾或干纸巾,协助旅客擦拭,建议旅客去洗手间清洗。乘务员跟踪后续服务并及时满足旅客需求。如因乘务员原因造成的饮料泼洒,当事乘务员立刻致歉并协助旅客清理身上饮料,争取得到旅客原谅。如旅客主动提出赔偿,乘务员报告乘务长,乘务长做后续沟通安抚弥补工作;如旅客坚持赔偿,乘务长对金额在 500 元人民币以下的补偿有决定权;如旅客和乘务长对于赔偿数目协商不一致,为旅客提供《旅客征询意见卡》,留下旅客的联系方式,并回复旅客公司相关部门会及时联系旅客。

【处置要点】

换位思考,首先表示诚挚歉意,及时协助旅客擦拭身上饮料并提供建议(如去洗手间清洗),征得旅客谅解。同时,询问旅客是否有更换的衣服,如有必要,可视情况给旅客干洗衣服并将其寄还旅客,并将情况进行记录。

六、航班延误

【情境】

某航班起飞前已延误至中午 1 点，旅客抱怨何时能够起飞，要求用餐。

【处置】

航班延误后由于长时间的等待，旅客迫切地想知道什么时候能够起飞，到了用餐时间还会有很多旅客有用餐需求。当旅客提出疑问后，乘务员首先应该及时去前舱向乘务长确认有无确切的起飞时间，并将最新情况告知旅客确保整组统一口径。如在地面等待时间较长，可由乘务长决定是否在地面进行餐饮服务。若进行餐饮服务，要及时监控有无无关人员进入服务间，防止因旅客误操作舱门造成滑梯充气。

【建议语言】

"先生，您的心情我很理解。如果换作是我也很着急，我马上去帮您再确认下有没有具体的起飞时间。"确认后立即回复旅客，同时最好带一杯水给旅客以示关心。

第三节 客舱餐饮服务常用英语

一、餐饮服务英语会话

1. If there's anything we can do for you, just press the call button.
   如有任何需要，请按呼唤铃。
2. Your hot towel/wet towel, madam/sir.
   请您用热毛巾/湿纸巾，女士/先生。
3. We'll soon be serving drinks/dinner. Please put down the tray table in front of you.
   我们很快就要供应饮料/正餐。请将您前面的小桌板放下来。
4. What would you like, sir?
   先生，您想要点什么？
5. Would you like some ice in your drink?
   您想在饮料里加点冰块吗？
6. Sorry, but we are out of orange juice.
   对不起，橙汁已经没有了。
7. I'm sorry. I didn't get that. Could you repeat it?
   对不起，我没有完全听懂。您能重复一遍吗？

8. I'm sorry for keeping you waiting so long.
   对不起，让您久等了。

9. May I clear off your table now?
   我可以清理小桌板了吗？

10. Sorry, sir. This is a short flight. We only serve snacks.
    对不起，先生。这是短途航线，我们只供应点心。

11. We have mineral water, orange juice, Coke, Sprite and coffee. Which do you prefer?
    我们有矿泉水、橙汁、可乐、雪碧和咖啡。您想要哪一种？

12. Sorry, sir. I'm afraid we don't have it on board. Would you like something else?
    对不起，先生。飞机上没有配备，您想来点别的吗？

13. What's this?
    It's beef, sir. Would you like some?
    这是什么？
    这是牛肉，您来一点吗？

14. I haven't got any drink yet.
    Sorry, madam. You were sleeping while we served. I didn't want to interrupt you. What would you like to drink?
    我还没有饮料呢。
    对不起，女士。我们送饮料时您正在睡觉，我不想打扰您。您想喝点什么？

15. I've asked three times for a cup of tea. How much longer do I have to wait?
    Oh, I'm very sorry. I don't know how this happened. I'll get you one right away.
    我要一杯茶都问了三次了，我还要等多久？
    哦，实在对不起，我不知道怎么会发生这样的事！我马上给您去拿。

16. I'm afraid I don't understand English too well. Could you please speak more slowly?
    对不起，恐怕我的英文不太好，您能否说慢一点？

17. I want chicken rice, but not noodles.
    I'm very sorry for the mistake. I'll change it for you at once. Please wait a moment.
    我想要鸡肉米饭，不是面条。
    真是抱歉，我弄错了。我马上给您换一份，请稍候。

18. I'm glad you like them. Would you like to have some more?
    您能喜欢我非常高兴。再来点吗？

19. Would you mind me taking these away?
    您介意我把这些东西拿走吗？

20. This food is completely cold!
    I'm terribly sorry. I guess it must be on the counter for too long. Please let me take it back. I'll bring you a fresh entree.
    这些食物是冷的！

实在对不起。我想这一定是在台子上放得太久了。请让我把它拿走，我再给您拿过来一份新的。

21． We have Johnnie Walker, Chivas Regal and Bourbon. Would you like any drink before dinner?

　　　　I'd like a Bourbon. I'll take it straight.
　　　　我们有苏格兰威士忌、芝华士和波本。用餐前您想来点什么？
　　　　我要一杯波本，直喝。

22． How do you like your steak done? Rare, medium or well-done?
　　　　您要什么样的牛排？嫩点的、适中的还是老点的？

23． Would you like me to refill your coffee\tea?
　　　　您要不要再添些咖啡、茶？

24． Your drink, sir. I've opened the can for you. Would you like to pour it?
　　　　先生，您的饮料。我已为您打开了，要给您倒上吗？

25． It's hot! Mind you hand.
　　　　小心烫手！

26． Would you like a glass of champagne,sir?/Would you care for a cup of champagne,sir?/Would you have a bit of champagne,sir?
　　　　先生，您想要杯香槟吗？

27． Could I get you something to drink,sir?
　　　　先生，给您来点喝的吗？

28． Would you like something hot/cold to drink?
　　　　您想来点热/冷饮料吗？

29． How do you like your tea?Weak or strong?
　　　　您是要淡茶还是浓茶？
　　　　Do you wish to have black coffee or white coffee?
　　　　您愿意要黑咖啡还是加奶的咖啡？

二、常用英语词汇

1. 任选主菜类（见表8-1）

表8-1　任选主菜类

Beef Breast 牛腩	Barbecue Pork 叉烧	Lamb Steak 羊排	Sea Food 海鲜
Beef Steak 牛排	Pork Steak 猪排	Mutton 羊肉	Shrimp 虾
Braised Beef 炖牛肉	Small Spareribs 小排骨	Lamb 小羊肉	Prawn 对虾

第八章 客舱餐饮服务沟通技巧

续表

Stir-fried Beef Stick 炒牛肉条	Chicken 鸡肉	Duck 鸭肉	Lobster 龙虾
Chicken Sausage 鸡肉肠	Bacon 培根肉	Quail 鹌鹑	Crab 蟹
Chicken with Curry 咖喱鸡	Sausage 香肠	Eel 鳗鱼	Fish 鱼
Scrambled Eggs 炒鸡蛋	Ham 火腿	Sturgeon 鲟鱼	Cod 鳕鱼
Fragrance Eel 鳗香	Omelette 煎蛋	Salmon 三文鱼	Sea Bass/Perch 鲈鱼
(mini)Abalone （小）鲍鱼	Tuna 金枪鱼		

2. 主食类（见表8-2）

表8-2 主食类

Rice/Steamed Rice 米饭	Noodles 面条	Pasta 意大利面食	Steamed Potato 煮土豆
Plain Congee 白米粥	Fried Noodles 炒面	Spaghetti 意大利面条	Fried Potato 煎土豆
Glutinous Rice 糯米饭	Udon Noodles 乌冬面	Macaroni 通心粉	

3. 冷荤类（见表8-3）

表8-3 冷荤类

Fillet 鱼片、肉片	Jellyfish 海蜇皮	Smoked Salmon 烟熏三文鱼	Lamb Tongue 羊舌头
Salted Fish 咸鱼	Kelp 海带	Salmon Roe 三文鱼鱼子	Goose Liver 鹅肝酱
Ribbon Fish 带鱼	Spicy Crayfish 麻辣小龙虾	Caviar 鱼子酱	

4. 蔬菜类（见表8-4）

表8-4 蔬菜类

Vegetable Salad 蔬菜色拉	Bean Curd 豆腐	Bean 豌豆	Cabbage 卷心菜
Chili 辣椒	Dry Bean Curd 豆腐干	Soya 大豆	Cauliflower 西兰花
Pepper/Black Pepper 胡椒/黑胡椒	Broccoli 花椰菜、甘蓝	Potato 土豆	Tomato 番茄

续表

Fried Bean Curd Sichuan Style 麻婆豆腐	Radish 萝卜	Red Kidney Bean 红腰豆	Celery 芹菜
Asparagus 芦笋	Carrot 胡萝卜	Pumpkin 南瓜	Lettuce 莴苣、生菜
Bamboo Shoot 笋尖	Dried Turnip 萝卜干	Eggplant 茄子	Mushroom 蘑菇
Cucumber 黄瓜	Chinese Pickles 榨菜片	Onion 洋葱	Black Fungus 黑木耳
Salted Vegetable 咸菜	Pickles 酱瓜、泡菜	Taro 芋艿	

5. 点心与面包（见表8-5）

表8-5　点心与面包

Read 面包	Baguette 法式长棍面包	Baked Pumpkin Cake 南瓜饼	Moon Cake 月饼
Bun 小（圆）面包	Assorted Roll 花式面包	Steamed Sweet Milky Bun 奶黄包	Lotus Paste Crispy Pastry 莲蓉酥饼
Garlic Bread 大蒜面包	Steamed Roll 花卷	Spring Onion Bun 花卷包	Sesame Seed Roll 芝麻包
Croissant 羊角面包	Sandwich 三明治	Mushroom Vegetable Bun 香菇菜包	Red Bean Paste Bun 豆沙包
Roll 面包卷	Hamburger 汉堡包		

6. 水果类（见表8-6）

表8-6　水果类

Apple 苹果	Grape 葡萄	Kiwi Fruit 猕猴桃	Cherry 樱桃
Orange 橙、橘子	Banana 香蕉	Peach 生梨	Chestnut 栗子
Tangerine 柑，橘	Pineapple 菠萝	Lemon 柠檬	Walnut 胡桃
Apricot 杏	Plum 李子	Mango 杧果	Date 枣子
Peach 桃子	Watermelon 西瓜	Strawberry 草莓	Melon 哈密瓜
Pomelo 柚子，文旦	Papaya 木瓜		

7. 芝士类（见表8-7）

表8-7 芝士类

Ted Cheese 什锦芝士	Camembert Cheese 金文笔	Cheddar Cheese 车打芝士
Edam Cheese 红波	Danish Blue Cheese 丹麦蓝芝士	

8. 汤和其他配料（见表8-8）

表8-8 汤和其他配料

Roth 肉汤	Chicken Broth 鸡汤	Thousand Island Dressing 千岛汁
Soya Bean Sauce 酱油	Chicken Powder Cube 鸡精汤块	Salad Dressing 色拉汁
Oyster Sauce 牡蛎汁	Chili Sauce 辣酱	Vinegar Dressing 香醋汁
Mayonnaise 蛋黄酱	Mustard Dressing 芥末汁	Sour Plum Sauce 酸梅汁

9. 甜点类（见表8-9）

表8-9 甜点类

Dessert 餐后甜点	Donut 甜圈	Apple Tart 苹果塔
Honey 蜂蜜	Danish 丹麦圈	Tiramisu 提拉米苏
Pudding/Charlotte 布丁/水果布丁	Icing Donut 糖霜甜圈	Cake 蛋糕
Muffin/Muffin Chocolate 松饼/朱古力松饼	Chocolate Donut 巧克力甜圈	Chestnut Cake 栗子蛋糕
Ice-Cream/Ice-Cream With Vanilla Flavor 冰激凌/香草味冰激凌	Almond Donut 杏仁甜圈	Black Forest Cake 黑森林蛋糕

10. 饮料和洋酒类（见表8-10）

表8-10 饮料和洋酒类

Age 饮料	Green Tea 绿茶	White Tea/Tea With Milk 加奶的红茶	Regular Coke 普通可乐
Still Water 纯净水	Black Tea 红茶	White Coffee/Coffee with Milk 加奶的咖啡	Diet Coke 健怡可乐

续表

Soda Water 苏打水	Jasmine Tea 茉莉花茶	Black Coffee 清咖啡	Sprite 雪碧
Tonic Water 健胃水	Oolong Tea 乌龙茶	Ginger Ale 生姜水	Juice 果汁
Lemon Tea 柠檬茶	Beer 啤酒	Champagne 香槟	Cocktail 鸡尾酒
Chamomile Tea 洋甘菊茶	Gin 杜松子酒	Brandy 白兰地	Vodka 伏特加
Red Wine 红葡萄酒	White Wine 白葡萄酒	Whiskey 威士忌	

 课后阅读

揭秘押解电信诈骗团伙航班："二对一"安检，用餐无刀叉餐盘

北京时间2015年11月10日上午7:57，由雅加达起飞的CZ8624航班安全降落在广州白云国际机场。这并不是一次普通的航班任务，航班上的旅客包括中国公安部在印尼破获的特大电信诈骗团伙的39名成员。

澎湃新闻记者从南方航空获悉，为完成公安部押送特大电信诈骗嫌疑人归国的航班运输任务，南航方面提前制订预案，安排了双套机组，在飞行途中还做出了不广播目的地、餐食不提供刀叉等特殊安排，以保证飞行的绝对安全。

预案：一旦备降，一律不下飞机

此次特殊航班使用的是波音737飞机。航班去程为11月9日20:30从广州出发前往雅加达，航班号为CZ8623，回程航班号为CZ8624，于11月10日7:57在广州白云机场落地。

据南航方面介绍，在接到国家公安部和其他有关部门的特殊运输任务指令后，南航运行指挥中心（SOC）、营销委、飞行部等各部门多次提前召开布置会，商讨押解航班保障工作，对运行安全、空中安保、运力调配、机组派遣、飞越及落地许可、机上服务、地面保障等进行推演和安排。

为保障此次航班安全运行，南航组织专人制订了专门预案。比如，在航班备降方面，如果航班不取消，乘机人员一律不下飞机，在机上等候；如果出现取消后补班的情况，乘机人员具体安排由有关部门决定。

按照计划，此次包机任务航程为广州—雅加达往返，全程飞行10小时，通宵往返飞行。

为确保圆满完成任务，南航派出B737机队领导带队飞行，精心挑选政治觉悟高、飞行技术强的双套机组执行此次特殊运输任务。飞行机组选派了两名机长和两名副驾驶组成双机组，特意选派两名机务和一名配载人员随机保障。飞行机组提前准备，对航路情况、目的地机场、沿途备降机场等进行详细梳理和分析，对可能遇到的各类特殊情况做出详细的处置预案，确保飞行万无一失。

南航还选派资深兼职安全员（持有安全员执照和乘务员双执照）执行押运航班任务，考虑到本次押运嫌疑犯中有女性，特别安排两名女兼职安全员执行航班任务。参加这次押运航班的乘务组成员，大都来自全国青年文明号"金盾组"，多名队员曾执行过金边和马尼拉等押解航班任务，具有多次执行"急、难、险、重"航班任务，特别是押解航班任务的经验。

回程航班：没有刀叉、杯子、餐盘

11月9日下午17:30，在航班起飞前三个小时，机组、安保组、乘务组成员进行了认真的航前协作。当晚20:22，去程航班从广州白云机场起飞，飞往雅加达。

在去程航班上，南航安保组和负责押解的地面公安进行分工协作，对回程在雅加达机场的二次安检及犯罪嫌疑人的座位等细节都做了安排。航班于11月10日凌晨1:00降落在雅加达机场。

在完成短暂的地面保障工作后，随机空警、安全人员利用随机携带的手持安检器械，每两人负责一名犯罪嫌疑人，开始对犯罪嫌疑人实施严格的"二对一"安检，而七名女性犯罪嫌疑人则由安保组里的女安全员实施安检。每名犯罪嫌疑人在完成检查后，便被交给地面公安带入客舱看管。对于犯罪嫌疑人中的三名孕妇，两名女安全员都在保障绝对安全的前提下，快速实施安检。

起飞后，安保组也和乘务组通力配合，加强巡视客舱的力度，按照航前协作制订的预案对客舱实施全程监控。回程航班的乘务组全部由男性乘务员担当，均为具有安全员和乘务员双重身份的南航兼职安全员。

回程航班虽然是夜航飞行，但和普通航班不同，客舱里保持灯光明亮。乘务组在起飞前还将高端经济舱的隔帘去掉，以方便安保组对客舱实施全方位监控。在服务的过程中，他们都去除掉了领带，平时客舱里为旅客提供的刀叉、杯子、餐盘等物品也都消失了，为机上的特殊旅客提供的只有简单的面包、三明治和瓶装水。在机上客舱广播方面，由于航班性质特殊，因此不通知目的地地名，不安排机上广播。

经过长达十五小时的通宵工作，11月10日7:57，CZ8624航班终于安全降落在广州白云国际机场，安保组和乘务组又协助地面公安将犯罪嫌疑人押下飞机。

材料来源：澎湃新闻. https://www.thepaper.cn/newsDetail_forward_1395129

【本章小结】

在回答旅客问询时，乘务员应注意语言技巧，较好地控制自己的负面情绪，少说一句话，多做一件事。在旅客提出需要服务用品时，无论此时多忙，请用心记住哪一排哪一位旅客，让客人有足够的被重视感。在服务用品较少、旅客需求量大的情况下，不如事先稍作说明。在听到旅客抱怨时，我们做出的任何反应可以直接影响旅客接下来的态度和决定。在面对旅客时，积极地回应旅客提出的要求，注意为旅客提供多种选择，服务人员应有大局意识，在回答问题时，严禁推卸责任。

【思考练习】

1. We have mineral water, orange juice, Coke, Sprite and coffee. Which do you（　　）?
   A．prefer　　B．want　　C．like　　D．love

2. I'm very sorry for the mistake. I'll（　　）it for you at once. Please wait a moment.
   A．take　　B．change　　C．make　　D．replace

3. 在供餐阶段，如果乘务员将饮料洒在客人身上，首先应（　　）。
   A．立即道歉　　　　　　B．去拿毛巾
   C．报告上级　　　　　　D．询问衣物是否送洗

4. 如遇航班延误，旅客要求供餐，乘务员应（　　）。
   A．及时去前舱向乘务长确认有无确切的起飞时间
   B．将最新情况告知旅客，确保整组统一口径
   C．由乘务长决定是否在地面进行餐饮服务
   D．监控有无无关人员进入服务间

参 考 文 献

[1] 吴忠军．中外民俗（第五版）[M]．大连：东北财经大学出版社，2018．
[2] 于蓉．空乘实用中外民俗文化[M]．北京：中国民航出版社，2015．
[3] 杨志慧，严华．中外民俗[M]．沈阳：辽宁大学出版社，2018．
[4] 谢定源．中国饮食文化[M]．杭州：浙江大学出版社，2008．
[5] 吴澎．中国饮食文化[M]．2版．北京：化学工业出版社，2014．
[6] 吕少仿，张艳波．中国酒文化[M]．武汉：华中科技大学出版社，2015．
[7] 张凌云．中华茶文化[M]．北京：中国轻工业出版社，2016．
[8] 陈卓，兰琳．客舱安全管理与应急处置[M]．北京：清华大学出版社，2017．
[9] 杨月欣．中国食物成分表标准版[M]．6版．北京：北京大学医学出版社，2018．
[10] 中国营养学会．中国居民膳食指南[M]．北京：人民卫生出版社，2016．
[11] 凌强．食品营养与卫生安全[M]．北京：清华大学出版社，2017．
[12] 刘晖．空乘服务沟通与播音技巧[M]．北京：旅游教育出版社，2016．
[13] 高宏．民航服务概论[M]．北京：清华大学出版社，2018．
[14] 廉洁，杨丽明．空乘餐饮服务实务[M]．上海：上海交通大学出版社，2012．
[15] 李京东．食品营养与卫生（第二版）[M]．北京：中国轻工业出版社，2017．

参考文献

[1] 黄伯荣. 现代汉语（增订版）[M]. 大连：大连海事大学出版社，2018.
[2] 王宁. 汉语言文字学与中学语文教学[M]. 北京：中国社会出版社，2015.
[3] 张志公. 语文[M]. 中国电化教育[J]. 北京：北京大学出版社，2018.
[4] 袁行霈. 中国文学史[M]. 第4版. 北京：高等教育出版社，2006.
[5] 温儒敏. 中国语文教育[M]. 2版. 北京：北京师范大学出版社，2014.
[6] 郑国民. 张建强. 中国语文[M]. 北京：中国人民大学出版社，2012.
[7] 王荣生. 中学语文[M]. 北京：中国轻工业出版社，2019.
[8] 朱绍禹. 中学语文课程教学论[M]. 北京：北京高等教育出版社，2017.
[9] 于漪. 语文名师在课堂：语文名师课堂实录[M]. 上海：华东师范大学出版社，2013.
[10] 张鸿苓. 语文教学方法[M]. 北京：北京师范大学出版社，2016.
[11] 倪文锦. 语言课程与教学论[M]. 杭州：浙江教育出版社，2017.
[12] 李海林. 文学阅读与写作教学研究[M]. 北京：高等教育出版社，2016.
[13] 于漪. 于漪与语文教育[M]. 北京：清华大学出版社，2018.
[14] 潘新和. 语文：表现与存在[M]. 福州：福建人民出版社，2017.
[15] 韩雪屏. 语文教育的心理学原理[M]. 上海：上海教育出版社，2012.